SCOUTING SKILLS:
A COMPLETE GUIDE

写给孩子的
生存百科

XIEGEI HAIZI DE SHENGCUN BAIKE

[英] 英国童子军协会 著　王 旸 译

GUANGXI NORMAL UNIVERSITY PRESS
广西师范大学出版社
·桂林·

出版统筹：汤文辉
选题策划：王　津　张耀霖
责任编辑：熊　隽　于海宝
美术编辑：卜翠红
版权联络：张耀霖
营销主管：耿　磊
责任技编：李春林

Written and complied by Jacqui Bailey
First published as ‘Scouting Skills: A Complete Guide’ by Random House Children’ s Publishers UK, a division of The Random House Group Limited
著作权合同登记号桂图登字：20-2015-201 号

图书在版编目（CIP）数据

写给孩子的生存百科 / 英国童子军协会著；王旸译.
桂林：广西师范大学出版社，2016.5
书名原文：SCOUTING SKILLS:A COMPLETE GUIDE
ISBN 978-7-5495-7512-1

Ⅰ. ①写… Ⅱ. ①英…②王… Ⅲ. ①野外－生存－青少年读物 Ⅳ. ①G895-49

中国版本图书馆 CIP 数据核字（2015）第 270448 号

广西师范大学出版社出版发行
（广西桂林市中华路 22 号　邮政编码：541001
网址：http://www.bbtpress.com）
出版人：张艺兵
全国新华书店经销
北京盛通印刷股份有限公司印刷
（北京经济技术开发区经海三路 18 号　邮政编码：100176）
开本：787 mm × 1 092 mm　1/16
印张：15.5　　字数：298 千字
2016 年 5 月第 1 版　　2016 年 5 月第 1 次印刷
审图号：GS（2016）181 号
印数：0 001~8 000 册　　定价：98.00 元

内容简介

《写给孩子的生存百科》是针对广大青少年的一本综合型户外生存指南，也是英国童子军的官方教材。本书用平易风趣的语言、大量真实的照片与详尽的手绘插图，全面讲解了青少年户外活动时所需要的各项技能和知识，如怎样在野外搭建帐篷、如何阅读地图、应该穿何种户外衣物、如何在野外生火做饭、遇到危险应该如何急救，等等。

本书所涉及的户外生存范围极其广泛，内容根据青少年身心特点进行合理优化，是适合青少年阅读和学习的野外生存百科，书中内容基于英国童子军协会百余年的历史之上，由童子军协会的资深专家撰写，并由英国红十字协会等多家医疗机构进行审定，所讲解的户外生存技能和知识，是百余年来一代代童子军成员户外生存的宝贵经验之体现，也是青少年户外生存技巧的精华大集成。

作者简介

英国童子军协会（The Scout Association，直译为童军协会），是已经获得世界童子军运动组织承认的英国童子军组织。英国的童子军运动是在1907年的时候，受罗伯特·贝登堡的影响而起步的。由于童军运动的快速发展，童子军协会（The Boy Scout Association）在英国国会的特许同意下，于1910年正式成立。

前言

年轻一代不仅喜欢玩电脑游戏和看电视，还会到户外去探险。不论是远足、攀岩、划船、露营还是其他户外活动，其蕴含的挑战性和趣味性都在吸引着越来越多的年轻人。有人穿着一件流行的T恤，上面写着：大自然就是我的游戏机。这句话说得再贴切不过了。

越来越多的人意识到了户外活动和野外生存技能的重要性，这是童子军户外运动再次复兴的原因之一。野营又盛行起来。这种娱乐方式不但物美价廉（谁不愿意省点钱呢），而且让人们意识到，生活中最简单的事往往是最美好的。在一天的登山后，在温暖的夏夜，和家人或朋友躺在帐篷里，可谓世界上十分美妙的事情了。

但户外活动并非没有挑战。要想真正体验户外，你必须学会一些基本的技能——识别植物和动物，知道哪些树木更适合做燃料，在哪里能找到吃的，等等。一些过去代代相传的技能正在慢慢失传——比如如何通过大自然的征兆预测天气，如何利用太阳和星星辨别方向，以及如何将绳索打结、怎么用，等等。

技术革新日新月异。如果我们能够聪明地利用最新的技术手段，就可以让户外活动变得更有乐趣。这本书会介绍一些最新款式的帐篷、背包和靴子——户外活动可不是让你过原始人的生活。

本书介绍了户外活动所需的各种技能。童子军中那些有数十年户外经验的领队，都对本书做出了贡献。他们知道苹果树、白桦树还有榛树是很好的引火物，知道如何做临时帐篷，知道怎样用营火烤出最好吃的香肠。要想获得这方面的知识，阅读本书是你非常好的选择。

拥有这本书，你将成为悠久的户外文化的传承者。你可以继续传递这些跨越了时间、历久弥新的实用技能，而且最终，你也将为户外传统增添你的宝贵经验。

做好探险的准备吧！

目录

第一章

准备出发

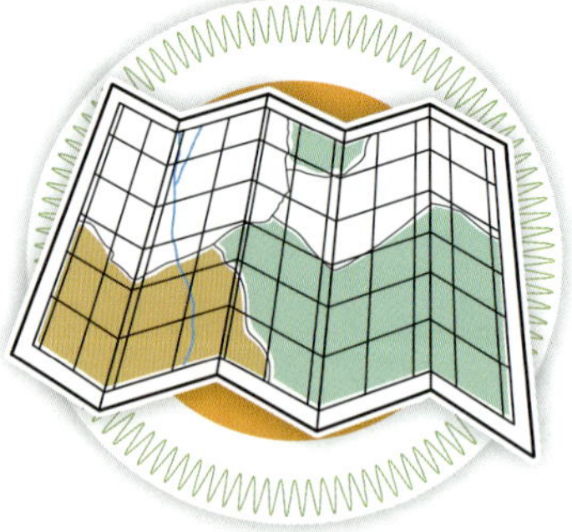

不论你是经验丰富的探险家还是初出茅庐的菜鸟，这本书都能为你提供帮助。本书介绍了第一次进行户外活动所需要的知识、经验和技能。

或许你不需要阅读本书的全部内容，有些内容对你来说可能再简单不过。然而，总有一些内容是你所不知道的——比如怎样在没有厨具的情况下在野外做饭。

阅读这本书也如同去户外活动一样富有乐趣。当然，本书不可能面面俱到——因为学会所有户外活动技能需要你用一生去努力——但本书能够帮助你了解户外，并且能帮你应对大自然给出的难题。

制订计划

不论你是去原始森林探险、在国家公园骑车还是登山，你都应该提前制订计划。如果你毫无准备，最简单的户外活动也会变成艰难的挑战。

要提前准备些什么？

首先，制作一张清单。每次探险都源于一个奇妙的想法，但只有把想法写下来才有助于将其变成现实。如果你准备和他人一起探险，那么你们每个人都该制作一张清单。

你需要确定自己的目标：路程有多远？如何到达目标？在路上要花多长时间——是几个小时还是几天呢？你需要思考当前的季节和天气：现在是冬天还是夏天？天黑得很早还是很晚？现在很寒冷、经常下雨，还是十分炎热？

你需要确保自己携带了合适的衣物，在清单上列出需要的所有工具、帐篷以及其他设备，并写下你将如何携带它们。在路上你能够找到食物和水吗？如果不能，你需要携带食物

和水。那么，你需要带多少食物和水呢？你又该如何做饭呢？你带了地图和指南针吗？急救箱准备好了吗？

如果要在户外过夜，你多半需要提前预约。如果要横跨私人领地的话，你还需要提前获得对方的同意。如果要乘坐汽车或火车，你需要提前确定开车的时间，尤其是在需要换乘的情况下。如果准备驾车前往，那么你需要了解目的地是否有停车场，或者，你可以安排其他人把你送过去然后再接你回来。

最佳窍门

- 用充足的时间制订计划。
- 把想要携带的物品都列在清单上。
- 确保要携带的设备没有问题。
- 把所有的物品都装在背包里。
- 如果你要前往一个陌生的地方，你需要通过阅读旅游指南、查询网站或咨询去过那里的人，先对目的地有所了解。

不要有不切实际的预期

你要实事求是地评估自己的能力。如果你之前从未参加过野营或远足，那么计划在野外待一个星期就是不明智的。你应该用一个周末，或者是一整天，先在户外尝试一下。

你需要了解和你一起前往户外的人各自有什么样的技能。有些人是不是能力比他人强或者体力更好？团队里的人是否有年龄差距？你需要调整计划，来适应团队里年纪最小、体力最差或能力最弱的人，而不是强迫他们干力不能及的事。

让计划保持弹性

做计划很重要，但不要让计划一成不变。情况有变时，你必须随机应变。比如，天气的变化让一条路走不通，又或者你发现了一条更好的路时。

不要害怕改变

留出充足的时间。

不管你为探险安排了多少时间，永远都要预留出一部分时间来。人们总是容易低估自己所需的时间。很多时候，一件小事就能耽误很长的时间。要留出足够的时间来享受探险的过程，而不要总担心是否严格按计划表来实施。

如果你准备去远足或骑行，最好根据团队的平均速度将路途分成数个阶段。如果你不知道团队的平均速度是多少，那么可以先做几次试验。比如，计算一下在平地行走或骑行一千米需要多长时间。在路面糟糕的野外或在山间携带背包会让你的速度大幅下降。

将路途分成不同阶段，在完成第一个阶段后，你大概就知道自己制订的计划是否合理了。比如，你本来计划用一个小时完成第一阶段，实际上却花了两个小时。如果出现这种情况，你需要加快速度或者缩短自己的路程。

最后，要记得留出足够的时间来休息和吃饭。比如，每过一段时间就休息10分钟，吃饭时间要留出30分钟。你最好把吃饭时间安排在有趣或有用的地点附近，比如周围有景观、古迹或可以休息的地方。

关于远足和登山，你可以在第三章找到更多关于安排路线和行走速度的信息。

关于探险的一些建议

（1）你可以前往海滩。详细情况可以向经验丰富的成年人求教，也可以通过相关书籍获取。

（2）林间漫步也是个不错的主意。如果你不喜欢走太多路，可以选择开车或骑行。

（3）去寻找恐龙或其他动物的化石吧！你可以在相关网站上找到化石专家！

（4）英国有些古老的栈道也非常值得去探索。

团队合作

团队行动不但更加安全，而且成员之间还可以分享知识、技能、经验，并能够相互帮助。对自己能力缺乏自信或行动力不够强的人可以和他人一起面对新挑战，锻炼新技能；本来就能力高超的人则可以通过帮助他人获得乐趣。

领队

每个协作良好的团队都有一名领队。领队可以是大家选出来的，某人也可以因为年龄、经验等因素自然而然成为领队。

领队的职责是将团队组织好，帮助每个人实现他们的目标。这并不意味着领队需要独揽所有的工作，或者事无巨细地做每一个决定。实际上，最好的方式是所有人都参与到计划的制订中来。

在做计划时，领队需要带领大家讨论有哪些任务，每个任务由谁来完成。一般来说，大家会自告奋勇去负责自己所擅长的事情，比如有人会去寻找合适的地图或旅游指南，有人会去选定野营的地点，有人会去查看交通工具的时间表，有人会去准备食物。

如果有的任务没有人自荐，或者有的任务大家都不想干，那么领队就应该安排大家共同承担这项任务，并且以身作则。领队需要确保每个人都清楚自己该做什么，如何去做，什么时间必须完成，以及为什么要如此。

个人需求

每个成员的优劣势都不同，一名好的领队应该去了解每个人的需求，并让每个人都感到自己在团队中不可或缺。领队必须学会聆听他人的建议，并且促使大家达成共识。在无法达成共识的时候，领队必须做出最终的决定——其他人也必须尊重领队的决定。

领队必须明白自己的优势和劣势，并且牢记自己的态度和行为会影响他人。

领导力检查表

- ✔ 你让大家都参与到决策过程中了吗？
- ✔ 你明确、清楚地提供和听取意见了吗？
- ✔ 你充分了解所有人的技能和资源了吗？
- ✔ 你帮助团队团结一致了吗？
- ✔ 你帮助团队成员学会新技能了吗？
- ✔ 你考虑到每个人的需求了吗？

精神和身体状况

要想成功地完成探险——不论是提前制订好计划还是无计划，每个人都必须在精神上、身体上做好克服所有困难的准备。这并不是说你必须超级聪明或无比健壮，而是你要时刻保持警觉，随时做好安全行动的准备。

精神环节

和其他动物相比，人类的身体在大自然中并不具有特别的优势。然而，我们在野外的生存能力却极强，在很大层面上是因为我们会运用人类大脑的智慧。

你越了解身体健康的原理和保持健康的方法，就越能在野外更好地照顾自己。除此之外，你对身体的感知以及对大自然的态度也十分重要。在野外照顾自己的第一步，是相信自己和学会接受大自然。

在危险情况下能够幸存的人，往往是意志坚定、能够乐观地思考问题的人。很多人很难改变自己的行为习惯，在面临困难或挑战时，他们往往会选择放弃而不是去勇敢面对。

但人有能力改变自己的思维方式。

保持健康

我们的身体能够适应多种环境，也能够高效地运转和自我修复，但这并不意味着我们可以忽略它。为了保持身体健康，我们需要吃健康的食品，保持身体清洁，小心对待身体的任何不适，保证充足的休息，以及让身体得到充分的锻炼。

我们的身体需要能量才能运转。因此，食物对我们异常重要：身体能让食物变成能量。食物中的能量是以“焦”为单位计算的。运动越多，消耗的能量就越多。那些没有使用的能量会转化为脂肪储存下来。因此，我们的目标是在符合身体需要和生活习惯的情况下，摄入数量合理的食物。

积极乐观的态度

学会克制自己一时冲动的想法，然后用不同的视角去审视局面。如果你感到很悲观，你必须问问自己为什么会这样。是因为情况确实令人绝望，还是因为你的能力不够，又或是因为恐惧？如果从另一个角度思考，情况会不会好些？你是否有其他的选择？你是否可以从他人那里得到帮助或建议？做或者不做，最坏的结果又是什么？

积极乐观的态度能够让你在面对困难时以不同的角度去思考问题，从而帮助你克服一些你原本认为无法逾越的困难。

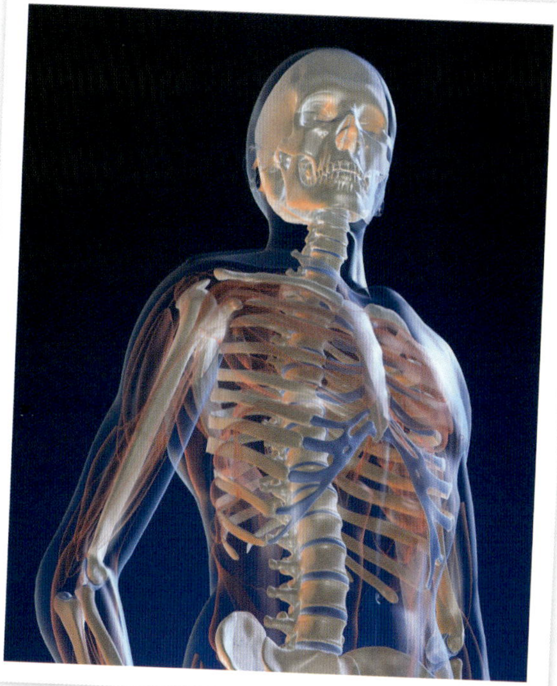

训练大脑

和身体的其他部位一样，你的大脑（包括思维方式）如果不经常锻炼，也会变得懒惰和缺乏效率。因此，经常做一些数字游戏、猜谜、记忆测试或者纸牌游戏，让大脑保持敏锐吧。

不同的食物

我们的身体不仅需要能量，还需要不同的化学元素才能正常运转。与此同时，我们还需要纤维素来帮助消化和吸收。一般来说，以上这些可以从下面几类营养素中找到。

脂肪： 从油和奶油中可以找到，牛奶、奶酪、坚果和肥肉中也有脂肪。

碳水化合物： 存在于麦片、面包、米饭、土豆、含淀粉的蔬菜和含糖的食物中。

蛋白质： 肉类、鱼类、豆类、坚果、蛋和牛奶里都能找到蛋白质。

维生素： 很多食物中都有，在新鲜水果和蔬菜中较多。

矿物质： 很多食物中都有，如肉类、绿色蔬菜、坚果和水果。

纤维素： 水果、植物、全麦食品中都有纤维素。

保证均衡的饮食，才能确保身体健康。我们还需要根据活动量的大小，对其中某些类型的食物加以补充。

健康的饮食

均衡的饮食意味着三分之一的淀粉较多的食物（如土豆、面包、米饭和其他谷类食品），三分之一的水果和蔬菜，以及少量的肉类、鱼类和乳制品，外加极少的脂肪和糖。

怎样才算健康

健康意味着你有足够的活力和兴趣享受每天的运动，以及在危急时刻有足够的体力支撑自己活下来。我们的体重和身材各不相同，天赋也有很大的区别，但不论先天条件如何，如果缺乏日常锻炼，我们的肌肉就会逐渐萎缩，心脏的效能也会降低。

均衡饮食的小窍门

- **少吃盐。**盐对心脏不利，10岁以上的人每天摄入的盐不要多于6克。
- **多喝水。**最好能每天摄入2.5升水。如果运动量较大或天气炎热，那么饮水量还应该适当增加。

安全检查： 你的身体需要保持良好的运转状态。小伤或小感染如果不迅速治疗，可能很快会造成更大的麻烦。你需要保持皮肤、牙齿和头发的清洁以避免细菌感染。还有，进食前必须洗手。

健康的心脏

心脏将氧气输送到全身。一般来说，心脏跳动越慢，证明心脏越健康、效率越高。你可以在运动前、运动刚结束以及运动后一两分钟时分别检查脉搏。这能够让你了解自己的健康状况，知道自己在正常情况下和活动时的心率，以及在运动后要多久才能恢复到正常心率。

想要保持心脏健康，就得经常运动。运动会让你心跳加速。运动力度越大，心跳越快。在心脏跳动速度快到让你无法继续运动的时候，你的心率就达到了顶点。

安全检查： 如果你经常让心率达到顶点，你的心脏会因此受损。

很多因素都会影响心率，如年龄（年轻人的心率比年长的人要慢）、性别（男性的心率比女性要慢）、体重（瘦的人比胖的人心率要慢）、精神状态（平静时的心率比焦虑或愤怒时的心率要慢）等。

检查心率

心率

把你的中指和食指搭在另外一只手手腕内侧、大拇指的下方，轻轻按住就能感觉到脉搏跳动。测试15秒的脉搏次数，再乘以4就能知道一分钟的心率。比如：

15秒脉搏次数=18

18乘以4等于每分钟心率72次。

平静时的心率

一般来说，成年人平静时心率为60~90次，但运动员能达到40~60次。你可以安静地坐几分钟，然后测量自己平静时的心率，并记录下来。

运动时的心率

你可以用一个公式来计算心率的上限：220减去你的年龄。运动时应该尽量让自己的心率保持在上限的60%~80%（先尝试达到60%，然后随着运动加强逐渐达到80%）。比如：

在16岁时：

220−16=204次，即心率上限

204×60%=122次

204×80%=163次

在25岁时：

220−25=195次，即心率上限

195×60%=117次

195×80%=156次

运动3~5分钟后，记录下此时的脉搏数，这就是你运动时的心率。

恢复效率

你可以把停止运动一分钟后的脉搏数记录下来，然后用运动时的脉搏数减去这个数字，得出的数字就是你的恢复效率。这个数字越大，证明你恢复得越快。

脉搏点

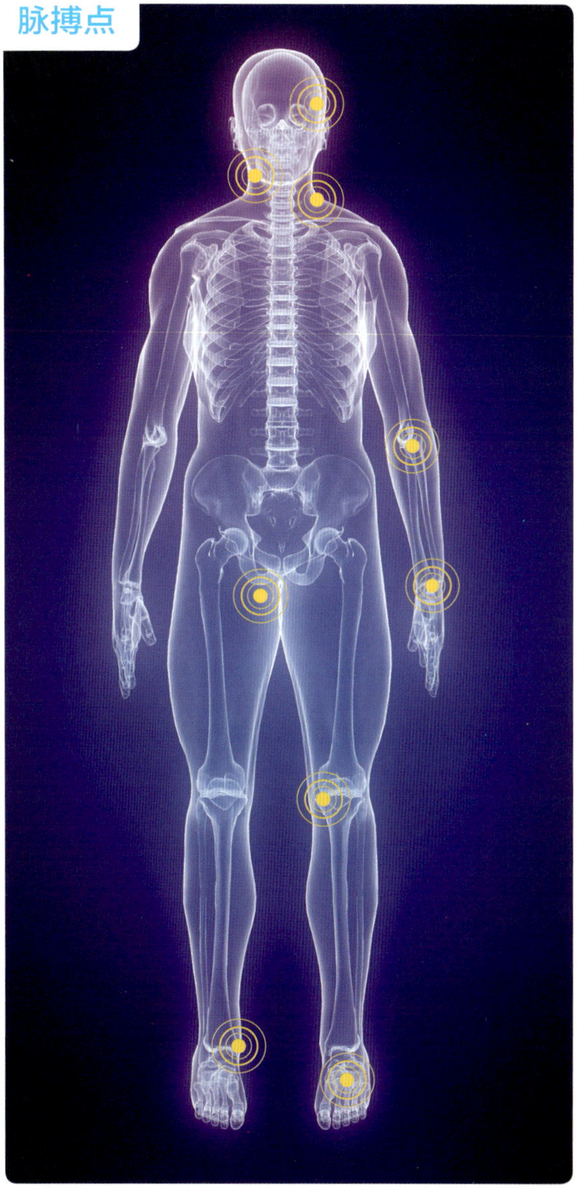

热身和降温

运动前先要热身。未经热身的肌肉和关节容易受伤。用5分钟时间做行走或跳绳等有氧运动，让心率和呼吸加速，再用5~10分钟做伸展运动（见后文15-16页）。

在运动结束后，要用5~10分钟再次做伸展运动，然后用5分钟做有氧运动，让身体逐渐降温，让心率逐渐回归正常。

运动量多少为宜?

这个问题的答案因你的年龄、日常运动量和身体状况而有所不同。对于成人来说，医生的建议是一周进行五次20~30分钟的运动量适中的有氧运动，外加10~20分钟的伸展和力量锻炼。青少年每天至少应该运动一小时。

最佳窍门

+ 不要过度运动。逐渐增量、增加强度是最好的选择。
+ 不需要一次做完所有的运动。你可以每次运动10～20分钟，整体运动量达到标准即可。
+ 多喝水。运动会让你大量出汗，让身体迅速失去水分，因此多喝水很关键。
+ 感到疲惫时就减少运动量，并开始休息。运动会让你的身体逐渐强壮，你也逐渐能够坚持更长的时间。
+ 不要轻言放弃。身体明显改善起码需要4～6周的运动。如果你感觉不到身体状况有所改善，就表明你的运动量可能还不够。

好的运动方式

骑自行车

骑自行车是非常好的有氧运动，既可以锻炼心肺功能，又可以锻炼腿部和臀部的肌肉。因为身体重量承载在自行车上，所以你自身的负担并不重，这能够让你的骨头和关节避免受伤。对于关节有问题的人来说，骑自行车是个很好的锻炼方式。不过，骑自行车对保持或增加骨密度以及避免骨质疏松作用不大。

跑步

跑步也是很好的有氧运动。由于人跑步时需要承担自己的体重，所以跑步能维持或增加骨头的密度，避免骨质疏松，并锻炼肌肉。不过，如果跑步过多或方式不对，那么你的关节可能会受到损害。如果你不清楚自己的身体状况，那么最好从快步行走开始。快步行走和跑步有着同样的功能，但是能够避免跑步的弊端。

放松

放松和运动同样重要。试试这个：躺在地上并伸展四肢，接受地心引力的拥抱吧。之后，舒展自己的双脚和脚趾，保持这个动作一两秒钟，再次放松。然后，从下到上放松身体的其他部位，让大腿、臀部、腹部、肩部、胳膊、双手和脸部先绷紧然后放松。至少躺5分钟。

每天都能做的伸展锻炼

任何时候都可以做伸展锻炼，在剧烈活动前尤其重要。你必须小心缓慢地做每个动作，不要太过匆忙，也不要伸展过度。一开始你可能感到困难，但你要以感到舒服为准，而不是痛苦地去完成动作！你可以根据自身需要反复锻炼下面每一个动作。

1.手臂和肩膀

（a）双脚略微分开，挺直后背。把双手交织在一起，手心朝外。把手臂抬到齐肩的高度然后向外伸展。用力让手心向外伸展以便锻炼肩膀、后背的上半部分、手臂和手掌。

保持这个动作10~15秒。

（b）双手交叉，把手臂举到头部上方，让手心朝上。让手臂向上和略微向后伸展，深呼吸。

保持这个动作10~15秒。

（c）把一只手臂从胸前伸过，然后把手搭到另一侧的肩膀后。轻轻地用另一只手向肩膀方向推拉肘部。你能感到肩膀和后背的上半部分得到了伸展。

每一侧各做这个动作，并保持10~15秒。

2.腰部和两侧

双脚分开，双膝略微弯曲。把一只手放在髋骨上，举起另一只胳膊，慢慢伸展，向另一侧弯曲，腰也随之弯曲。这个动作的目的是伸展你举起的手的一侧从肩膀到髋骨的部位。

每一侧各保持这个动作，并保持10~15秒。

3.后背、髋骨和腿筋

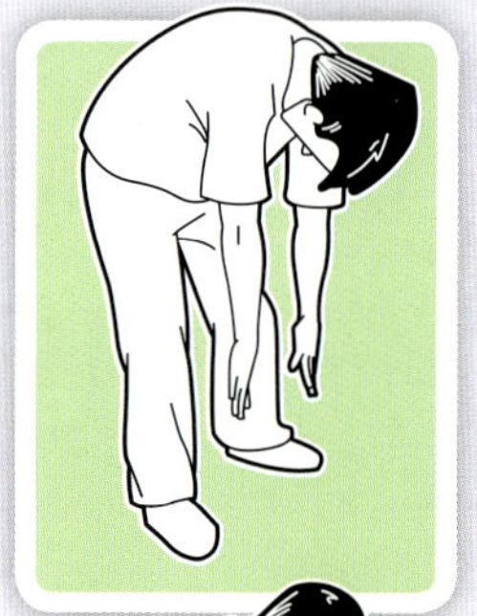

（a）站直后，将双脚分开，双膝略微弯曲。头部往下探，逐渐弯曲胸部、腰部。让头颈放松，双臂垂在身前，你会感觉到后背的下半部分以及大腿后侧得到了伸展。

保持这个动作15~30秒。

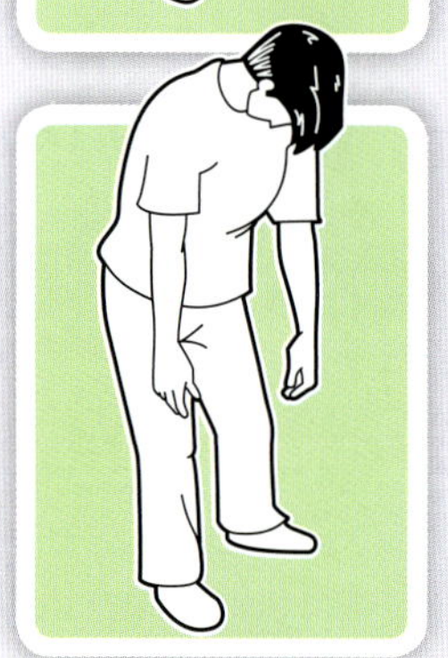

（b）保持双膝弯曲，慢慢站直身体，直到头部抬起。这个伸展动作练习得越多，你的后背和腿部韧带就会越有弹性。

（c）让双脚分开，脚趾指向前方。身体保持挺直，脚掌全部贴合地面，然后慢慢弯曲膝盖，就像要坐到凳子上一样。这个动作会收缩大腿前方的四头肌，同时让大腿后侧的韧带得到放松。

保持这个动作15~30秒。

4.脚踝跟腱和小腿伸展

双脚站在一个较低的台阶上。轻轻地往后挪一只脚，让前脚掌搭在台阶上，脚后跟悬在空中。慢慢把重心移动到后脚上，并将后脚跟压到台阶线以下。在必要的时候，你可以扶住扶手或墙壁来保持平衡。这个动作能够帮助你伸展脚踝、跟腱和小腿。

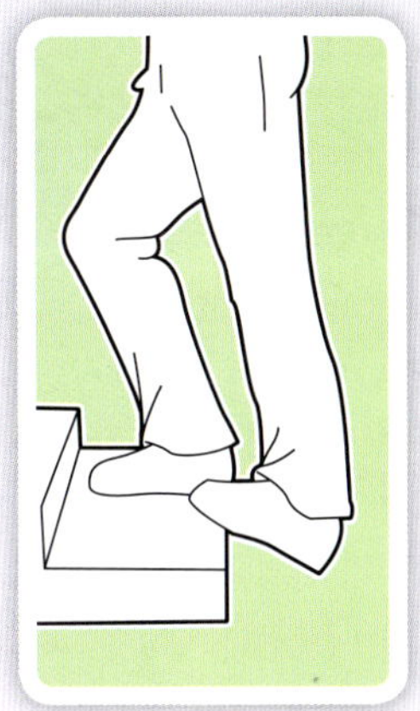

每一侧各保持这个动作15~30秒。

5.四头肌伸展

身体站直，将两脚平放在地面上，然后让一条腿弯曲。把手伸到背后，握住弯曲的那条腿的脚掌，并慢慢把脚扳向后背下部。在必要的时候，你可以扶住扶手或墙壁来保持平衡。做这个动作时，身体不要前倾，也不要往身体外侧拉你的脚掌。

每一侧各保持这个动作15~30秒。

6.腹股沟伸展

坐在地上，让两只脚的脚心合在一起，两个膝盖分别落向外侧。用双手握住双脚或脚踝，以髋部为支点，将身体慢慢前倾，不要弯腰或耸肩。如果觉得难度很大，可以往前伸一下脚，找到你觉得舒适的位置。这个动作能够帮助你伸展腹股沟和后背的下半部分。

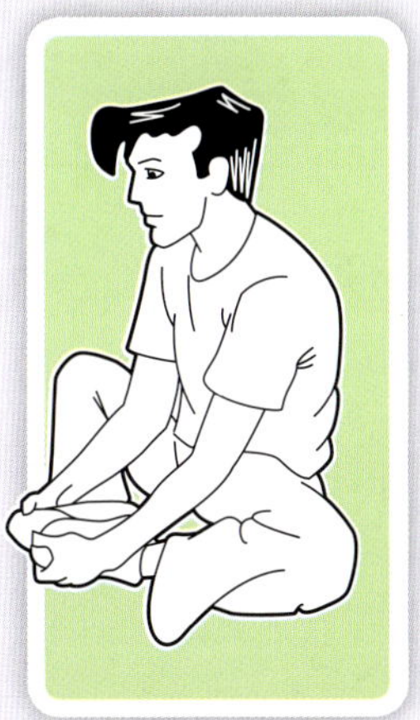

保持这个动作20~40秒。

7.脚筋伸展

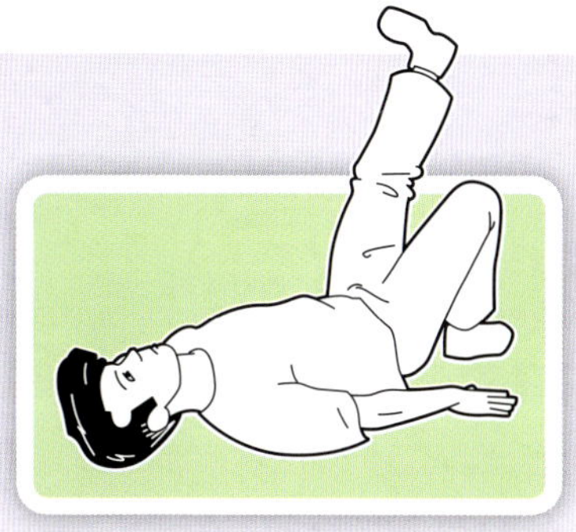

平躺，双膝弯曲，双脚落地。将一只腿向上抬起，脚尖弯向身体方向，让脚后跟伸到最高点。你能感到脚的后部得到了伸展。如果没有什么感觉，你还可以保持这个动作不变，将腿拉向身体来增加伸展的强度。

每一侧各保持这个动作15~30秒。

8.后背下半部分伸展

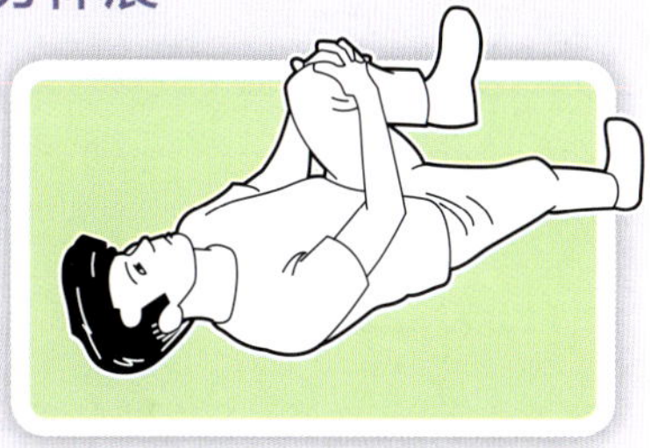

（a）平躺，双腿伸直放在地面上。将一条腿向胸口抬起，手指交叉扶住膝盖。慢慢把膝盖拉向胸口。头部始终贴在地面上，下巴稍微收紧，颈部和肩部放松。另一条腿尽量伸直。让自己的呼吸保持平稳。

每一侧各保持这个动作15~30秒。

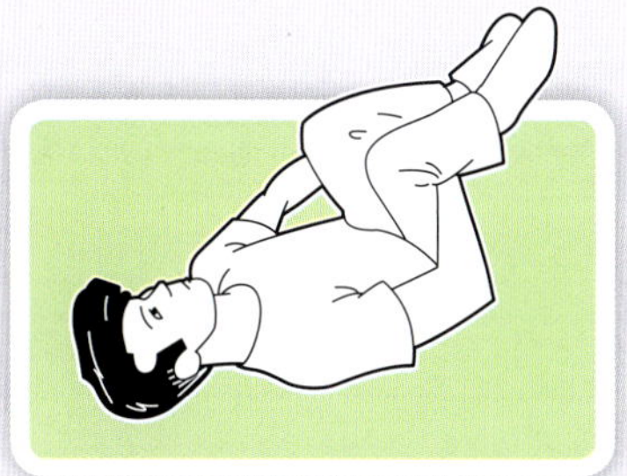

（b）将双膝抬起。把双手扣紧放在膝盖下方，慢慢将膝盖拉向胸口。头部始终贴在地面上，肩部放松。保持这个姿势不动，然后将膝盖朝一侧摆动5~7次，然后向另一侧摆动5~7次。这个动作利用你的体重来按摩后背的下部，很适合后背疼痛的人。

保持这个动作15秒。

第二章

探索户外

大多数人每天都行色匆匆，根本意识不到大自然就在我们身边，除非在狂风暴雨或其他自然灾害打断了我们的正常生活时。从本质上来说，我们从未离开过大自然。

大自然为我们提供了食物和原材料，我们也有责任去保护它。为了更好地担负这项责任，我们有必要先对大自然有所了解。要想达到这个目的，没有什么方法比走出门进入大自然更有效了。

观察大自然

观察大自然最好的方法是远离城市，前往野外。实际上，你越是远离人类社会，就越能更好地观察到大自然。不过，大自然无处不在，哪怕你仅仅是走出家门，也能够看到它。

专注

保持专注是探索和理解大自然的第一步。抛下每天的行色匆匆和满腹心事吧，静静地站立一会儿，专注地聆听大自然的声音。你能够听到鸟叫或狗吠的声音吗？你能够感到迎面而来的微风吗？你能够闻到花朵、草坪、烟雾的味道吗？抬头看看天空，你又看到了什么？

观察眼前的世界，然后提出问题，这是探险的关键。你看得越多，看到的就越多。和其他技能一样，人需要经常练习才能学会如何观察。你可以选择一个你最喜欢的地点，然后在不同的季节、不同的时间前往那里进行观察。你会发现光线是如何改变的，前往那里的动物有何不同，以及植物是怎样生长的。

顶级窍门

- 无论去哪里，都要带着纸、笔。即使你只是去附近的公园，也要养成记录周围环境和自己的问题的习惯（便于在探险结束后再次查阅并寻找答案）。

- 仔细观察，然后尽量把看到的东西画下来，不论是周围的地形还是一片树叶。

- 带着相机，哪怕用手机拍照也可以。照片能够帮你清楚地记录当时的情形，便于你以后查阅。

周围的地形

如果你去户外活动，你应该留出时间观察周围的地形。对于经验丰富的人来说，地形本身就有着说不完的故事。

地理学告诉我们，地球永远都在变化。不同季节的地球是不同的，百年前的地球和百年后的地球也是不一样的。沧海会变成桑田，树林和草丛可能消失然后再现。

山峰和山谷的形状能够告诉你它们是怎么形成的——地壳断裂会形成尖锐的山峰和深深的山谷，地壳相互撞击则会形成坡度较为和缓的山峰和山谷。或许一个山谷是数千年前冰山移动时形成的，也可能是河流穿过时形成的。

岩石、树木和草丛

天气也会改变地形。风雨能让岩石变成泥土，并将其送入海中。仔细观察你脚下的岩石或鹅卵石，观察上面的条纹和不同的颜色。有时你会从中发现闪光的水晶，有时你会发现远古动物或植物的化石。不同的岩石因为形成的原因不同而会有不同的外表。带一本相关的书能够帮助你更好地识别它们。

英国地处温带，数百年前英国到处都是森林。然而，人类社会的不断发展让这些森林不断被农场、工厂和城镇所取代。现在，英国拥有放牧用的大片草地以及一片片农田，而森林只在它们中间零星地点缀着。

你该带些什么?

根据季节和气候的不同，你需要随身携带的东西也不尽相同。你可以考虑以下物件：

- 温暖防水的夹克；
- 舒服的靴子。如果你的目的地很潮湿，那么你最好携带防水的靴子；
- 背包：不要过大，但要有足够的容纳空间；
- 水瓶和食物；
- 笔记本和笔；
- 地图和旅游指南；
- 小塑料袋，以便收集树叶、羽毛、贝壳、种子等；
- 铺在地上的大塑料垫子；
- 手机；
- 相机；
- 放大镜：它能够帮助你观察岩石、植物和昆虫；
- 望远镜。

安全检查： 如果你准备独自去户外活动，你应该告诉家人和朋友自己的计划和目的地。更多信息请见第三章。

观察野生动植物

即使不知道所有动植物的名字，你也能够享受在野外的乐趣。但你在户外待的时间越久，你想知道的就越多——当你开始熟悉户外的许多事物时，你就能够获得更多的快乐。

自然环境

野外是一个统称，实际上，野外的环境多种多样，每一种环境都有不同的特征，生活在那里的动植物也各不相同。如果环境被破坏，那么此地的生物要么迁徙，要么灭亡，因为它们之间有食物链关系。

森林

高沼地

高山

农田

河流

海岸

各种自然环境

在户外时，你可以记录下看到的各种自然环境。英国常见的自然环境包括森林、高沼地、高山、农田、河流、海岸等。但并不是每一种环境都覆盖大片区域，像城市的公园里就有自成一体的动植物系统，比如绿篱上、湖泊里、树木上等都生长着不同的动植物。

食物链和食物网

经过数百年的共同生活，居住在同一区域的动植物会逐渐适应周围的环境，并彼此依存。它们会逐渐形成食物网，每个食物网又由不同的食物链组成。

食物链中包括植物、以植物为食物的动物，以及以这些动物为食物的其他动物。

食物链的最底层是植物，最上层则是没有天敌的顶端捕食者。

简单的食物链

比如，兔子吃草，狐狸吃兔子，这三者构成一个简单的食物链。在这个食物链中，狐狸是顶端捕食者，虽然它也会受到人类和猎犬的威胁，但除此之外的其他动物不会以吃狐狸为生。

食物网中的动物虽然吃植物，但是它们的存在对于植物来说也至关重要。动物的粪便和尸体会被细菌分解，为泥土提供养分。植物则会利用自己的根茎吸收这些养分以茁壮成长——然后成为其他动物的盘中餐。

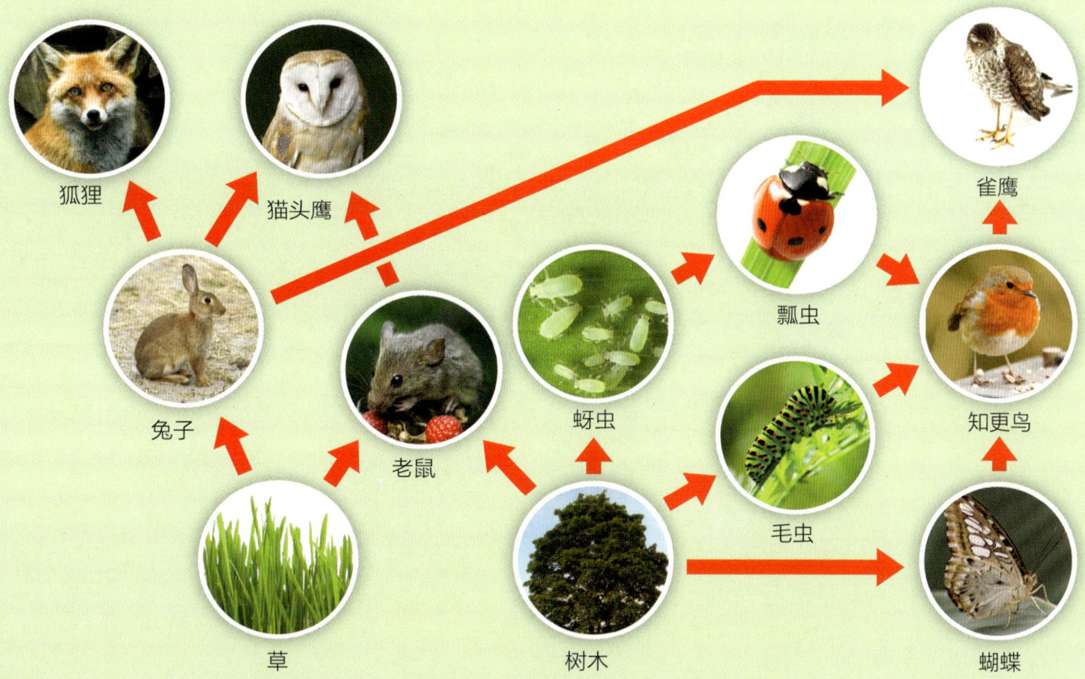

森林

森林是动植物资源较为丰富的自然环境之一。下次你去森林时，看看你能识别多少种树木。这个知识在生火时尤其有用。

树木要么是落叶树（每年秋天落叶），要么是常青树（全年常青）。常青树一般有针形叶，结球果，比如松树和云杉，但也有例外，比如冬青也是四季常青的。常青树一般生长在气候较为寒冷的地区。落叶树种类很多，包括橡树、榆树和苹果树等。落叶树的叶子大多是扁平的，但形状和大小各有不同。有些落叶树会开花，种子藏在果实里。这些果实可能外表闪亮，如樱桃或苹果，也可能十分坚硬，如长着刺的板栗或有硬壳的榛子。

识别树木

识别树木最有效的办法是观察树叶的形状。观察树的坚果、种子、浆果、花朵也可以，但只在特定的季节有效。在冬天时，树皮的颜色和外表乃至整棵树的形状都有助你分辨不同的落叶树。下面是几种在英国常见的树木的特征。如果想学到更多知识，你可以去阅读专门关于识别树木的图书。

更多关于生火所需燃料的信息请见第六章。

观察指南：识别树木

橡树

山楂树

苏格兰松树

枫树

榉树

七叶树

白桦树

红豆杉

灌木丛中

森林中不只有大树。由于树木种类和密度的不同，穿过树叶照射到地面的阳光也不均匀，树下会有低矮灌木丛出现，包括黑刺李、山茱萸、接骨木、蕨类、苔藓、野花等。

大多数野花，如风铃草、紫罗兰、木莲等，最好的观察时间是春天。因为在春天，树上的叶子较少，不怎么阻挡阳光。夏天，只要是森林的空地都会开满野花，你能够看到白色的饰带花和紫色的洋地黄。

观察指南：森林中的野花

不论野花多么漂亮都不要采摘它们。现在野花的数量比以前少多了，就让它们留在原地茁壮成长吧，让所有人都能观赏。你可以回家种专属于自己的野花。收集一些野花种子，在花盆、窗台盒子或花园里种它们。

风铃草
英国常见的植物，会在4月至6月间开花。

野生紫罗兰
植株很矮，花朵很大，会在春天开花。

洋地黄
有毒，但可以治疗心脏病。

繁缕花
生长在森林边缘，茎部很长。

纤细老鹳草
味道很大，在4月至10月间会开花。

报春花
3月至5月开花，看到它意味着春天到了。

熊葱
也叫熊蒜，闻起来很像洋葱。

臭菘
淡绿色的花朵很漂亮，味道很浓，会在二月至三月开放。

地面上

森林的地面往往是绿色和柔软的，上面铺着树叶、枯枝甚至倒下的整棵树。这里是蘑菇、羊肚菌等菌类，以及大量昆虫和动物的天堂。

你可以从地上抓起一把枯枝败叶，然后放在布或纸张、塑料袋、衣服等上面。用放大镜仔细观察，看里面到底有多少动物。你可以把油布铺在树下的地面上，再使劲摇树，看看有多少昆虫会掉下来。不要太过用力，在摇树前确认上面没有松动的树枝或鸟巢，另外，千万不要伤害树木。

观察指南：常见的菌类

枫树菌
不可食用，菌盖有数层，上面是棕色的，下面是白色的。

毒红菇
剧毒，有着粉色和白色的菌盖，以及白色的菌褶。

鹅膏菌
无毒，但最好不要食用，尤其不要生吃。

鸡油菌
波浪线的黄色菌褶盖有着漏斗的形状。

死帽菇
常见并有剧毒，菌盖可能是白色或棕色的。

蛤蟆菌
常见且有毒，菌盖是红色或橘黄色的。

蜜环菌
对周围树木有害，而且也不是好的下酒菜。

臭角菌（鬼笔菌）
味道很大，不要食用。有很黏的绿色菌盖。

警告： 千万不要盲目地吃野生菌，除非你身边有经验丰富的采蘑菇高手，否则，你可能会生病，甚至中毒死亡。

观察动物

森林也是一些体型较大的动物的家，观察动物的最佳时间是凌晨或傍晚，也就是它们觅食的时候。在野外观察动物需要耐心和细心。大多数动物听到人的动静或闻到气味，就会立刻逃跑。你必须安静地坐下，最好能够躲在树后，慢慢等待。如果动物觉得一切如常，它们会按照自己日常的习惯来行动，你就等来了最好的观察时机。

空地的四周是观察动物的最好位置：视野比透过密林去观察动物要好得多。你应该尽量处于下风向，这样动物不会闻到你的气味。伏下身体，躲在阴影里。不要离动物太近，否则，会打扰或刺激到它们，用望远镜来观察它们是更好的选择。

獾

獾是森林中极怕生的动物之一。你可以在獾洞的入口处看到它们。獾洞一般较大，位于河岸或山坡附近，洞穴的旁边会有一堆土，旁边的树木上也会有爪痕。你要在傍晚来临之前赶到洞穴附近。一般来说，你需要等很长一段时间才能看到它们。

黇鹿

英国常见的鹿有三种，黇鹿和狍子是最常见的，马鹿主要生活在苏格兰。赤麂不是英国的本土动物，但现在已经变得越来越常见。在草丛里，有时能够看到刚生出来的狍子，不要去打扰它们，因为去觅食的母狍子会不时回到小狍子的身边。

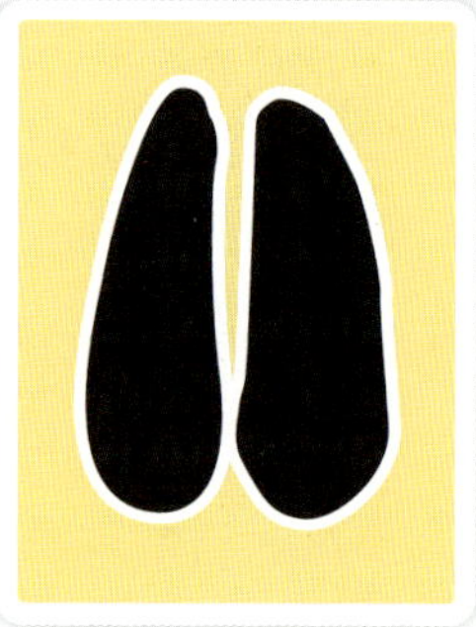

狐狸

在英国，城市花园和乡村都生活着大量的狐狸。狐狸可以在任何地方生存，但它们最喜欢的还是森林，因为那里有大量的地方可以让它们筑穴。你能看到被狐狸咀嚼过的羽毛或鸟类的尸体。另外，狐狸还有一种奇特的体味。

松鼠

森林中有大量的松鼠，它们一整天都十分活跃。你可以找找被它们打开的坚果壳或吃剩下的松果。它们多数是灰松鼠，而不是英国本土的红松鼠。身为“原住民”的红松鼠只能在英格兰北部、苏格兰和威尔士找到。

公园和花园中

很多小动物只在夜间活动，想要看到它们并不容易。但如果你家里有花园，附近有公园或荒地，那么你可以在傍晚之前或黎明时去找找它们。

很多人都会默许刺猬在花园中出没，因为它们会吃掉蜗牛、蛞蝓等破坏植物的动物。近年来，刺猬的数量正在逐渐减少，所以，如果你想让它长住在你家花园，就不要在花园中撒除蛞蝓药，否则，刺猬误食了中毒的蛞蝓，也会中毒。另外，也不要把奶留在花园里让它们喝，奶会导致刺猬消化不良。

公园、荒地和农田中会有黄鼬出没。它们长得和白鼬很像，但体形更小，而且尾巴上没有黑色的毛。黄鼬以捕食小动物为生，主要吃家鼠和田鼠。

刺猬

黄鼬

观察鸟类

英国有超过500种鸟类（世界上有超过10000种鸟类）。分辨鸟类并不是一件容易的事情。此时，望远镜和一本鸟类识别指南都能成为你的好帮手。另外，你还需要记住以下几条最基本的规则。

鸟有多大?

英国最小的鸟不到12厘米（蓝冠山雀），最大的有1米长（天鹅）。你可以把观察到的鸟类新品种和你知道的鸟类进行对比，比如是否比知更鸟或黑鹂大。

鸟是什么形状的?

在考虑鸟的形状时，你可以问几个问题。它的身体是细长的，还是圆润而短小的？它脖子长吗？它的喙是短而坚硬的，长而弯曲的，宽而平的，还是有弧度的？喙是判断鸟类生活习惯的重要线索之一。弯曲而锋利的喙说明这种鸟喜欢捕猎，而细长的喙一般意味着鸟喜欢从树中挖虫子吃。鸟的腿有多长？短腿鸟主要生活在树上，而腿细长的鸟会生活在水边。

鸟的羽毛是什么颜色的?

有些鸟有灰色或棕色的羽毛，这是为了掩盖自己的行踪。还有的鸟五颜六色，身上布满条纹。羽毛的颜色和形状是辨别鸟的重要线索之一。注意，你需要仔细查看鸟上身（后背和翅膀）、腹部，以及头、尾上显著的标志。

鸟类识别

观察指南：不同的喙

啄木鸟
喙尖而坚硬，以便从树木中啄虫子。

旋木雀
弯曲的喙可以深入树皮裂缝中叼虫子。

锡嘴雀
喙短而有力，能够啄碎种子和果子的外壳。

欧夜鹰
喙短而宽，可以在飞行中捕到虫子。

普通鵟
尖而弯曲的喙可以杀死和撕裂猎物。

白琵鹭
宽平的喙可以捞起鱼和其他水生生物。

在哪里看到的鸟？

观察鸟所处的环境是帮助你进行判断的重要线索。很多鸟类只在特定的环境下出没。比如，旋木雀和啄木鸟更喜欢森林而不是高沼地，云雀和茶隼最喜欢开阔的空间。知更鸟或黑鹂等鸟类会在多种环境中出没。

你听到了什么？

你不是总能看清鸟，但你一般能听清它们发出的声音。每种鸟发出的声音都不尽相同。学会识别这些声音的唯一方法就是不断聆听。只有在不断积累经验后，你才能做出正确的判断。另外，你也可以把鸟鸣录下来。

最佳窍门

- 你不需要跑到很远的地方观鸟，可以从自己的花园或家的附近开始。
- 随身带个笔记本，这样如果你看到了不认识的鸟，可以写下它们的特征、当时的地点等信息，然后回家利用这些信息在网上搜索。
- 向他人学习。找一个更有经验的伙伴一起去观鸟。
- 很多国家都成立了鸟类保护协会，协会的官方网站有很多有用的信息，告诉你如何安全和负责地去观鸟。

草地

不论是开阔的草地、农田、公园还是荒地，都是夏天观察昆虫的好地方。草地、山坡、农场的四周往往长着各种各样的植物，开花的野草和野花能够提供蝴蝶所需的花蜜。作为回报，蝴蝶会像蜜蜂一样，把花粉从一朵花带到另一朵花。花结出种子，来年便会开出更多的野花。

草丛中

草根附近往往会有蜗牛、蛞蝓和甲虫。如果你仔细观察，也许还能找到蝗虫。它们的绿棕色皮肤很自然地融入环境中，让其避免被鸟类认出来。如果你听到磨翅声，那多半是雄性蝗虫在向异性求爱。

草丛里也有小型的哺乳动物。在草地边缘、靠近绿篱或森林的地方，往往有很多兔子洞。家兔一般只在清晨或傍晚出来觅食，但如果周围没有人类，它们在白天也会出洞。野兔一般单独行动，也不会挖洞，而是会躲在草丛间，这让它们更难被发现。

观察指南：蝴蝶

山粉蝶

香蕉弄蝶

六星灯蛾：尽管大部分蛾子在夜间出没，但它们的数量却远远超过蝴蝶。像上图这种在白天出没的彩色蛾子经常会被误认为是蝴蝶。

六星灯蛾

橙灰蝶

翠凤蝶

燕尾蝶

草丛中的蛇

英国主要有三种蛇：

蝰蛇在绿篱、森林中的开阔处、高沼地和河边等环境中生活。它们在白天行动，但从初秋到春天会冬眠。蝰蛇不喜欢接近人类，只有受到威胁时才会攻击人类，比如被人拿起或踩住。蝰蛇的毒液对于健康的成年人来说威胁不大，但伤口会十分疼痛，最好尽快处理。

草蛇也喜欢绿篱、草地和森林边缘。它们最钟爱的是潮湿的沟渠以及湖泊或河岸。和蝰蛇一样，草蛇喜欢吃蟾蜍、青蛙、蝾螈以及小型哺乳动物和鸟类。它们的毒液只对小型动物有效。

滑鳞蛇喜欢干燥、阳光明媚的地方。它们会吃蜥蜴、其他蛇、小型哺乳动物和蚯蚓。它们没有毒液，只能够缠住猎物将其生吞。这种蛇在英国已经比较罕见了。

蝰蛇

草蛇

滑鳞蛇

蛇蜥
虽然经常被误认为是蛇，但其实它们并不是蛇。

黑田鼠会不断咀嚼长草，在地面“挖掘”出一条条道路。比黑田鼠更小的鼩鼱有着尖嘴，它们的食物是昆虫、蛞蝓、蜘蛛和蠕虫。

在它们的上空，往往盘旋着猫头鹰、茶隼、马岛鹰、燕隼等。在这些出色的猎手的眼中，草地仿佛一张桌布，上面摆着各种各样美味的食物。

茶隼
茶隼出现在很多环境中，包括城镇。茶隼主要以小型哺乳动物和鸟类为食。

山间和高沼地

英国的山都不太高，但一眼看上去却很荒凉和凶险。山的海拔越高，登山者越会感到风大和寒冷。达到一定海拔后，树木会不再生长，山地森林与无乔木的高山灌丛、草甸的界限，就是森林线。在山间生活的动物都在森林线以下生活。

英国的山基本上都在海拔600米以上，山间一般都被大片高沼地覆盖，里面长着很多低矮灌木和荆棘，也有很多凤尾草和石南。高沼地中有些区域湿漉漉的，长满了苔藓或水生植物。

各种各样的野生动物

夏天石南及其他灌木开花之际，高沼地会呈现出粉色和紫色。大量的蜜蜂、蝴蝶和飞蛾会在花朵之间出没。高沼地里的湿地里生活着很多蟾蜍、青蛙、蝾螈，以及它们的天敌——比如蝰蛇、狐狸、白鼬和一些鸟类。

鹬、黑腹滨鹬、鸊鷉等很多鸟类都依赖高沼地来生存和繁衍。其中，松鸡、云雀、金鸻等很多鸟类已经濒临灭绝，以捕食它们为生的白尾鹞、灰背隼、金雕等现在只能在苏格兰最荒凉的地方才能找到。

白尾鹞

金鸻

灰背隼

金雕

高沼地的管理

很少有人在高沼地生活，但实际上那里并不荒凉。山地农夫会在那里放牧羊和较为健壮的牛，马也会在达特穆尔高地和埃克斯穆尔高地漫步。

由于高沼地的环境非常奇特——世界上有石南的高沼地75%都在英国——很多已被英国政府保护起来。游客可以前往高沼地观光，但他们必须遵守相关规定。这既是为了保护动物，也是为了保护游客。

高沼地是一个探索起来较有挑战的环境。你可能在几小时内都遇不到一个人，而且很多区域也没有手机信号。高沼地的天气可能一下子变得阴冷，令可视度瞬间下降。高沼地有很多小路，但基本上没有正规的道路或路标，因此你很有可能会迷路。泥塘、老矿井和地面隐藏着的洞穴都是潜在的威胁。你最好在背包里放上当地的地图、指南针以及额外的衣物（见前文第20页）。另外，如果你迷路了，不要害怕走回头路。

高沼地行为规范

高沼地的游客必须遵守山野行为规范（见后文第39页）。由于高沼地的特殊性，还有一些额外的行为规则。

更多关于远足和爬山的信息请见第三章。

英国的山

- **英国最高的山是苏格兰的朋尼维山，最高峰海拔1344米。**
- **威尔士最高的山是斯诺登山，最高峰海拔1085米。**
- **英格兰最高的山是斯科菲峰，最高峰海拔978米。**

作为对比，珠穆朗玛峰海拔8844.43米。

* 此数据为2005年中国国家测绘局测量的结果。

海岸

海岸的环境丰富多彩，有金色柔软的沙滩和沙丘，也有铺满鹅卵石的海滩，还有岩岸、悬崖峭壁或污浊的入海口。

不论在什么样的海岸，潮间带的环境总是恶劣的。这里要么被海水淹没，要么完全裸露在太阳下。能够在这里生活的动植物都十分了不起。

海洋植物

海藻往往被视为一种草，但实际上它们是藻类。它们没有根，但可以用假根附在海底的岩石上或漂浮在海面上。海藻的种类有数千种，外表也有很大的区别。有的海藻看上去毛茸茸的，有的看上去是长长一条，还有的看上去像叶子。但总体来说，海藻可以根据它们的颜色分为三大类：绿海藻、褐海藻和红海藻。

观察指南：海藻

绿海藻

经常裸露在空气中。它们一般会在靠近海岸线的地方生长。最常见的绿海藻是海白菜（见图）。海白菜是可食的，而且蛋白质非常丰富。在海水比较浅的地方，你甚至会发现“海藻地”。

褐海藻

在水较浅的地方大量生长的海带就属于褐海藻。分枝带有气泡（见图）的褐海藻在岩岸潮间带的中间地带大量生长。这种褐海藻含丰富的碘。

红海藻

是最古老的海藻。红皮藻（见图）很常见，大量生长在潮间带中间和远离岸边的区域。它富含矿物质和维生素，是很受欢迎的食物和营养补充品。

壳类

潮间带生活着很多小生物。它们必须在四周的岩石和海藻中找到生存空间，而且必须应对每天不断变化的环境。因此，它们大多身上会有壳。

不论海浪有多大，**帽贝**都会紧紧附在岩石上。海水淹没岩石后，帽贝会让自己缓慢地在岩石上移动，以便吃掉上面的藻类。在退潮前，帽贝会回到原来的位置，再次牢牢附在岩石上。

贻贝比海螺还要美味。贻贝蓝黑色的外壳识别度很高，它们一般会聚集在潮间带中间和远离岸边的区域。

海螺仿佛海中的蜗牛，它们会利用海藻打造藏身之处，并将其作为食物。退潮后，海螺会躲在潮湿的海藻下，甚至会把自己封在护壳里，以防止自己脱水。海螺一般在接近岸边的岩石或岩间水洼中生长。对于人类和其他很多动物来说，海螺都是不错的食物。

龙虾、**螃蟹**（见图）、**海星**等其他壳类动物一般可在潮间带远离岸边的区域和岩间水洼找到。乌蛤和竹蛏则一般在退潮后的沙子里。

安全检查： 和其他贝类一样，只有活的贻贝是可食的。你可以通过检查它们的壳是否紧紧合着来查看它们是否还活着。如果壳已经松开，那么贻贝多半已经死了，死了的贻贝可能有毒。活着的贻贝在烹饪时会自动打开壳。

保护山野

山野是让我们探索和享受大自然的地方，但我们必须明白保护山野也是我们的责任。不然，山野很容易受到破坏或被污染。另外，过分使用、开发，以及引入侵略性的动植物也会破坏自然的平衡。

红松鼠

20世纪40年代，从北美引入英国的灰松鼠让英国本地的红松鼠几乎灭绝。

山野面临着哪些威胁？

人类是山野的最大威胁。工业生产消耗自然资源，排放污染物。这些污染影响着空气、土地、水源，以及所有依赖这些自然资源的动物，包括人类本身。

为了开垦农田、增加粮食产量等，农夫会在地里洒农药，砍伐树木、树篱等等。人们还会建设道路、城镇、工厂等满足自己生活的需要，这些都可能会对动物的栖息地造成破坏。收藏植物、蝴蝶、飞蛾、鸟蛋，打猎、打渔，以及各种意外灾害（交通事故，森林火灾，乱扔垃圾导致动物受伤或中毒）都可能夺取动植物的生命。

濒危！

英国有6.5万种植物和3.7万种动物，但越来越多的动植物都濒临灭绝。比如，2007年，“英国生物多样化行动计划”认为有1149种动植物和65种栖息地（如绿篱、沼泽、沙丘等）需要立刻受到保护。

受到威胁的动植物包括数百种飞蛾、甲虫、蝴蝶、蜜蜂和黄蜂，包括蝰蛇、草蛇、蟾蜍在内的10种两栖动物和爬行动物，包括蝙蝠、田鼠、睡鼠、野兔、红松鼠在内的18种陆上哺乳动物，包括59种鸟类，以及多种野生植物、菌类、鱼类和其他海洋动物。

我们能做些什么？

我们可以团结起来，为自己和子孙后代保护地球和地球上的生物。

我们可以督促政府：（a）立法保护环境和动植物；（b）减少污染；（c）减少对自然资源的浪费。

我们可以尽可能多地了解大自然和其所面临的威胁，尽可能改变自己的行为，减少对自然环境的破坏。

行动清单

- ✓ 尽可能不开车，多乘坐公共交通工具、步行或骑车。
- ✓ 不用电器和电灯时就关掉电源。不要让电脑一直待机。
- ✓ 不要浪费水。
- ✓ 尽可能循环利用资源。
- ✓ 不要买包装过于华丽的商品。
- ✓ 不要随意丢垃圾。
- ✓ 尽可能保护身边的环境。
- ✓ 遵循山野行为规范。

大黄蜂

矢车菊

画眉鸟

睡鼠

云雀

灿福蛱蝶

青蛙

海豚

遵守标志

前往山野前，你需要了解哪些地方是你能够去的，以及能在什么时间去。有些地区的管理部门会公示相关信息，但这些信息随时会改变，因此你最好提前了解清楚。

可以走的路包括人行道、马车道以及偏僻小道，这些道路应该配有明显的路标指示牌。出发前，尽可能多地熟悉这些路标。当你穿越私人领地或私人农场时，你必须时刻谨记沿着道路行走。自2000年英国颁布《乡村和路权法》以来，民众有权利自由行走在“开放路权区”，而不需要时刻待在道路上。不过，你坚决不能在“开放路权区”露营、骑车、骑马，甚至开车。在农民工作期、农场维护期或季节性播种期，农民和土地拥有者可能会关闭“开放路权区”。请按照管理者的规定来指导你的行动。你和其他队员有义务保证所有人的安全，所以在行动前，一定要先弄清你们将要路过的土地的种类，并提前查询天气预报。时刻谨记，一定要让他人知道你们的目的地是哪里、什么时候返回。

英国的山野行为规范

2004年，“山野行为规范”增加了新的内容并被分成了五部分：

- 注意安全——提前计划，遵守标志。
- 不对环境进行任何改变。
- 保护动植物，把产生的垃圾带走。
- 管好自己的狗。
- 替他人着想。

这是英国山野行为规范的简要内容，完整的行为规范可以在英国、威尔士、苏格兰的山野保护局的网站上找到。

路标

可以徒步行走的路上会有不同颜色的路标。允许公众前往的地方一般都有明显的标记，国家级徒步道路有其独特的标记，有些道路上则会有当地的标记。

- 徒步道路标记
- 跑马路标记
- 小路标记
- 国家级徒步道路
- 开放区域

野火

不受控制的自然野火对大自然、野生动植物和人身财产都会造成极大的危害。因此，在所有季节用火时都要格外小心，而不是仅仅在干燥的夏天。有时相关机构在10月和来年4月之间会在野地里主动烧出一条隔离带，因此报警前必须先确定你看到的的确是野火。

不要随便乱动你看到的东西

为了保护牲畜，农夫往往会关上农场的大门，但有时候也开着大门，因此，你最好不要随便把门关上。你只能利用现成的缝隙、大门和阶梯。翻墙、栏杆或篱笆可能会造成破坏，增加牲畜逃跑的概率。在经过庄稼地时，应尽量小心，不要踩坏庄稼。

禁止乱扔垃圾，禁止乱拔乱采野生植物，特别是受保护的野生植物。

尊重他人

尊重当地居民、其他游客和野生动植物，特别是在狭小的乡间小道上。不要挡道，给所有的野生动物、马、牲畜和行人留出足够的道路空间。

观察天气

如果你掌握了足够的知识，那么你就能够从天空中获得大量的信息，这能够帮助你对接下来的天气进行判断。

仰望天空时，你看到的其实是地球的大气层。大气层仿佛是围住地球的“安全毯”，它让地球免受宇宙中寒冷的真空和破坏力极大的太阳风的伤害。

这层“毯子”并不厚。越靠外，这层“毯子”就越薄，直至完全消失。

大气层大概有100千米厚，但大多数人只能看到约16千米厚的大气层，因为天气变化都是在这段大气层中发生的。

为什么会刮风？

气候变化一般是太阳造成的。太阳为地球提供热量，热量导致地球表面的温度上升。由于地球是一个球体的，离太阳最近的赤道所接受的热量最多，而离太阳较远的南北极所接受的热量则较少。

陆地温度变化的速度比海洋更快，而陆地的海拔、上面覆盖的植物以及气候都会影响温度。热空气会上升，冷空气会下降。热空气上升后会拉起下方的冷空气。这会导致热空气逐渐冷却，然后又开始下降。冷热空气的上升和下降会导致刮风，而刮风会导致气候的变化。

世界上不同的地区会在不同的时间出现冷热空气上升下降的情况，因此各地区的气候不尽相同。气候学家会根据各种数据预估在特定时间、特定地点的天气。一般人可以根据风和云这两个简单的指标来对天气进行判断。

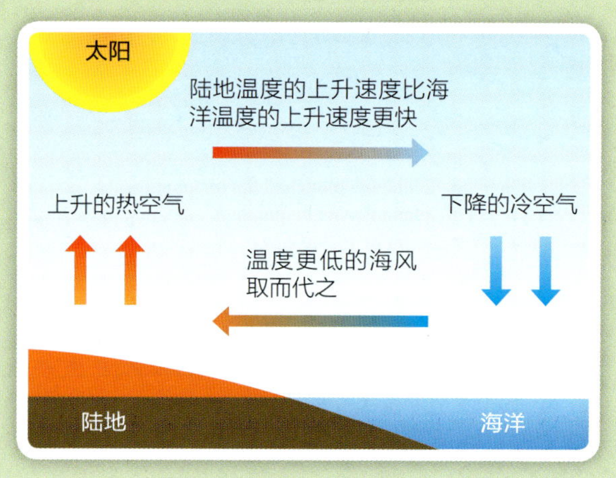

蒲福风级

蒲福风级是英国海军将领弗朗西斯·蒲福在1805年设计的。现在，世界各地都会用它描述的大风在陆地和海洋上造成的影响程度来预估风级。一开始蒲福风级只有13级（0~12级），但在1946年又增加了5级来描述非常罕见的飓风。风速的改变意味着气候的变化，风速改变越大，气候的变化就越大。

蒲福风级		风速（千米/时）	描述	陆地情况
0	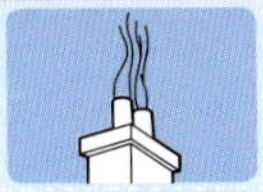	<1	无风	静，烟直上
1	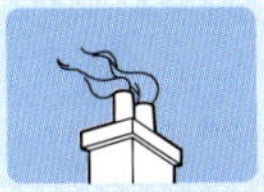	1-5	软风	炊烟可表示风向，风标不动
2		6-11	清风	风拂面，树叶有声，普通风标转动
3		12-19	微风	树叶及小枝摇动，旌旗招展
4		20-28	和风	尘沙飞扬，纸片飞舞，小树干摇动
5		29-38	清风	有叶之小树摇摆，内陆水面有小波
6		39-49	强风	大树枝摇动，电线“呼呼”有声，举伞困难
7		50-61	疾风	全树摇动，迎风步行有阻力
8		62-74	大风	小枝吹折，逆风前进困难
9		75-88	烈风	烟囱屋瓦等将被吹损
10		89-102	暴风	陆上不常见，见则拔树倒屋或有其他损毁
11		103-117	狂风	陆上绝少，有则必有重大灾害
12		>118	飓风	陆上几乎不可见，有则必造成大量人员伤亡

云

云是空气中的水气凝结而形成的。人们认为有云就会导致下雨或带来坏天气，但事实并不完全如此。气象工作者按云的底部距地面的高度将云分为低、中、高三级。高云往往意味着天气很好，而且不会很快发生变化。中云一般意味着天气会很快发生变化。低云一般意味着雨水或雾。

气候学家把云分为四大类：

卷云：细微呈条状的云

雨层云：一层层蓬松的云

层云：无定型的一层层的云

雨云：导致下雨的云彩

这四种类型的组合会导致10多种不同的云彩类型。

气候谚语

很多地方都有基于经验形成的气候谚语，比如：

- **朝霞不出门，晚霞行千里：**红色的夜空意味着绚烂的夕阳和干燥的空气。相反，清晨的红色天空则代表空气湿润，因此雨水多半会接踵而至。
- **7点前下雨，11点前就停：**雨一般不会下4个小时，除非风很小，锋面移动很慢。

高云

卷云
条状的薄薄的白云高高地飘浮在天空上。其形状有时被形容成“牛尾”。卷云一般预兆着晴天，但有时也意味着天气即将恶化。

卷层云
薄薄一层笼罩天空的云。人可以透过卷层云看到太阳或月亮，而太阳和月亮的四周会有一圈因为反光而形成的光环。卷层云一般预兆接下来天气将恶化。

卷积云
这种朵朵小云组成的形状让人想起波纹砂或鲭鱼鳞，因此也被称为“鲭鱼天”。卷积云一般预兆接下来是晴天。

中云

高层云

一层灰色的云盖住天空，偶尔会露出一点模糊的阳光。高层云一般预兆着雨雪。

高积云

这些蓬松的堆云要么是一块块，要么是一层层地在空中飘荡，其一般预兆着雨雪。

雨层云

分开的蓬松的云，偶尔会有灰色的底。有时会组成翻滚的形状，有时会高高耸起。雨层云散开预兆着晴天，雨层云聚集预兆着雨天。

低云

层云

低平的灰色云。可能笼罩着高山或较高的建筑物，偶尔甚至能够下沉到地面形成大雾。阴天一般是层云掩盖住太阳而造成的。层云偶尔预兆着小雨或小雪。

层积云

一层层巨大的云挤成一团，其中偶尔会有一点缝隙。云团中往往有一丝丝灰色。层积云有时预兆晴朗的干燥天气，有时预兆着小雨或小雪。在恶劣天气前后有时也会出现层积云。

积云

高高堆积在一起的黑或灰色云彩，会挡住太阳。积云一般预兆着中到大雨或大雪。

积雨云

这是预兆着雷雨的云，它们巨大、呈暗色，仿佛巨大的菜花，有时又会平整如铁砧。积雨云一般预兆着雷雨、大雨或大雪。积雨云是最厚的云彩，有时能够从大气层的底层一直延伸到上层。

暴雨和洪水

大多数时候各地的天气变化是有规律的。但有时候人们会忽略大自然发出的恶劣天气即将来临的警告。因此，我们有必要时刻保持警惕。

雷阵雨可能在晴天时突如其来。在特定的情况下，雨层云会在瞬间成为有20千米高的积雨云。云层下面的空气可能是温暖的，但云层上面的空气是寒冷的。在云层中，气流快速地蹿高蹿低，其中的水汽凝结会迅速变为大雨。

如果雨很大或持续时间很长，又或者地面很干燥，那么雨水不会很快被地面吸收。在这种情况下，水会不断积累，并淹没地面、巨石、树木、植物，直到河水和水库的水都溢出来并冲到地势较低的地方去发生洪灾。这会对那些地方的建筑物造成巨大的损害。

洪水可以瞬间在干燥的河床、溪谷和干涸的小溪出现，并可以在很短的时间内流到数千米之外的地方去。在山洪可能会暴发的地方，一定要多加小心。

发生洪水时确保安全的措施

- 如果你认为可能会发生洪水，应立刻去较高的地方或建筑物的高层。
- 不要企图在洪水中行走。人们往往会低估洪水的力量和深度。你无法判断水中到底有什么，水漫过你的脚踝时，你的处境就已经很危险了。
- 不要在洪水泛滥的地方开车。如果汽车出现了问题，你应该立刻舍弃它并前往较高的地带。60厘米深的水已经足以把汽车冲走。
- 如果可能的话，尽可能随身带好饮用水、食物、手电筒、火柴和衣物。
- 到达安全地带后，确保洪水退却或有人前来营救你时才可以离开。

更多关于如何避免被洪水伤害的信息请见第8章。

闪电

雷雨往往伴随着闪电。风暴云内的气流会产生静电。当静电积累到一定程度后就会爆发——这就是闪电。

闪电最高速度达到惊人的每小时22万千米，其温度甚至比太阳的表面温度还要高。闪电四周的空气会快速膨胀并爆炸，从而产生震波，这就是为什么闪电时会打雷。声音的速度比光速要慢，所以我们会先看到闪电，然后听到雷声。

闪电会向地面的物体移动，但其目标不一定是地面的最高点。没有人能知道闪电会落在何处。每一天，地球平均会被闪电击中10万次。被闪电击中的物体会因为闪电的能量、震动而受到重创。人也可能被闪电击中，但这种概率比你想象的要低得多。

闪电时确保安全的措施

- 不要在山间、湖泊、草地等空旷地方停留。赶紧到海拔更低的地方或躲在浓密的森林里。
- 尽可能躲到建筑物里去。
- 不要躲在一棵孤树或悬石下面。
- 如果你还有其他伙伴，确保所有人之间都保持了10米的距离。
- 双脚并拢，确保只有双脚接触地面，然后蹲下。
- 尽可能把干燥的东西（如书包、外衣、睡袋等）垫在脚下以进行隔离。
- 不要躺下，如果闪电击中附近的地面，电流可能传到你身上。

第三章

远足和登山

英格兰和威尔士有超过22万千米的公路和小路，苏格兰和北爱尔兰也有不少向公众开放的公路和小路。你可以在乡间小路漫步，也可以穿越草地、登山或探索河谷，它们都是很好的选择。

做好准备

远足是较为简单的户外活动形式之一。它不但是免费的，而且随时随地都可以进行。远足是以走路为基础的。如果你平常不怎么走路，那么你可以逐渐增加自己日常的行走距离。如果你经常乘坐公交，那么可以选择在部分路程步行。你可以在附近的公园行走，走到商店去，或走去看朋友。如果能说服你的朋友和你一起行走，那就更好了。

行走能够锻炼你的心脏和其他肌肉，帮你减压，让你精力更旺盛。要想充分获得这些益处，你必须每天以较快的速度至少坚持走30分钟。达到了这个速度，才能够帮助你热身，你的呼吸会比平常略有加快。如果你开始气喘吁吁，那么你多半走得太快了。你不需要一次走30分钟，也可以分成多次，比如每次快步行走15分钟，一天两次。但如果你希望改善自己的身体状况，那么你每隔一两周就应该增加你步行的距离。

在你能够以此强度走数小时后，你就可以开始挑战点难度更大的了。比如，你可以加入一个远足爱好者的群体。你家周围可能有这样的团体，英国人经常会加入漫步者协会，漫步者协会会在英国各地经常聚会，组织不同能力、不同年龄的会员一起行走。

计划远足

如果你已经决定去远足，那么，首先要做好远足的前期准备工作。比如，你是否已经选好了某一条道路？你准备走多久，走哪一段？这些选择会决定你挑战的难易程度。

你打算和谁一起远足？他们的能力如何？一般来说，根据能力最弱的人安排远足计划才是明智的。另外，你还需要考虑季节和天气。记住，英国的天气变幻莫测。

选择好目的地和时间后，你就可以制订一个详细的计划了（见第49页）。首先，你需要找到一张地图。面向公众开放的道路一般沿途都有标志，但你最好随身携带一张地图。考虑到你可能会迷路（特别是在偏僻的地方或山间时），等高线地图和指南针也是必需携带的。不然的话，你可能会找不到回家的路。有些人也喜欢随身携带GPS（全球定位系统）。

更多信息

更多关于道路、国家公园、自然保护区和其他户外组织的信息，可以在相关书籍或网站中找到。

更多关于计划的信息请见第一章。更多关于使用地图、辨别方向和GPS（全球定位系统）的信息请见第四章。

路线计划

路线计划会根据你的路线长度和难易程度而变得繁复或简约。简单来说，路线计划是一张涵盖了途中所有关键要素的表格。

首先把远足分成不同的阶段，安排每个阶段的起点和终点、每个阶段的距离以及为每个阶段留出的时间——可以参考右侧介绍的“奈史密斯法则”。计划中还应该包括休息、进食的时间和地点。每个阶段行走、休息和吃饭等时间的总和，就是你为这次远足安排的总时间。一般来说，每天行走的时间不要超过6个小时（不包括休息和进食的时间）。

你在计划中还需要描述沿途的路况信息，以及标出耗时较多的山坡或较为难走的地形。你也可以有备用计划，比如找出一条更短、更轻松或更快的道路，以便在遇到紧急情况时使用。为了最大限度地保证安全，你还可以在地图中标出每个阶段的坐标和方位。

紧急情况

如果你计划长距离的远足，并需要在野外过夜或穿越险恶地形，你应该留一份出行计划给家里人，包括和你一起出行的伙伴的姓名和手机号，你计划逗留的地方的联系方式（记得每天向家里报平安）。

奈史密斯法则

1892年，一位名为威廉·奈史密斯的苏格兰登山家制定了一系列简要的法则，用于计算远足所需要的时间（包括慢步登山或下山）。

奈史密斯法则称，一个健康的普通人在平地上：

每小时可走5千米，上山每100米需要多加10分钟。

但是，如果你或者你的伙伴有背包、经验不丰富、身体状况不佳，那么你需要降低速度：

每小时行走3千米，另外上山每100米需要多加10分钟。

也就是说，如果你需要行走1千米，其中600米是爬山，那么：

15/3=5小时

600/100=66再乘10分钟等于1小时

5小时+1小时=6小时

也就是全部所需时间

下山也会影响你的速度，下山的速度取决于下山的坡度。一般来说，人下山的速度和上山的速度是相同的。不过，如果坡度和缓，这会加快你的速度，下山时每100米可以减去10分钟。如果坡度十分陡峭，那么每100米需要多安排10分钟。你可以通过等高线地图来预估山的坡度和你所需要的时间（见第71页）。

路线计划：科兹沃尔德——奇平卡姆登——温什科姆

地图：

科兹沃尔德徒步地图

等高线地图：OL45科兹沃尔德

等高线地图：OS179格洛斯特，切尔滕纳姆，斯特劳德

起点：奇平卡姆登市场广场 起始海拔：150米			日期：8.19	天数：1/2
目的地	千米	海拔	描述	预计时间（小时：分钟）
大路旅馆	9.6	163米	在大路岭的大路塔休息。大路岭海拔313米——是整条路的最高点。	3:38
第一天总距离	9.6			3:38

出发：大路旅馆 出发点海拔：100米			日期：8.20	天数：2/2
目的地	公里	海拔	描述	预计时间（小时：分钟）
斯坦威森林	10.5	200米	最佳时间：沈贝罗岭10分钟爬300米；在沈贝罗岭休息30分钟；在斯坦威之屋花30分钟吃午饭。	4:30
温什科姆	8.8	140米	最佳时间：斯达普交叉口10分钟爬250米，之后休息。	3:20
第二天总距离	19.3			7:50

总距离：28.9千米

这是一个简单的路线计划表。此计划是按每小时行走3千米制订的。远足经验越来越丰富后，你可以根据自己的实际能力调整速度。

远足时穿什么

远足不需要大量专业而昂贵的衣物，更多需要考虑的是如何让自己保持温暖、干燥和舒适。不合适的衣物在行走过程中会让你越来越不舒服，潮湿的衣物除了让你感到不适，还可能造成危险（见后文）。

徒步用的靴子

远足时，最重要的是准备一双徒步专用的靴子或鞋子。错误的鞋子会让你脚痛、长水泡，甚至扭伤脚踝。时尚的训练鞋或靴子在野外或潮湿地带一点用都没有，威灵顿长筒靴虽然防水，但不能保护你的脚踝。

徒步专用的靴子或鞋子会保护你的脚与脚踝，并让你感到舒适。市面上有不同风格、不同材料和不同大小的靴子或鞋子。你需要找到最适合自己的一双。

购买靴子时，你最好前往专卖店。想想自己会在哪里用到这种靴子，然后做出选择。低腰靴重量较轻，没有保护脚踝的设计，适合不需要爬山的平地或者夏天漫步。如果你一年四季要在不同的地形中徒步，或需要背着沉沉的背包，那么你需要高腰的皮质或防水材质的登山靴或徒步靴。这种靴子能够为你的脚踝提供保护，而且鞋底的花纹设计使其抓地力很强，让你在陡峭或湿滑的区域都能稳定前行。

凉鞋

+ 重量很轻
- 没有脚踝支撑设计
- 有限的足部保护

运动鞋

+ 穿着舒适
-没有足部保护设计
-不太保暖
-不防水

威灵顿长筒靴

+ 防水
-没有脚踝支撑设计，最好不要长时间穿着

徒步靴

+ 对脚踝提供很好的支撑
+ 很强的抓地力
- 有限的防水功能

袜子

买徒步用的袜子是十分必要的。这些袜子是用可以吸汗的特殊材料制成的。它们很柔软、接缝处较少，因此不会增加额外的压力或和脚产生摩擦。这种袜子多数在脚踝和脚趾处会加厚。在冬天，或你希望让脚更加舒服的时候，你可以穿两双袜子——较薄的袜子在内，较厚的袜子在外。

先试后买

买靴子前先试试，不要匆忙做出决定。专卖店一般有斜板来模仿斜坡的感觉，你可以穿着靴子站在上面试试合不合适。

记住，穿靴子时通常要穿厚袜子来增加舒适度和提供更多保护，因此，买靴子时你需要自带袜子或让店里借你一双袜子。一般来说，你需要买比你平常号码大一点的靴子，因为你的脚在远足过程中可能会略微发肿。

你需要确保靴子在系上鞋带后也是舒适的。你要为脚趾留出一定的活动空间，但不能让脚在鞋里晃荡。靴子不应该挤压脚趾、脚跟等任何部位，在行走时也是如此。如果你两只脚尺寸不一样，那么你可以在感觉较大的那只鞋里放鞋垫。

买了靴子后，要注意保养它们，保持清洁和干燥，另外，在远足前要先穿着它们走一走。

最佳窍门

+ 为靴子除汗和除味的方法：把一条旧紧身裤膝盖以下的部分剪下来，在每条裤腿中塞入一些小苏打（或发酵粉）。把裤腿卷成直径为4～6厘米的圆球状，打个结绑住。再把其他布料缠在圆球上，再打个结，变成双层的球。把多余的布料剪掉。脱下靴子后，你可以把圆球塞进去。小苏打会吸收汗水和臭味。

多层衣物

由于气候和耗费体力的不同，你的体温会在途中不断发生变化。因此，你最好穿三到四层薄而温暖的衣服，这样方便你随时脱衣或穿衣来保持舒适，而不是靠厚厚的大衣或厚夹克来保暖。

薄衣物之间会留有空气，会在不增加重量和体积的情况下形成隔热层。潮湿的衣物会吸收身体的热量，导致体温下降，甚至导致低体温症。如果你身体产生太多的热量，你可能会因为体温过高而遇到危险。

从里到外

第一层

贴着你皮肤的第一层应该合身轻薄，而且不应该太紧。在冬天，你可以选择长袖的保暖内衣，在夏天你可以选择无袖或短袖衫。棉织物结实又柔软，但会因你的汗水而变得潮热。如果是人造的透气材料就可以速干。

第二层

第二层应该更为宽松并有长袖，长袖应该便于随时扣上或卷起。同时，衣物应该是高领的，比如在冬天可以穿圆高领衫或保暖内衣，在夏天穿更轻的棉质汗衫。在天气较暖的时候，两层衣物再加一件轻薄的挡风防水夹克就够了。

第三层

第三层应该是宽松的羊毛套衫，最好前面有拉链，方便随时拉上或拉开。在清凉干燥的气候下，穿三层衣物就够了（当然，再加一件能卷得很小的软壳冲锋衣就更好了）。

第四层

这一层衣物应该是能防风防雨的夹克，最好有高领和兜帽。多层拉链和带盖口袋能够帮助衣物更好地遮风挡雨。可调节式袖口和腋下的通风孔能够帮助散热，透气性材料会避免汗液一直黏在身上。

更多关于如何识别体温过高或过低的信息请见第九章。

裤子

如果路途不遥远或难度不大，那么任何舒适宽松的裤子都是不错的选择。但如果路途遥远并很有挑战性，那么你就需要买徒步专用的裤子。这种裤子是用人造轻型速干材料制成的，干得非常快。穿牛仔裤是最坏的主意，因为它会留住水分，变得很重，还会摩擦皮肤，让人丧失热量。

如果天气较冷，可以在裤子里再穿一层保暖裤，下雪时可以穿棉裤。在潮湿的环境中你要在裤子外面再套一层防水的裤子。在下雨时你应该立刻穿上防水裤，在雨停后立刻将其脱下来，因为穿着这种裤子会让人出很多汗。在夏天，很多人会穿短裤，但这会让你的双腿暴露在荆棘和爬虫的威胁下，甚至让蜱虫有可乘之机。

蜱虫

蜱虫是一种会吸血的小虫子，它们的目标是鸟类和哺乳动物，包括人类。有些蜱虫会携带病毒，这些病毒通过蜱虫咬开的伤口传染到动物身上。世界大多数地方都有蜱虫，在草丛、树林等阴凉的地带尤其多。你可以在第九章找到更多信息。

帽子和手套

在夏天，帽子能够保护你的脸、耳朵和后颈不被阳光晒伤。你需要在所有裸露在外的皮肤上涂防晒霜。有帽檐的帽子还能起到保护眼睛不被阳光直射的作用。当然，如果阳光太强，你还需要戴太阳镜。

在寒冷的天气中，头和耳朵都不要裸露在外，最好带着羊毛帽或针织帽。如果天气极度寒冷，那么你可以选择巴拉克拉法帽把面部和颈部完全包住（见图）。

羊毛手套或保暖的手套很轻，但却能让你的双手保持温暖。在极度寒冷的地方，你可以在厚手套里再戴一双薄手套。

其他装备

你需要随身带多少东西，取决于路途的远近、地形和天气状况。

半天路程

如果路程不远——比如只有三四个小时——地势也没有太大的难度，那么就不需要带太多的东西。但即使如此，有些东西也是你必须带在身边的。

- 地图：如地形状况和标示不太明确，你可能还需要指南针。
- 一瓶水：塑料瓶比金属瓶轻。
- 如果天气寒冷，你需要保温瓶（装着茶水、咖啡、热黑醋栗水等）。
- 零食：远足会让你大量消耗能量，所以你要随身携带麦片、干果、坚果、巧克力或三明治来快速补充体力。
- 手机：但记得并不是每个地方都有信号。
- 急救包：见第9章。
- 纸、笔：你可以用它们来记录关于路线的细节、方向（如果迷路），或用它们来画自己的坐标（见第四章）。
- 塑料袋：用来铺在地上和收集垃圾。
- 湿纸巾、纸巾和洗手液。

最佳窍门

- 把地图和路线计划放在防水的器具中，比如塑料袋或书包里。
- 把手机放在塑料袋中，避免因为湿冷而损坏。在塑料袋下方留几个洞以避免冷凝。
- 带一块备用电池，放在另一个口袋中。确保两个电池都已经充好了电。
- 如果你携带了手电筒，也要准备备用的电池和灯泡。

一天的路程和爬山

如果路程较远或计划前往荒凉和颇有难度的区域，那么你最好提前做准备以备不时之需。你需要准备足够的衣物和导航装备，并把路线计划的复印件交给一个紧急联系人。你可能还需要以下装备：

- 口哨：在发生紧急情况时求救。
- 手电筒：便于在黑暗中查看地图，以及求救。
- 手表：若手机失灵，可以查看时间。
- 大量高热量、营养丰富的食物，以备不时之需。
- 大量的水。
- 紧急情况下能够用到的净水片。
- 在荒凉的野外，不要幻想自己能找到紧急救助站，特别是在伙伴受伤的情况下。带上一个生存袋——一个很大的结实的塑料或箔衬袋。生存袋折叠起来很小，但打开后能装下一到两人，它能够挡风、遮雨、保温。如果伙伴很多的话，你需要一个能装更多人的生存袋。
- 野外求生工具箱：见第九章以了解更多细节。

不要忘了带上半天路程所提及的装备：

长距离的远足

如果你计划一次长途的远足，并在途中野营过夜，那么你需要睡袋、帐篷或其他装备。你可以在第五章找到更多信息。

世界通用的求救信号是6次短哨声，或者用手电筒连闪6次，每分钟重复。

更多关于野外求生的信息请见第九章。

个人急救包

如果路程遥远，那么团队中至少有一人携带全套急救包（见第九章以了解更多细节）。如果路程较短，那么每个人应该带一个简单的急救包。这种口袋型急救包在药店就能买到，而全套急救包在户外专卖店以及在英国红十字会和圣约翰救护救助机构的网站上都能买到。

自己打造急救包

你也可以自己打造一个急救包。

急救包里应该包括：

- 单独包装的消毒巾。
- 一小瓶消毒药膏。
- 一个小型的钝头剪刀（你也可以购买折叠剪刀）。
- 一把镊子。
- 固定绷带用的别针。
- 医用胶带。
- 一小瓶洗眼液。
- 消毒纱布。
- 用来清理伤口的消毒棒。
- 一大两小的包扎带。
- 绷带。
- 用来支撑脚踝或骨折部位的三角形包扎带。
- 膏药。
- 鸡眼垫、足垫和其他处理水泡的装备。
- 一次性手套。
- 止痛片。
- 你常用的药品，比如气雾剂。
- 盥洗袋，或其他防水袋/盒，把上面所有的东西都装进去。

水泡

这是远足者常见的问题之一，水泡可以让你的远足变成一场噩梦。水泡一般是摩擦造成的。

1.预防水泡

- 穿合适、透气的步行靴，让你的脚可以“呼吸”。
- 确保靴子有鞋舌，这样小石子或其他物体就不会进入靴子中。如果有物体进入鞋子或袜子，立刻将其移除。
- 每天都穿干净的袜子。
- 让脚保持干燥。如果你的脚经常流汗，那么每隔一段时间就停下来，脱下靴子和袜子晾一会儿。多带一双袜子以便随时更换。
- 一旦感到脚痛，立刻进行处理。

2.处理水泡

- 如果你感到脚上磨出了水泡，脱下靴子和袜子，让脚变得干燥。
- 在水泡区域垫上保护垫或水泡专用垫，或者一片膏药、一片折叠的布料等等，然后用胶带进行固定。
- 晚上将所有垫子移开，让水泡处自己痊愈。
- 确保水泡区域是干净和干燥的，如有必要，每天重新对其进行包扎。

保护双脚

保护双脚非常重要。不要让脚跟和脚底的皮肤变得太厚太硬——这不会阻止水泡出现，只会让你表皮开裂和脚痛。你可以用浮石或磨甲板把硬皮磨掉，再擦上润肤油。脚趾甲要修建平整，不要在两侧留有弧度。趾甲不要剪得太往里，但也不要留得太长，否则会顶到靴子。

在户外保持清洁

如果你一路经过的区域都很荒凉且没有厕所，请不要破坏周围的环境。人类的排泄物应该被埋在地下20厘米处（差不多一手半的距离），并且应该远离水源。你可以随身携带一个小塑料铲子。如果土层太薄或太坚硬导致无法挖坑，那么你应该用塑料袋把排泄物带走。一定记得把用过的手纸和其他清洁用品带走或烧掉。

更多关于清洁个人排泄物的信息请见第五章。

背包

当你确定了要带什么东西后，就该选择背包了。即使路程不远，你最好也有个合适的背包。很多背包的设计会让重量平均分散在你的后背上，让你更好地保持平衡。

背包有各种尺寸。它们的背带一般都很宽，加厚并可调整，让你的肩膀和颈部更加舒适。很多背包在腰部下方和胸部有扣带，以避免背带过深地勒入你的腋下。这些附加的带子也可以让重量分散，并把背包更好地固定在身上。

小的背包一般结构简单，没有支撑架。大的背包在内部或外部有支撑架，可以把部分重量转移到臀部。

压缩带的设计能按你的需要让背包变小或扩大。大多数背包里里外外有很多口袋。户外背包大多数是防水的，但如果雨太大的话也会漏水。你可以买个背包内衬、防水袋或直接使用塑料袋，达到防水的效果，这样也方便找东西。

尺寸很关键

选择一个合适尺寸的背包至关重要。你需要仔细思考自己都需要什么。带着塞得满满的小包会很难受，但带个装了一半的大包也同样别扭。背包通常是以容量（升）为单位的。

15~30升

35~50升

55~75升

75~100升

▶ 15~30升

这是一种较小的背包，常用做学生的背包，也可以用于短途徒步。更大点的背包适用于在冬季徒步一天，如果你带的东西不多并准备在旅馆过夜。

▶ 35~50升

不在野外过夜的话，足以应付冬天在野外两至三天的路程。

▶ 55~75升

很多人的首选，足够应付远足和在野外过夜。

▶ 75~100升

为长途跋涉准备的最大尺寸。

更多关于背包的信息请见第五章。

安全检查： 一般来说，装满的背包的重量不该超过你体重的四分之一，但最好是不超过13.5公斤，因为超过这一重量会影响你的姿势。青少年不要背超过9公斤的重量。

选择背包

建议你去专卖店体验不同容量的背包，如果能在背包里装一些东西试试背上去的感觉就更好了。专卖店的销售人员一般会根据你的需要提供很好的建议。找到你喜欢的背包后，可以让销售人员帮助你调整背带的长短。

记住，你需要不用放下背包也能够取下水瓶，所以必须确定背包两侧放水瓶的口袋是你能够轻松够到的。有些背包会有内置的“饮水系统”——背包里会有装水的地方，有一根管子伸到你可以吸吮的地方。但是，此类背包需要特殊装备来保持清洁，因此，除非你经常需要保持双手灵活——比如登山或骑自行车——不然别买这种背包，其提供的便利远小于使用时的麻烦。

最佳窍门

- 把地图、墨镜、食物等你经常用到的东西放在前面或两侧等你可以很方便拿出的地方。
- 养成把同类物品放在背包某个固定位置的习惯，这样你能够很快找到它们。
- 永远带一点胶带，这样你可以随时对背包、靴子或其他东西进行紧急修补。
- 出发前先把东西装入背包中背起来试试，你可能会觉得需要少带点东西。

如何背上背包

背包应该舒服匀称地背负在背上。在装东西时，较重的东西应该放在上部，这样会平衡重量，让重量主要落在肩膀上而不是往后拉你的后背。背包下方的带子应该扣在胯部而不是腰间，而且你需要把它调整到舒适位置。这样一来，你的臀部就可以承担部分重量。

远足安全检查

- ☑ 不要高估你和伙伴的实力。
- ☑ 出发前看天气预报。
- ☑ 随时准备缩短或改变路线。如果天气恶化，你感到饥饿或寒冷，又或者面临其他难题时，你应该果断原路返回。
- ☑ 团队中至少应该有一个人熟悉急救技巧（见第九章）。
- ☑ 在去较远的地方或穿过有一定难度的地形时，确保团队中至少有一个人熟悉当地的地形。
- ☑ 带足够的水，经常为自己补水。不要直接喝户外未经净化的水。
- ☑ 如果路上没有留出人行道，那么永远在道路的两侧行走。在需要拐弯时，要沿着路的外侧拐大弯。
- ☑ 需要穿越铁路时走平交路口，并时刻观察周围的信号灯。
- ☑ 确保自己是在公共区域而不是未经允许的私人领地行走。
- ☑ 在没有拴好的公牛或狗附近一定要保持小心。如果牛或其他牲畜因为好奇开始接近你，漫步者协会的建议是抬起双手面对它们，用镇定而不是吼叫的语气对它们说话。不要用木棍威胁它们。

第四章

寻找方向

即使在有很多路标的道路上，你也有可能迷失方向，特别是在那些路标模糊不清或被植物盖住的地方。在很多偏远地区，掌握阅读地图和使用指南针的技能是必需的。但除了这些技能之外，你还要有随时保持警惕和敏锐观察四周的能力。

方向感

地图是对地形的平面展示，依赖线条和标记来描述不同的地形。要想在地图上找到自己的位置，你必须了解地图和你所在的周围环境之间的关系，这需要你具备将地图标记还原到真实环境中的能力。为了学会这些技能，你需要不断练习，而这一切都是从学会观察四周的环境开始的。

观察地形

从徒步开始时，就要养成观察路标和有特色的景致及其相互关系的习惯。注意观察它们的方向，比如，走向森林时，左边有一座山。每过一段时间，你就可以拿出地图，把刚才你看到的和地图进行对比。

记住，人造建筑比如道路、高楼可能会发生变化，而山谷河流等自然路标一般不会改变。你对自然景观越熟悉，就能越快地把它们和地图上的标记联系在一起。

如果你准备原路返回，那么在返回途中要时不时回头看看走过的路。从不同的方向看同样的景色会有不同的感觉，这会让你更加熟悉这里的环境。

跟着太阳走

学会分辨东西南北。当然，你可以利用指南针辨别方向，但如果指南针损坏或发生了紧急情况，利用大自然的线索来确认方向也是十分必需的。在发明指南针前，人们会利用太阳、月亮、星星等天文线索找到方向。太阳总是从东边升起，从西边落下。在北半球，太阳在中午会到达最高点，那时它会在正南方（在南半球则完全相反，太阳会在正北方达到最高点）。

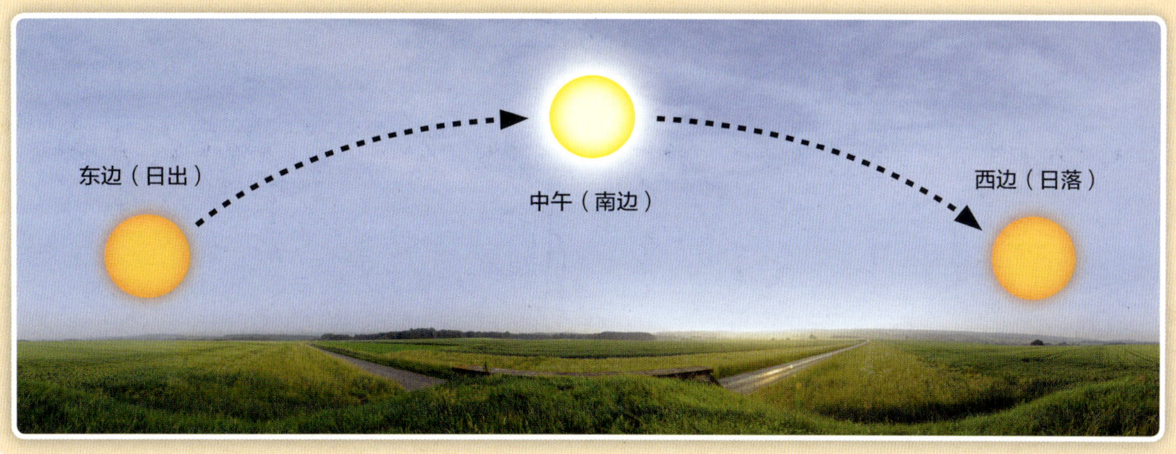

找到北

如果你想在没有指南针的情况下精准地找到北方，那么你需要在晴天的时候，找到一根一米长的木棍，一片空地，以及几个标记物（如石头或小树枝）。

1 把木棍插入地中，它会产生笔直的倒影。将一个标记物放在影子的顶端。

2 半小时后，影子已经移动了一段距离，把另一个标记物放在影子的顶端。

3 在两个标记物之间画一道直线。这条直线是东西向的，第一个标记代表西方，第二个标记代表东方。

4 面向直线，让第一个标记物在你的左侧，第二个标记物在你的右侧。此时，你面向的就是北方。

利用月光

在月光很明亮时，你也可以利用刚才这个方法。当然，月亮是不会发光的，它只是反射了日光，月相也会随着月亮围绕地球的移动而有所不同。

当地球在月亮和太阳之间时，我们只能看到月亮的一点点，我们把此时的月亮称作新月。在月亮逐渐从地球的影子中移出来时，月亮的右侧开始反射日光。一夜夜过去，月光明亮的部分会越来越大，直到我们看到满月。之后，右侧光芒慢慢减退，月亮左侧又变成了月牙形状。

如果在太阳下山前月亮就已经升起，那么月亮明亮的一侧就是西边。如果月亮在午夜后才升起，那么明亮的一侧就是东边。

仰望星空

人们把在天空中构成某种形状的一组星星称为星座。现在公认的星座共有88个，想短时间内学会所有星座的知识几乎是不可能的。但如果只是为了辨别方向，在北半球时，你只需要记住一两个星座就足够了——它会帮你找到北极星。

北极星始终在北极上方一动不动，它也由此而得名。当你看到北极星时，你就知道自己正在面向北方了。

用来寻找北极星的星座是大熊星座，也就是我们常说的北斗七星。

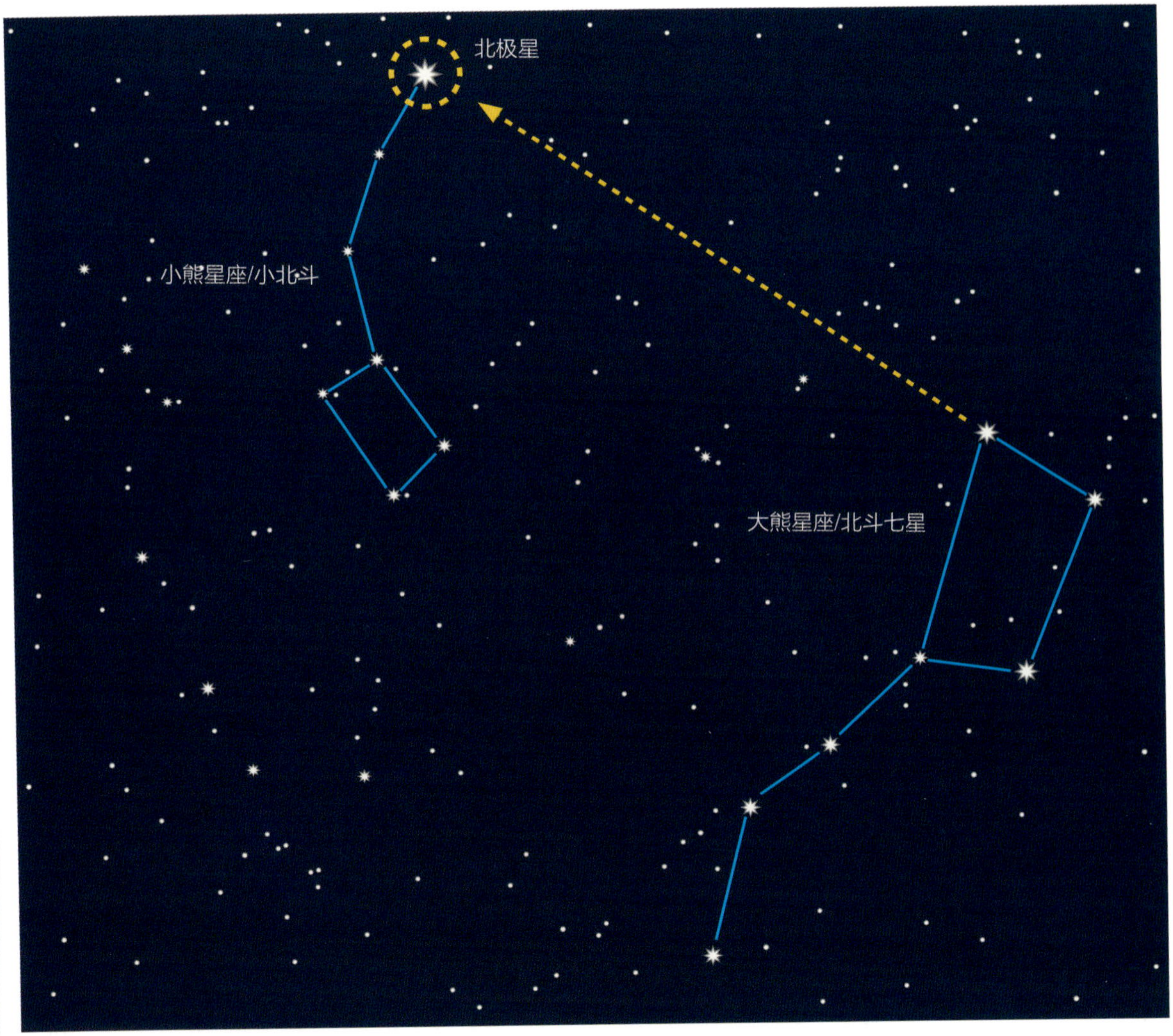

北斗七星形状很像过去的犁，但现代人认为更像一个带长柄的深平底锅。注意锅右侧的两个星星，将两个星星之间的距离向上延长5倍，你所看到的明亮的星星就是北极星。北极星也是小熊星座/小北斗最北端的星星。

阅读地图

寻找穿越路线最有用的地图是地形图。和标准道路地图不同，地形图有很多很细致的信息，包括当地的自然特征和人造建筑，以及地形部位——如山峰、山谷、山脊等。在英国，陆地测量局负责绘制所有的地形图。

地图的比例

所有地图都有比例尺，比例尺会告诉你地图上的尺寸和实际尺寸的关系。

比如，比例尺为1：625000的地图意味着地图上的1厘米相当于现实中的625000厘米（即6250米或6.25千米）。按照这个比例，地图中的4厘米相当于25千米。这样的地图是小比例地图，其用途是尽可能让人们看到较大的面积，因此没有太多细节。这种地图中包括主要的公路和铁路、城市以及河流，但不会有更多其他信息。

相比之下，比例尺为1：25000的地图意味着地图上的1厘米相当于现实中的25000厘米（250米或0.25千米）。按照这个比例，地图中的4厘米相当于1千米，8厘米相当于2千米。这样的地图是中比例地图，里面会包括建筑、农场、村庄、道路等信息。

测量距离

地图的封面上一般会清楚地写明比例尺，并会在地图边缘或地图中写上比例尺及其他符号。你可以利用比例尺来计算两个点之间的实际距离。

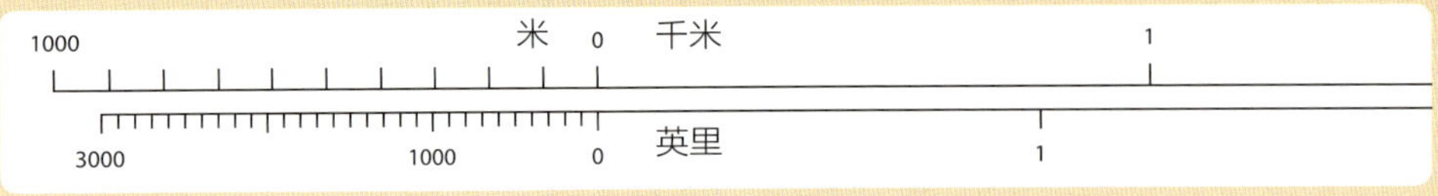

利用一根线或一张纸来测量距离

1 用线测量一条路线的长度。

2 把每个阶段的长度标在纸上。

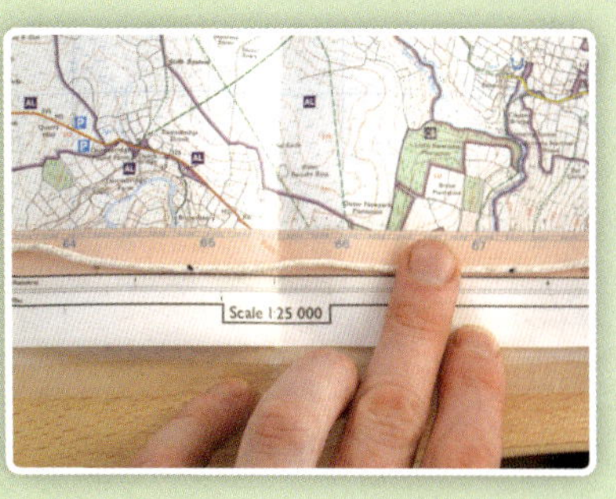

3 用比例尺来测量线或纸上的标记，然后换算成实际距离。

坐标方格

在地图上，你可以看到一条条浅色的横线和竖线将地图分成许多小方格。在地图边缘每条线都被标记了一个数字，所以每一个小方格的位置都能用一横一竖两个数字来表示。横线叫“东向线”，代表东西方向，从西向东（即从左到右）数字越来越大。竖线叫“北向线”，代表南北方向，从南向北（即从下到上）数字越来越大。

你可以用两个数字来定位地图上的特定位置。这两个数字一个是代表着东向的数字，显示的是方块靠左的线，一个是代表着北向的数字，显示的是方块靠下的线。比如，图中紫色方块的坐标是6594。这是一个四位数图网坐标（东向数字永远在前，北向数字永远在后。有一个巧记的方法，你可以记住一个顺口溜：“先走走廊再上楼”）。

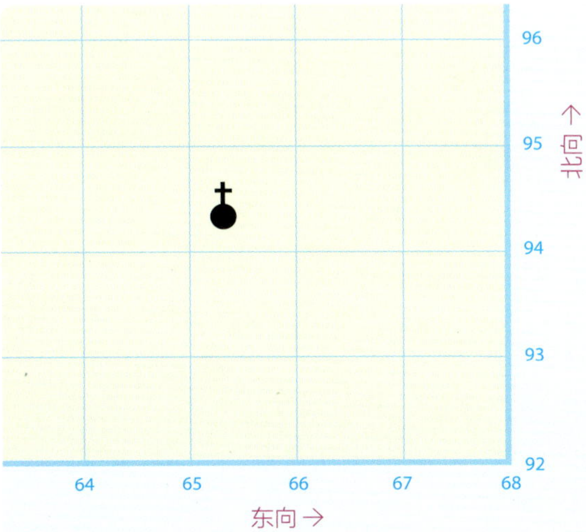

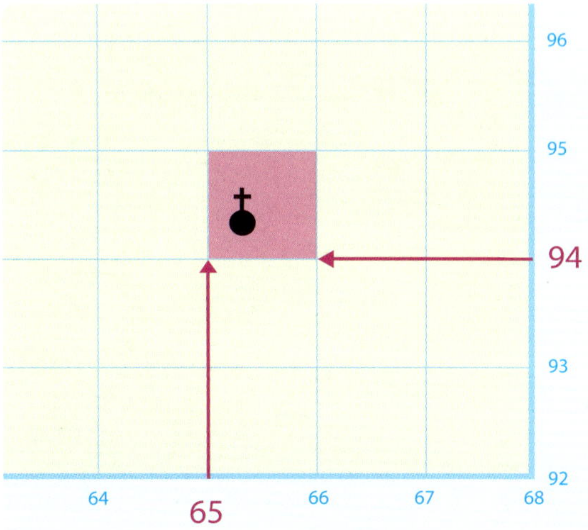

英国方格图

为了绘制地图，陆地测量局将英国划分成了100千米×100千米的方块，这就是英国坐标图。每一个方块都由两个字母组成的代码来定位，如NY或SX（见图一）。

每个方块又被分成了更小的方块，这些更小的方块的东向和北向分别用数字0至9代表。在小比例的陆地测量图上，每个小方块表示10千米×10千米（见图二）。

在中比例的陆地测量图中，每个小方块又被分成了更小的方块，这些小方块代表1千米×1千米，其东向和北向分别用数字0~99代表（见图三。你可以通过计算两点之间的方块数来估计它们之间的距离）。

六位数的坐标参考代码

一个由两个字母和四个数字组成的代码（如SX 7734）能够帮你定位1千米×1千米的区域。如果你需要更精准地定位，那么就需要六位数的坐标参考代码，你需要在脑海里把原先的区域再切分为10份。计算下你想找到的位置离东向的坐标有十分之几的距离（比如十分之六），离北向的坐标有十分之几的距离（比如十分之三），那么，你的六位数坐标参考代码就是SX 776343，而它能够精确到100米×100米的区域。

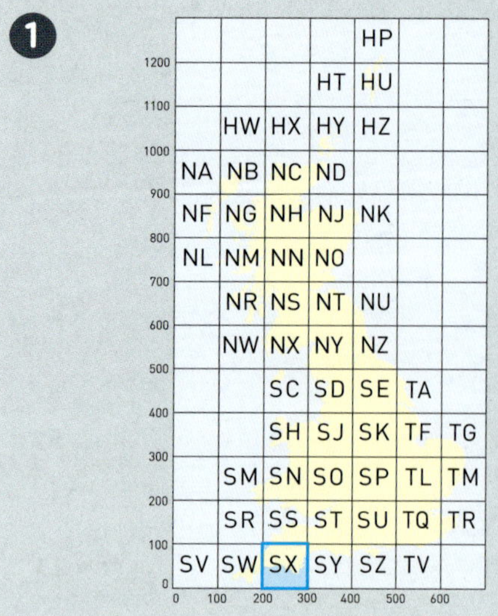

图一：100平方千米的国家坐标参考代码：SX

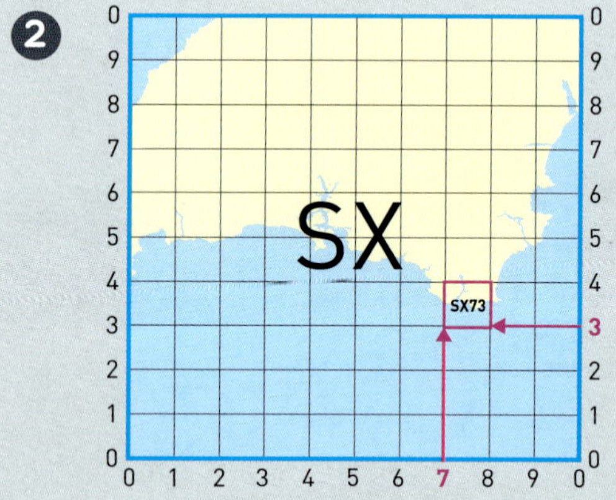

图二：10平方千米的坐标参考代码：SX 73

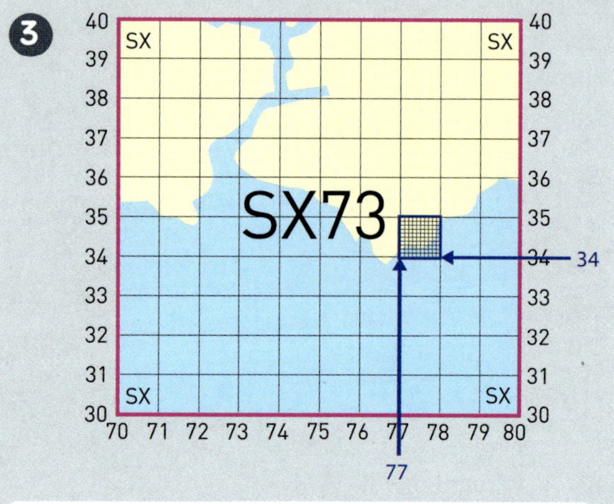

图三：1平方千米的坐标参考代码：SX 7734

地图符号

地图上有很多小符号来标明不同的地点和区域。如果没有这些符号，对每个地点的说明会让地图变得密密麻麻。不同类型的地图所使用的符号也不同，但在陆地测量图中使用的符号都是一样的。

地图上一般会注明每个符号都代表什么——这被称为图例。你最好能够记住一些最常见的图例。

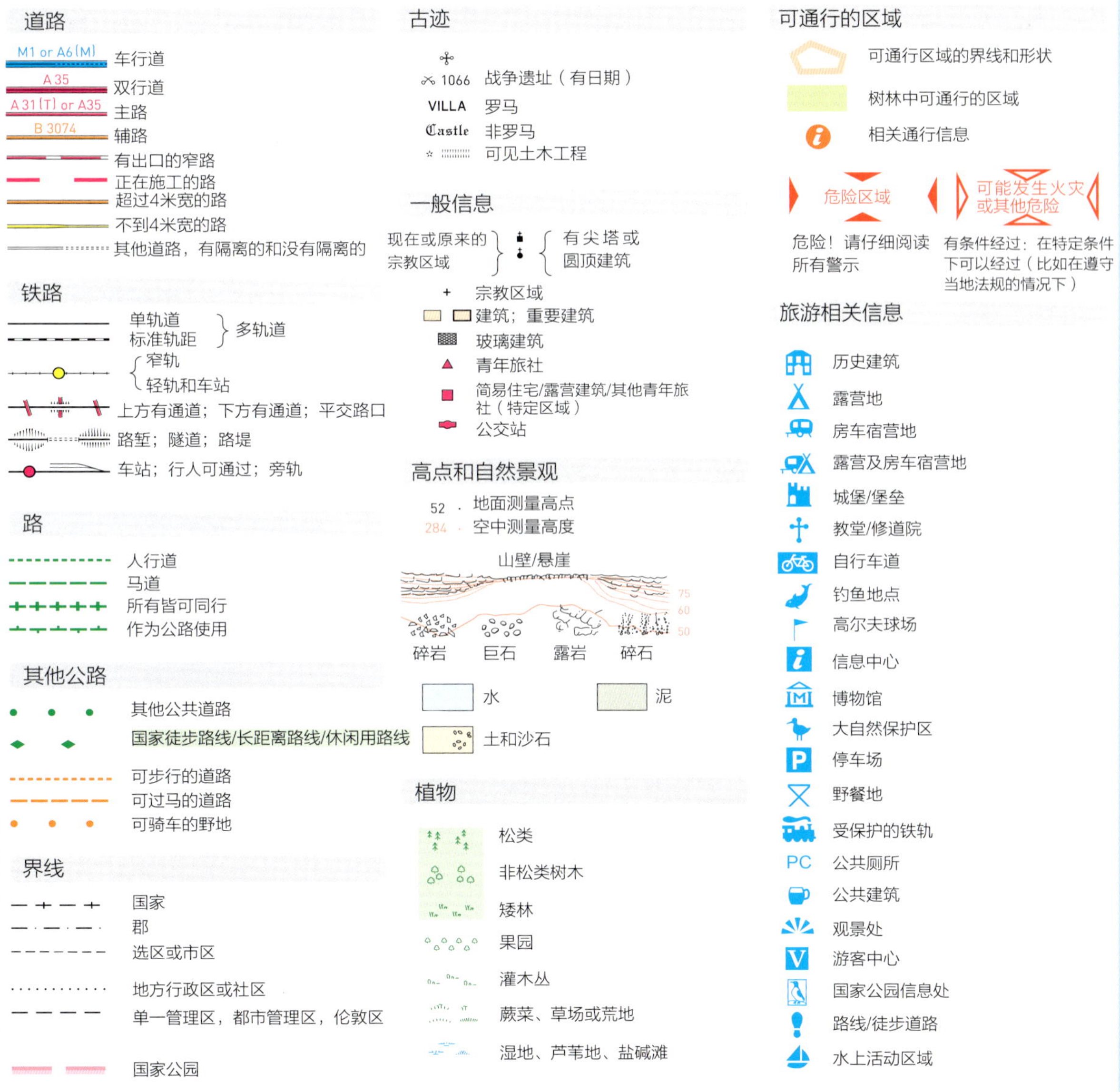

图例来自“陆地测量探索者”系列（比例尺：1：25000）

高地和低地

地形图上的另一种重要信息就是地势的高低和海拔。这一信息一般是通过等高线来表示的（等高线一般是棕色的）。

每一条等高线都代表着一个特定海拔，而等高线的形状则是按照地形绘制的。比如，一座山表现为一圈圈不断缩小的闭合等高线，而一系列山峰则是一条条波浪线。

等高距为10米的等高线

等高线的陡峭程度

外向坡度的山坡

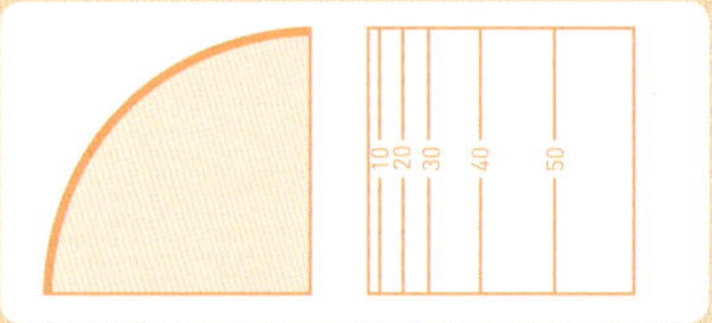

内向坡度的山坡

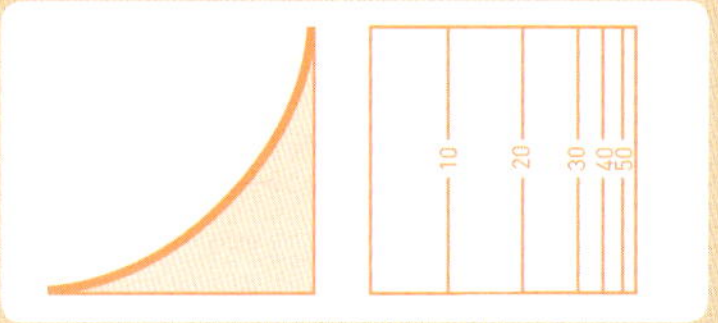

等高线上写的数字代表海拔。在中比例的地图中，相邻两条等高线之间的距离通常是5米（在小比例地图或多山区域中，相邻两条等高线之间的距离可能是10米）。等高线中最小的数字是最接近海平面的，这也就是说，写着“5”字样的等高线表示高于海平面5米。等高线中最大的数字是该地形的最高处。

如果地图上等高线不多，那么表示地势较为平坦。如果等高线很多，代表地势起起伏伏。如果相邻两条等高线之间的距离很近，则意味着地势拔地而起，比较陡峭。如果相邻两条等高线之间距离很远，那么说明地势在缓慢地升高。

如果等高线在底部间距很小，而在较高的地方间距较大，这意味着山的坡度是外向的。如果等高线在底部间距很大，在较高的地方间距很小，这意味着山的坡度是内向的。

不同地形部位的等高线

山脊

一系列像指尖纹路的等高线通常表示海拔较高的山脊。

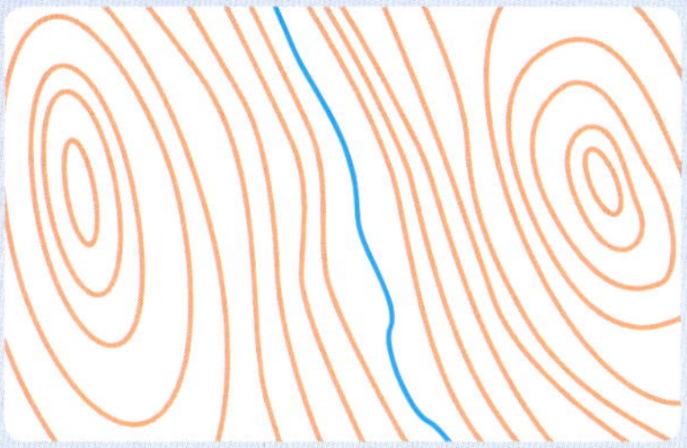

山谷

较低的等高线之间距离较大，中间通常有一条同向的河流。

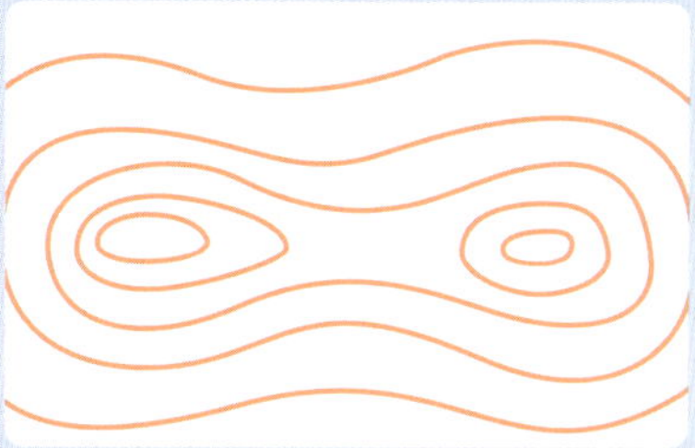

通道

几圈较高的等高线被较低的等高线围在中间（仿佛戴着面具露出的两只眼睛），呈马鞍形，表示两个高点之间有通道。

利用地图寻找方向

在利用地图前进时，把地图转一下，让地图指示的方向和你前进的方向保持一致。找到前方的两三个路标或较为明显的标记，然后在地图上找出这些路标相应的标记，从而把地图调整到正确的方向。

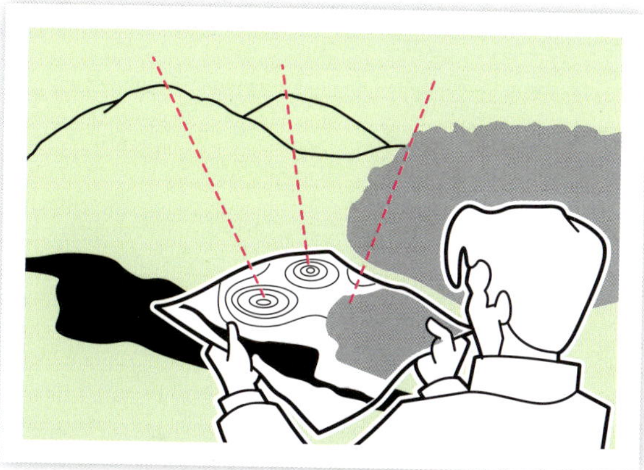

最佳窍门

- 时时关注地图上的标记，实地经过后就在地图上把它标出来（记得人造建筑可能发生变化）。
- 如果迷路，回到在地图上你能够清楚识别位置的最后一个地点。不要企图抄近路，否则可能让你更难辨清方向。
- 在选择一条道路时，若道路与附近等高线平行，则道路比较平缓。如果与等高线相交，你就需要爬山了。如果等高线挤簇在一起，那么山坡非常陡峭。

利用指南针

指南针上的罗经方位点

人们一般会使用指南针来辨别方向。

指南针上的主要指针的方向为北东南西（顺时针方向）。你可以用个短语来记住这四个方向（North, East, South, West），比如“不要吃撕碎的小麦”（Never Eat Shredded Wheat）。

这四个方向把指南针分成了四部分，这四部分又被分成两半。这样做的目的是更准确地帮助使用者辨别方向，比如帮助你找到东和北

指南针的组成部分

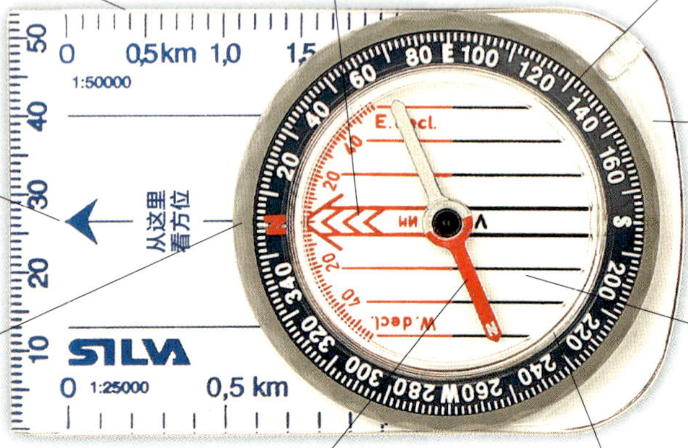

之间的东北方向，以此类推，还有东南、西南和西北方向。

为了能够更精确地找到方向，指南针被分成了360°。北边是0°，之后每一个方向加90°，这样东边为90°，南边为180°（小心确认盘面是如何标记度数的。大多数指南针每20°设一条线，每两个数字之间的短线相当于2°，但不同的指南针又有所不同，比如73页上方的指南针中，数字之间的短线相当于5°。）

指南针的类型

简单的指南针只是一个带有刻度和指针的圆盘，中央的指针会随着方向的变化而不断转动。指针通常分为两部分，一半为红色，一半为白色。红色的一半总是指向北方，当你确定北方后，你自然能够判断出东南西北来。

为了高效利用地图，你可以通过指南针获得辅助，但是要想达到最佳效果，你需要配备一个定向指南针。

如何读懂指南针

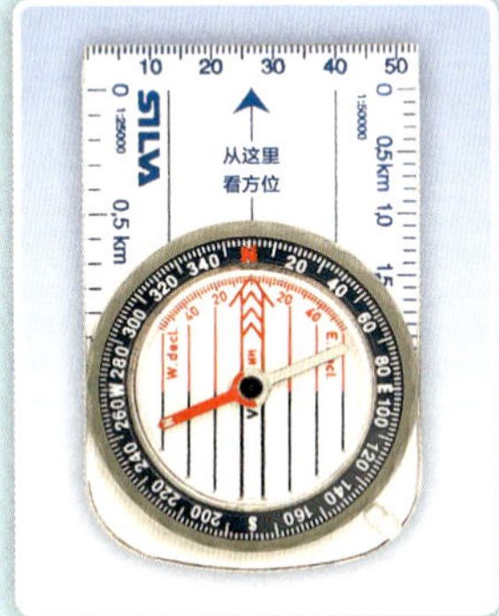

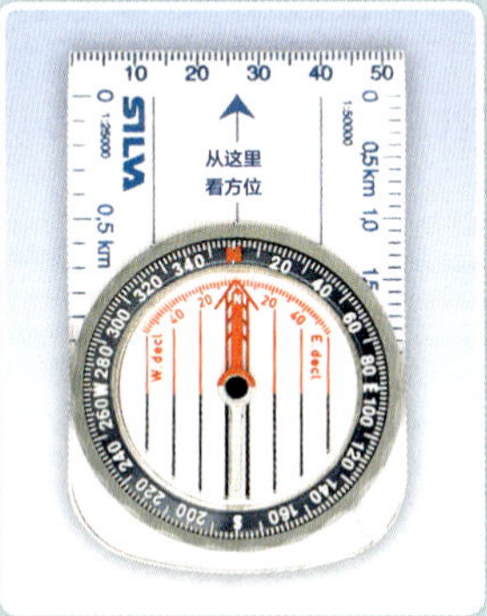

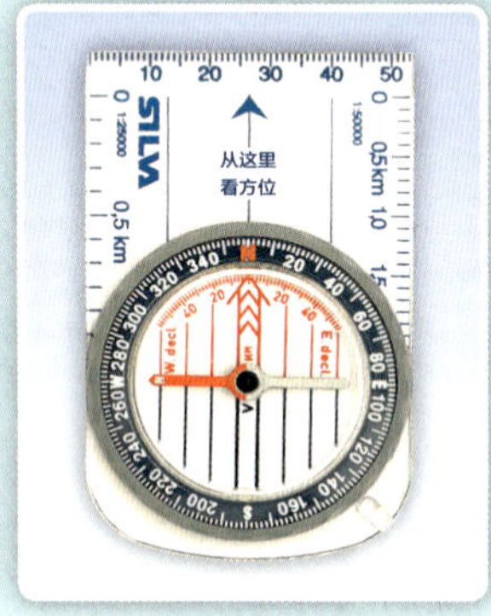

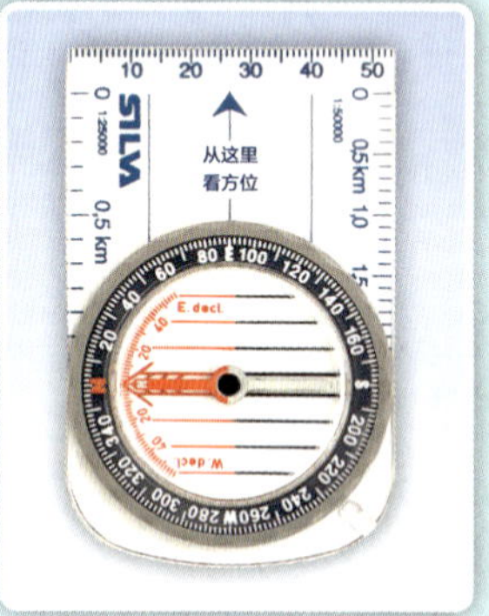

1 把指南针摆平，让行程方向指示针指向你的方向。转动底盘，直到代表北边的“N”、定向箭头以及行程方向指示针全都重叠在一起。

2 水平托起指南针，慢慢转动身体。身体转动的同时，罗盘针也随之转动。当罗盘针指向“N”时，你面朝的方向就是北边。

3 向右边转动四分之一的方向。现在，定向箭头和行程方向指示针都指向北边，但罗盘针指向了西边，对吗？不是这样的！现在罗盘针还是指向北边，它始终没有改变，改变的只是你所处的位置。

4 转动底盘，让象征着北边的“N”、定向箭头和罗盘针对齐。现在，行程方向指示针指向东边，因此你现在所面朝的方向就是东边。

记住，不论你从底盘上看到了什么变化，罗盘针永远是指向北边的。如果你想找到自己面朝的方向，你需要转动底盘，直到“N”、定向箭头都和罗盘针都指向了同一方向。行程方向指示针所指的方向是你的方向，**你需要根据行程方向指示针来判断前进方向，而不是罗盘针。**

北边的多种含义

所有指南针都指向北方，但你需要记住，北方有很多含义。在寻找方向时，北方实际上可以分为三种：

真北：地理上指向北极点的方向。

格网北：地图上的南北方向。在英国，地图上的南北和实际上的南北差距甚小，只有1.5°左右，可以忽略不计。

磁北：指南针上显示的北方。

磁北

想象地球中心有一块巨大的磁石，磁石一端指向北边，另一端指向南边。这块“磁石”让整个地球都有一层微弱的磁场存在。

指南针的指针是有磁力的，因此它会一直被北边所吸引。然而，地球的“磁石”并不是位于地球的中心，而是略向一侧倾斜。这意味着指南针指向的北边并不是北极的真北，而是略微偏离北极的某个磁北。实际上，磁北并不是固定不变的，而是会逐渐移动的。比如，在过去的50年中，英国的磁北从格林尼治子午线西9°的位置移到了西2°的位置。

磁差

地图上的垂直线永远是指向北边的（根据地点的不同，这可能是真北或格网北）。在世界的大多数地区，这意味着指南针上的磁北和格网北相比会略微偏向东边或西边。

不同地区、不同季节中磁北和真北的区别也会有所不同，地图上都会有小图显示磁差。专业的陆地测量图甚至会标明全部三个北向。

地图会告诉你不同定义的北向在所处不同的位置、不同的时间所产生的区别，以及各自变化的速度。利用这个信息，你可以随时随地根据磁北推算出其他两个北向。在线计算器也能够帮助你计算磁差或格网磁角。

在寻找方位时，计算磁差十分重要。如果你不根据磁差调整方向，那么你可能会偏离方向。

在陆地测量图上，你可能会看到此类小图。

格网北：在地图上永远是垂直的。

真北：代表和格网北之间的偏差。

磁北：代表和真北或格网北的东西磁差。

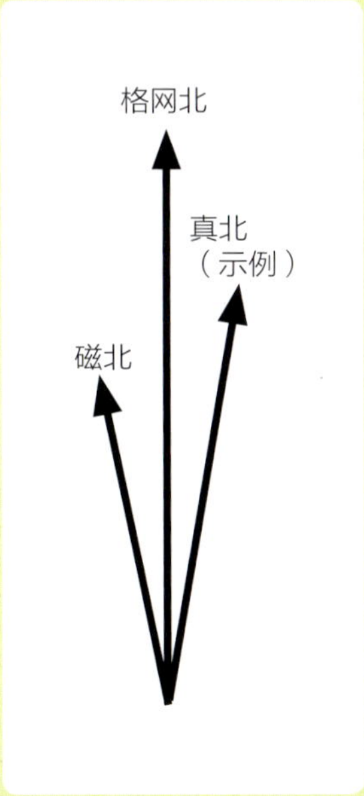

目前，英国的磁北约是格网北向西2°。

找到方向

利用指南针可以确定大概的方向，但如果你想要找到目的地，你还需要确定自己的方位。方位指的是所处位置和北向的偏差，你可以从指南针的360° 底盘上找到自己的方向。

学习以下技能的最好方法是一边看书一边操作指南针。

最佳窍门

- 熟悉不同的地图标记和等高线。
- 在家里或花园里练习使用指南针找到方向。
- 利用当地的地图找到一个地点，并利用地图和指南针为自己带路。
- 让指南针远离手表、钢管、栅栏、自行车、钥匙等金属物体，因为它们会干扰指南针。
- 逐渐熟悉使用指南针找到方向的方法。

找到方向

找到从出发点到终点的方向，你需要：

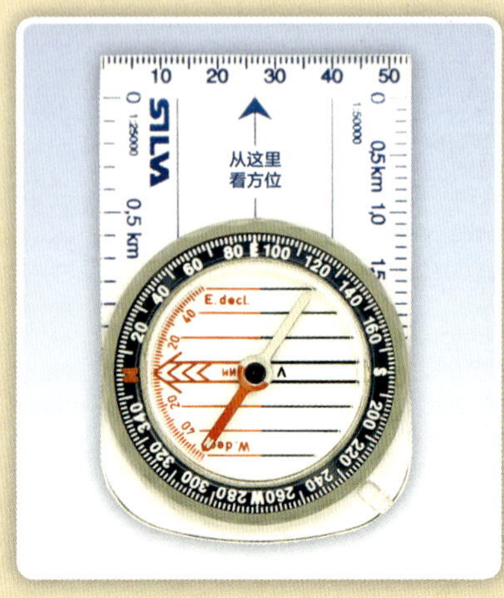

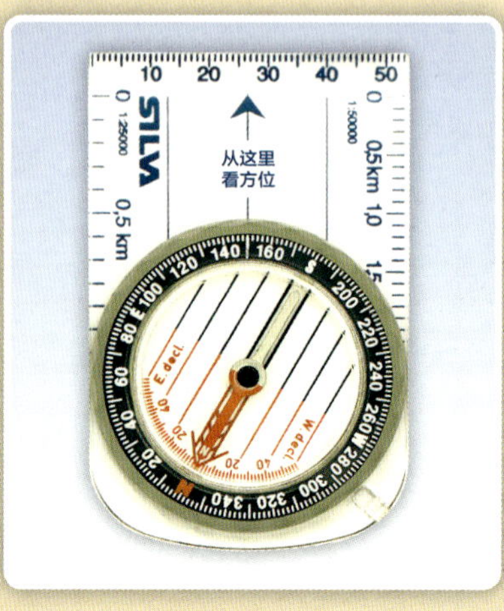

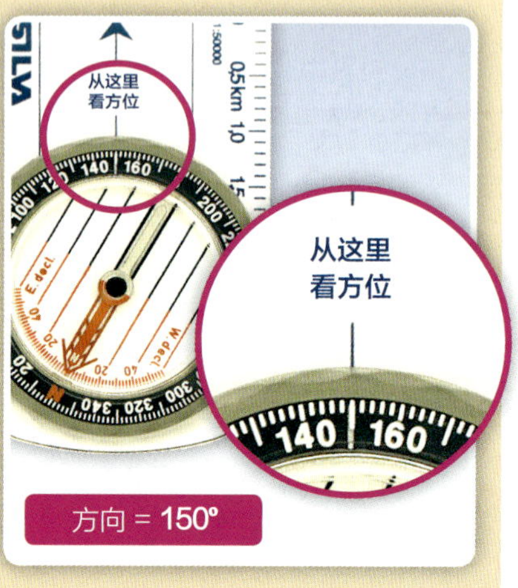

1 让指南针底板上的行程方向指示针直对着终点（比如一座山头）。

2 移动底盘，让定向箭头和罗盘针的红色一端（也就是指向北向的一端）对齐。

3 观察行程方向指示针所指的度数——学会利用索引指针。这个度数即是你前往终点所需的方向。

在地图的两点中找到方向

如果你看不到自己的终点或者不知道哪里是正确的方向，那么你很有必要从地图上找到方向。

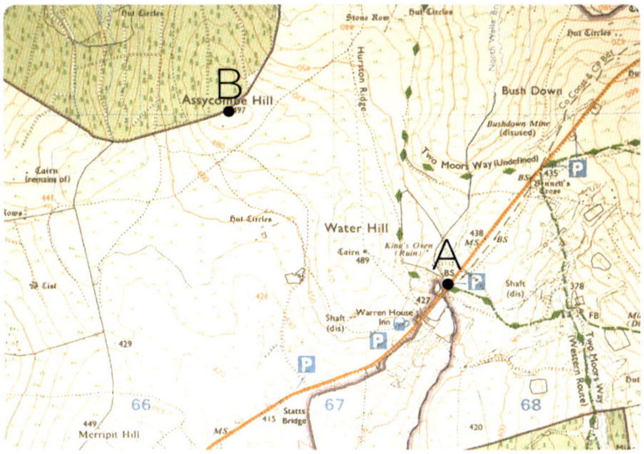

1 首先，找到你的起点和终点。

2 想象起点和终点之间有一条直线，将指南针放在地图上，让底板上的线和这条直线对齐。确定行程方向指示针的方向是指向终点的（如果你的起点和终点之间有很远的距离，那么你需要先用铅笔在地图上画一条连接两个点的线，或者用尺子或纸张帮助你画出直线）。

3 不要移动指南针，转动底盘让定向线对齐正北正南的垂直线，让定向箭头指向地图的正上方。

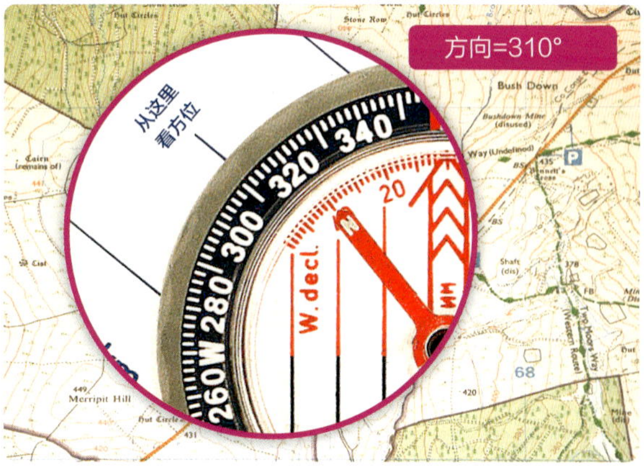

4 底盘的索引指针所指向的就是你的方向。如果你知道地图和指南针之间的磁差，你可以计算出真正的方向（比如，如果你找到的方向在75° 的位置，而磁差是5° ，那么你可以将底盘向左移动5° 从而让方向变为80° ）。

向正确的方向移动

在找到正确的方向后（比如310°），你需要转动身体，直到罗盘针指向北边并和定向箭头对齐。切记不要转动底盘，此时行程方向指示针所指的方向就是你要前进的方向。

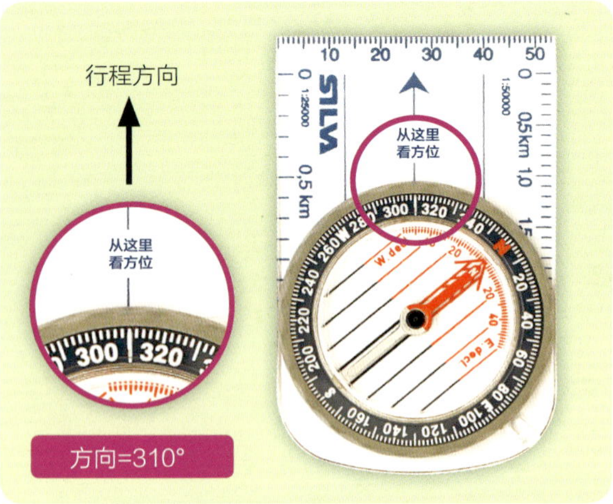

必须让指南针的指针一直指向北边，这样才能让行程方向指示针一直指向正确的方向。然而，真实路径可能会不断改变方向，这意味着指南针的指针会不断转动。一边看着指南针一边走路是十分困难的，而且你总会遇到不得不让你偏离方向的障碍物。

因此，你可以选择先朝着正确的方向走去，然后找到一个途中的路标——比如山丘、建筑或教堂塔尖等。在你来到这个路标时，你可以检查指南针，如果指南针的指针已经不再指向北边，你需要对其进行调整。之后再选择下一个路标，最终到达目的地。

找到你在地图上的位置

你还可以利用指南针找到你在地图上的位置——前提是你可以从地图上找到两三个路标。这就是所谓的三角测量。理论上来说，你最好能够找到三个相差90°的路标。

首先，你需要让格网北对齐真北。

在地图上找到方向

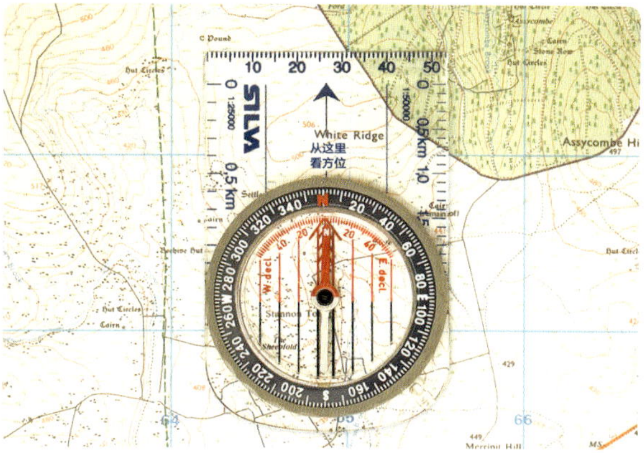

1 把指南针放在地图上，让行程方向指示针对齐垂直线，指向地图上方。

2 让指南针在原地不动，转动地图，直到指南针指针红色的一端和定向箭头对齐。现在你的地图朝向的是北边。

（备注：如果你知道当地的磁差，那么你可以先转动底盘，让索引指针和磁差的度数对齐。比如，如果磁差是5°，那么让索引指针对齐底盘上的5°。）

三角测量

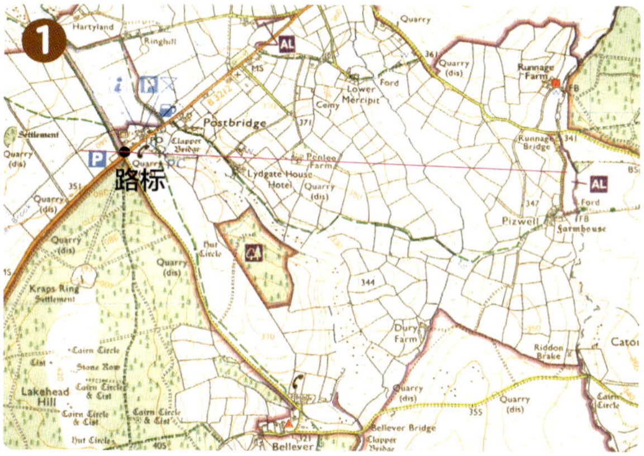

图一

图二

1 不要移动地图，用指南针确定一个路标的方向（见前文）。

2 把指南针放回地图上，让底板的一角指向路标。

3 不要移动地图或底盘，转动整个指南针，直到方向线和地图的垂直线成为平行的。确保底板的一角还在指向路标。

4 沿着底板的一侧画一条直线（见图一）。

5 面向第二个路标重复刚才的步骤。这次你画的线应该会经过第一条线。你的位置应该就在两条线的交界处。

6 面向第三个路标重复刚才的步骤以找到更精确的位置。三条线交叉的地方应该会形成一个小三角形，这就是你所在的位置（见图二）。

（备注：如果你之前已经考虑到了磁差的问题，那么你现在需要将磁差减去再确定路标的位置。）

定向竞赛

定向竞赛可以很好地练习导航技能。定向竞赛要求你经过几个之前标记在地图上的地点再到达终点。你的任务是找到一条最佳的路线并在最短时间内完成。

不同的地图上会有不同的用红色标记出来的地点。定向竞赛的参赛者需要随身携带卡片。他们来到每一个地点后，卡片都会被打洞或标记以证明他们曾经到过该地点。

标记可以是这样的。

定向竞赛活动是一项世界性的运动，可根据不同难度或不同竞赛方法来进行比赛。最常见的定向竞赛是步行竞赛，但也有骑山地自行车、划船、滑雪和骑马的定向竞赛。步行的定向竞赛在公园或野外长途道路皆可进行，参赛者可以选择行走、慢跑或快跑的参赛方式。竞赛者随身携带的装备只有指南针和合适的衣物。一般来说，定向竞赛通常是不允许使用全球定位系统的。

英国的定向竞赛一般是由每个地区的俱乐部组织的，但英国也有一些比较经典的固定路线。这些路线一般是为初学者设计的，但也有人会利用这些路线来提高自己的水平。

全球定位系统

手持全球定位系统GPS能够根据环绕地球的一系列卫星所发出的信号在全球范围内进行定位。接收器的大小和手机相仿，它能够为你提供你的坐标和海拔，并能够成为你的电子指南针——前提是你在不断移动，还能计算出不同坐标之间的距离。

有些人只要出行就要携带全球定位系统，有些人则认为它用处不大。这两种看法都有正确的成分。全球定位系统的确有不少的用途让你在出行时省时省力，但它也有不少的局限性。首先，你需要具备在野外寻找方向的基本技能，在有所了解后，才能正确使用全球定位系统。其次，你的设备需要信号，但信号是你无法掌控的，特别是你在森林中的时候。最后，全球定位系统需要电池才能运行，而电池的电量是会用完的。很多全球定位系统无法显示地图，虽然一些最先进的类型已经有了地图功能，但是，任何内置地图之外的地图都是要另行付费的，而且很昂贵。

因此，即使你已经有了全球定位系统，带上传统的地图和指南针以防不时之需也是个不错的选择。当然，你需要先学会如何使用它们。

全球定位系统的接收器如果离指南针太近，会影响指南针的准确度。

现在的手机上多半已经配备全球定位系统，因此你在出行时可以少带一个设备。但如果你的手机没有内置的全球定位系统，那么你需要一个蓝牙全球定位系统接收器或购买全球定位系统软件。如果你是使用手机的全球定位系统的话，必须记得只有在手机有信号和电力充足的情况下它才能运行。

第五章

在户外过夜

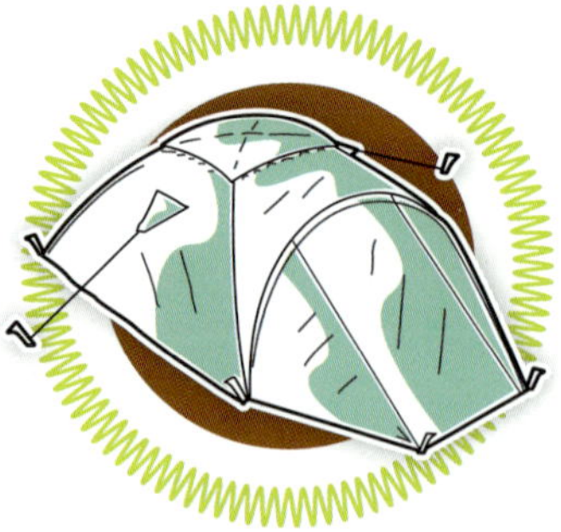

旅途中，你需要选择一个适合过夜的地点。你可以选择旅馆或青年旅社，也可以选择在户外自己支帐篷。

选择帐篷

帐篷的种类和价格多种多样，因此你有必要花些时间考虑哪种帐篷是最适合你的。

帐篷的组成部分

帐篷都有着相似的特征。首先，帐篷能够遮风挡雨。很多帐篷是双层的，内有防水层，铺在地面可保持帐篷底部干燥，外帐则用来遮风挡雨。内帐可以防止帐篷里的热量流失，同时让湿气散到帐篷外避免冷凝。这两层一般是分离开来的。如果帐篷只有一层，那么其材料应该兼具防水和透气功能。

能够覆盖内帐以及更多空间的外帐可以为你提供充足的储备空间，这一功效在雨雪天尤其有用。帐篷表面一般会有可以打开和关上的装备，以便通风。这些装备最好有蚊帐遮挡，这样在夏天的夜里你完全可以敞开它们休息。

帐篷的组成部分

什么是

选择……话：尺寸、季……

尺……少，帐篷的尺……个人，有的帐……。

季节： 你会……季节用到你的帐篷呢？如果你在春、夏、秋三个季节用到帐篷，且扎营地点不属于特殊地形的情况下，那么选择三季帐篷就足够了。如果你计划在冬天的雪地里搭帐篷，或者计划登山使用，那么你需要四季帐篷或登山帐篷。这些帐篷是专门为极端天气或特殊地点设计的，它们更结实，但价格更昂贵，也更沉重。

重量： 如果你计划背着帐篷远足，那么重量是你必须考虑的一个因素。有些帐篷是专门为背包设计的。这些帐篷很轻，而且可以放在背包中。同时，它们也很结实。但是，这些帐篷往往尺寸较小。

形状： 帐篷有很多种形状，大致可以分为A形、圆顶形和箍形。

最佳窍门

记住，帐篷内空间较小，一般放不下装备。如果你计划在户外多待几晚，那么你可能需要准备一个更大容量的帐篷，比如一个人时准备双人帐篷，两个人时准备三人帐篷。如果你计划随身携带帐篷，那么你需要在空间和重量两者间进行取舍。因此，你最好在购买帐篷前先在店里试试不同的帐篷。

帐篷的类型

A形：传统A形帐篷前后采用两根直杆做架，中间架一横杆连接。这种敞篷一般是双层帐篷，有各种尺寸，一般比其他种类的帐篷要重。现代的此类帐篷往往用一根弧形杆子支撑，另一端直接落地。这种帐篷中部空间较大，但后端空间较小。

圆顶形：这种帐篷是由两根或更多弯曲的轻型杆子支撑起来的，这些杆子会在帐篷的中心交错，形成四角形或六角形的空间，撑起来很容易，空间较大，非常实用。它们的圆顶形状利于防水。下雨的时候，雨水会自动从帐篷上流下来，但如果帐篷扎得太高，其防风能力会差一些。这种帐篷比箍形帐篷更为稳固，但在风较大的地方，你需要把它们放在一个避风地点，例如在树木、墙壁或山坡后面。

箍形：这种帐篷是由1~3个箍组成的。单箍形帐篷很轻很小，对空间有严格的限制。箍形帐篷两头都可以打开，中间空间较大。

睡袋外袋

如果你不想带太多东西，那么你可以选择睡袋外袋而不是帐篷。睡袋外袋很轻薄，能够防水，而且足够装得下你、你的装备和你的睡袋。在没有帐篷的情况下睡袋外袋可以让你保持干爽并保暖。有些睡袋外袋的一端会有弯曲的杆子，它可以把头部位置的睡袋支起，并能够在下雨时把睡袋外袋完全合上。还有些睡袋外袋是配备拉带的，无法完全合上。睡袋外袋足以让你支撑一两夜，但如果时间太长的话你可能会觉得它提供的空间太小。有些人远足时会同时携带睡袋外袋和帐篷。

选择帐篷的最佳窍门

- 检查帐篷的接缝处。两边布料应该都被缝起来，或者被牢牢地粘起来。这样，帐篷在受力时也不会破开。
- 确保帐篷的拉链可以正常使用，还要确保拉链没有问题，并查看上面是否有防雨套。
- 底层的防潮布可以在帐篷边缘处略微翘起，用来防水。
- 如果你选择在炎热或阳光充足的地方宿营，那么你需要查看帐篷是否防紫外线——不然即使你身在帐篷内也可能被晒伤。
- 阅读帐篷的使用指南。

帐篷的维护

帐篷需要不断保养才能够保障其挡风遮雨的功能。出发前，确保接缝处是否缝好，如果发现问题立刻进行修补。你可以自行购买补丁、胶带或密封剂，也可以找专门修补帐篷的公司。

在安装或收起帐篷的过程中不要在帐篷上行走，否则可能会破坏帐篷。进入帐篷前记得先脱下鞋，因为把泥土带入帐篷中会损害防潮布，从而大大降低帐篷的舒适性，而且还变得不卫生。

不要在下雨时触碰你的帐篷，否则可能会造成漏水。你要时不时打开帐篷通风，防止冷凝。

支起帐篷

不同的帐篷有不同的安装方法。你应该先阅读使用手册，在出发前练习安装、收起帐篷几次。有时，户外的天气条件会相对恶劣——比如可能正在刮风、下雨或天色渐黑——在这种情况下，熟练掌握安装和收起帐篷的技能就尤为重要。

以下是一些适用于任何类型帐篷的原则：

开始之前

- 来到野营地点前，先和该地负责人联系。如果负责人不能为你安排合适的地点，那么你只能自己选择其他合适的地点支帐篷。
- 你应该寻找一片平坦的、没有起伏、没有树根、也没有昆虫巢穴的地方，清除地表的树干或石头。
- 确保你头顶上是安全的——谁都不想看到树枝砸到帐篷的一幕。
- 如果帐篷有营绳，你必须确定你选的地方有足够的空间把营绳拉开。

支帐篷时把所有的设备都拿出来，放在你选择的扎营地点旁。确保帐篷干燥很重要，如果地面湿漉漉的，那么先在下面垫一层防水布，再把帐篷放在上面。更为理想的是有额外的防潮布或油布。如果天气非常恶劣，那么你可以先搭一个临时的庇护所，再把帐篷扎在它的下方。

小心处理较小的设备。最好把它们都放在一起——比如放在空帐篷袋的表面，然后将支杆分类、依次组装，确保安装顺序和步骤的正确无误。

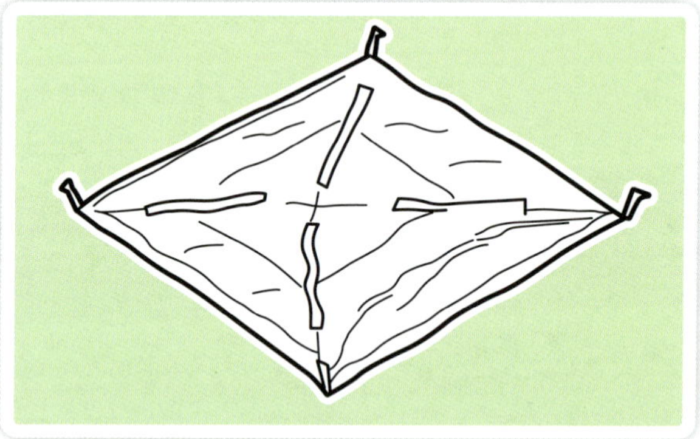

有些帐篷在安装时，你需要先支好门帘。有些帐篷则需要你先把防潮布的四周进行固定，以免被风吹走。另外，确保防潮布是平整的，没有褶皱。

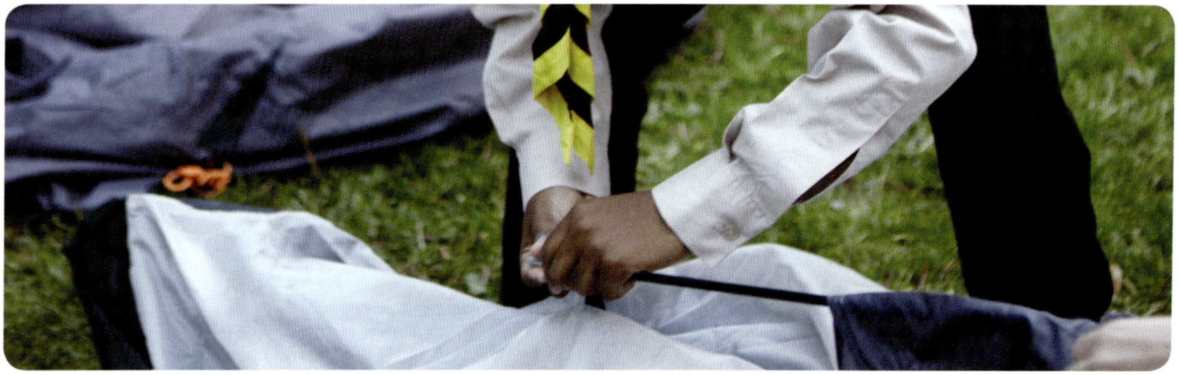

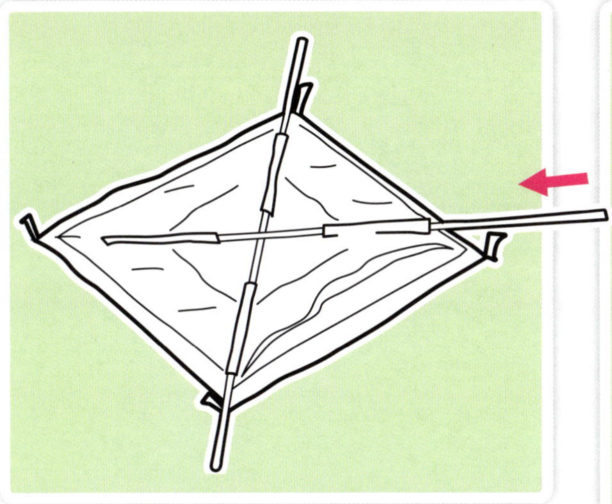

小心地把帐篷的支杆安装起来。如果用力过大，你很可能会扯破或撕裂帐篷。如果你需要走到帐篷里或踩在帐篷上，先脱下你的鞋，再慢慢爬进去，这样能够避免损害帐篷或防潮布。

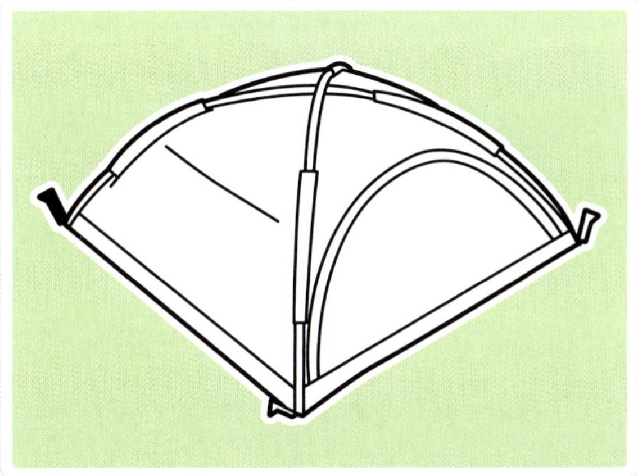

安装好支杆后，确保门和通风口都是合上的，然后把帐篷立起来。如果你的帐篷门帘是单独的，那么你需要把它挂在帐篷内侧，确保两扇门帘严丝合缝，再用支杆或营钉将其固定。如果门帘是与帐篷一体的，那么你需要先把门帘装好。

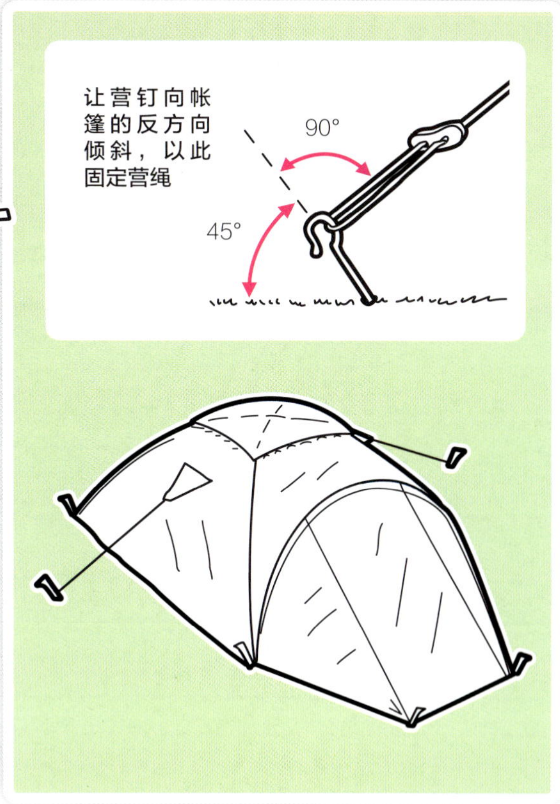

将所有剩余的营钉和营绳都安装到位，确保内层和外层没有贴在一起。不然，帐篷内层会慢慢变得潮湿并滴水。

最佳窍门

- 如果地面太软或太硬导致你无法安装营钉，那么你可以用树木、岩石或树枝来固定营绳。
- 如果你需要移动营钉，不要直接拉圆环，否则可能会弄坏营钉。应该用叉子、其他营钉或专门的工具将其撬出来。

收起帐篷

准备出发时，在收起帐篷之前，先把别的东西收好。这样的话，在收拾过程中你就可以把东西先放在帐篷下，如果天气状况突然恶化你也有藏身之处。打包帐篷前，确保帐篷是干燥的——否则，你需要在回家后尽快将其晾干，不然的话，帐篷可能会发霉。另外，确保你已经清理和收起了所有营钉、支杆和其他装备。在确定其他装备都被收起后，再收起帐篷，然后将帐篷和营绳整齐地折叠起来。把营钉和支架放在不同的袋子后再和帐篷放在一起，防止它们损坏帐篷。

搭建庇护所

如果你需要搭建一个额外的庇护所，或者滞留在野外却没有帐篷，你可以制作一个倾斜式庇护所。具体能够搭建什么样的庇护所取决于你手边的材料。

使用布单

如果你有塑料布、油布以及结实的绳子，那么你会有很多方式来快速搭建庇护所。你可以从后文的图中获得灵感。记住，尽量用到身边的树木。用沉重的石头压住油布边缘，或者把树枝削尖以代替营钉。

使用木棍

如果你需要搭建一个庇护所，首先你需要找到两根木棍作为支架，一根较长的笔直树枝作为横梁，如果能找到树杈作为支架就更好了。

把树枝上的短枝和树叶去掉，将下端削尖，用石头把它们砸入土中。将横梁放在两个支架之间，然后将它们捆紧（见后文）。横梁必须能够承载屋顶的重量，而且要比两个支架之间的距离更长一点。

准备更多的木棍，将它们以45°角捆扎在横梁上，另一端放在地面，以此形成屋顶的框架。如果你没有油布，在框架上堆上一层木棍，然后再铺上带树叶的树枝。如果框架足够结实，你还可以在上面铺一层草皮，但记得在结束宿营时将草皮放回原处。

使用布单

使用木棍

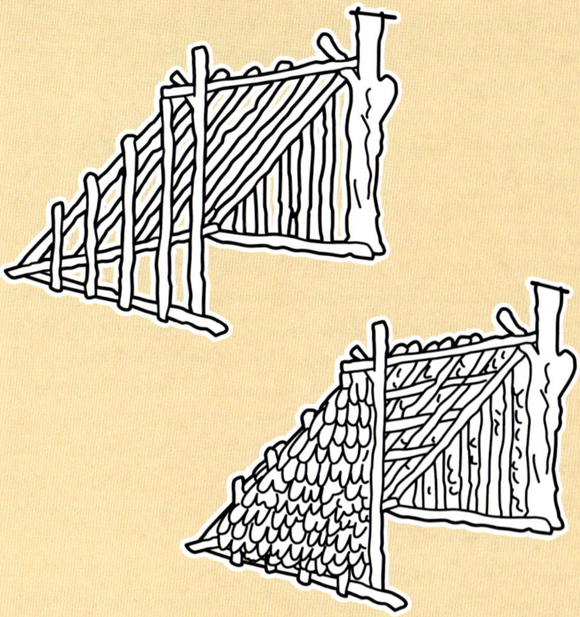

安全检查

- 确保庇护所是背风的。
- 确保自己选择的地点不是低洼处，这样下雨时才不会积水。
- 不要打造完全封闭的庇护所，留出通风处。
- 直接睡在地上会让你又冷又湿。如果你没有被褥，那么你可以在身下铺上草皮、树叶或树枝。

更多关于打造藏身之所的信息请见第9章。

睡袋

和帐篷一样，睡袋的舒适度会影响你整个旅途的质量。想要在夜里睡个好觉，保持身体的干燥、温暖是十分重要的。

在选择睡袋时，你需要考虑两个因素：填充物和温暖度。

填充物

睡袋外层的尼龙里可以填充人工纤维或者鹅毛、鸭毛等物质。填充鹅毛和鸭毛的睡袋一般更轻盈、更温暖、更耐用，但也更昂贵，如果湿了，也不易晒干。人工合成材料如聚酯纤维类填充物会使睡袋更沉、更大、并且不够柔软，但它们打理起来更方便，能够很快晾干，并且在潮湿时也能够保暖。

温暖度

睡袋的温暖度取决于其填充物、大小、重量。不同温暖度的睡袋价格也各有不同。有些睡袋只能在夏天使用，还有一些即使带到南北极也同样适用——因此你必须根据睡袋的用途、使用季节，以及你是否会随身携带睡袋出发等因素来选择睡袋。你首先需要预估你到达的地方的最低温度大概有多低，然后再挑选一个足够抗冻、足够温暖的睡袋。

睡袋的厂家一般会标明睡袋适用的季节。如果你在英国这样的国家，在夏天或春天出行，那么挑选一个适用于春、夏两季的睡袋就足够了。有些人的耐寒能力不如他人，可以挑选一个适用于春、夏、秋的三季睡袋。

安全检查： 睡袋是不防水的，因此你绝对不能弄湿它。在潮湿的环境中，你最好在睡袋外层套一层防水的睡袋外袋。

压缩袋

睡垫

其他需要考虑的因素

睡袋大小不一。大多数睡袋是“木乃伊”形状的，也就是说上宽下窄，这样你会有足够的空间移动。有些睡袋有可以支起的头兜，确保头部、颈部和肩部也能保持温暖。

睡袋的拉锁应该足够长，这样你才能方便地进出睡袋。睡袋内外两侧都应该能拉开拉链。拉链外面应该有一层护罩，这样可以防止热量流失。

打包时需要考虑睡袋的重量和尺寸。大多数睡袋是放在压缩袋里的，这样可以让睡袋的体积尽量缩小。

大多数睡袋的外层用的是透气材料以避免冷凝。如果你发现睡袋的内层经常有露水，那么你可以选择使用棉质、丝绸或羊毛等材质的内衣，这样睡袋更容易保持清洁，清理起来也方便。

睡袋里用泡沫制作而成的睡垫将你与地面隔开，能够让你感到更温暖、更干燥。睡垫虽然轻，但缺点是体积较大。

其他窍门

- 天气干燥时，记得多抖动睡袋，疏松填充物。如果天气潮湿，如无必要，不要打开睡袋，以免湿气进入。
- 把装睡袋的袋子放在塑料袋里保持干燥。
- 夜晚你可以穿上袜子、秋裤、帽子或羊毛衫保暖。
- 你可以把衣服放在装睡袋的袋子里当作枕头。

其他装备

你需要其他装备的数量取决于你准备带多少东西，以及你准备住现成的营地还是在野外扎营。

携带哪些装备

如果你计划一直留在一个地方，那么即使你得自己背装备，你也可以多带一点东西，因为路程相对较短。但如果你计划去多个地方并自己背所有装备的话，那么你需要尽可能少带东西。

你需要制作一张清单，然后和团队中的其他人商量谁来提供什么东西，怎么携带。清单应该分成两部分：个人用品和公用装备。每个人都需要自己携带个人用品，公用装备由所有人分摊携带。

个人用品

关于衣物和基本装备的信息请见第三章。除了那些装备之外，你可能还需要：

- 额外的衣物：额外的袜子、内裤和裤子。
- 睡衣：带一身睡觉时专用的衣服，你可以将其塞在睡袋里。
- 洗衣袋：防水的洗衣袋中可以装牙刷、手巾、可生物降解的肥皂和梳子等。尽量带小号的，比如小肥皂和小牙膏，以减轻重量。
- 除菌洗手液。
- 纸巾。
- 毛巾：尽可能选择又轻又小的毛巾。很多户外专卖店都有可快速吸收水分的超轻毛巾，它们还可以很容易地被叠成很小的一块。
- 餐具：塑料碗、盘子、杯子、刀叉、勺子。为了节省空间，你可以只携带杯子、碗、勺子或专卖店出售的多功能用具——如多功能刀叉。
- 多功能折刀：多功能折刀里应该有一到两把小刀、开罐器、螺丝刀和开瓶器等，这个多功能工具会十分有用。更多关于小折刀的信息请见第95~96页。

公用装备

一个团队究竟需要多少帐篷？比较好的答案是，你们共享一个大帐篷而不是每个人都背一个帐篷。食物、炉子和其他厨具是否也可以共享取决于你选择的营地状况：那里是否可以生火？那里有现成的厕所，还是需要打造一间厕所？

考虑过这些问题后，你可以决定是否共享以下这些装备。

和帐篷相关的装备

- 额外的油布：无论是搭建庇护所、还是烧火做饭，又或者用于挡风遮雨，油布都很有用。
- 橡皮槌：用于固定营钉或打造庇护所。
- 额外的营钉以及拔出营钉的工具。
- 照明用灯、手电筒：选择手动充电的照明设备，这样就不用携带额外的燃料或电池。

安全相关的装备

- 一个完备的急救箱（见第九章）。
- 灭火毯

厨具

- 可折叠的水具。
- 炉子和燃料：选择重量较轻、便于携带的炉子，它们使生火更为方便，而且更环保（详情请见第六章）。
- 火柴和一次性打火机。
- 锅：至少准备两个蒸锅和一个平锅。你可以直接买一套锅，这样它们可以组装在一起。
- 炊具：隔热的大勺子、锅铲和长柄勺。
- 刀具。
- 可折叠的滤锅或漏勺。
- 开罐器。
- 削皮器。
- 用来装食物的塑料盒或可封起来的塑料袋。

食物

- 徒步时吃的零食。
- 干货或罐头请见第六章。

清洁装备

- 小手巾。
- 毛巾。
- 清洁海绵或清洁布。
- 可生物降解的沐浴露。
- 可生物降解的洗手液。
- 用来装装备或垃圾的可重复利用的塑料袋。

其他装备

- 斧子和锯子（请见第97~98页）。
- 可折叠的铲子或小泥铲：用来制作或掩埋火堆，以及掩埋排泄物。
- 胶带：有许多用途，如临时修理装备及固定等。
- 尼龙绳。
- 针线包：可以用来修补衣物、背包、帐篷、睡袋等。

刀具

锋利的小刀是很有用的工具，特别是当你身处荒野的时候。一把结实的多功能小折刀只要刀锋足够锋利，基本上可以满足你的全部需求。但是，如果你不够小心，任何刀具都可能造成意外伤害，因此你必须确保较大较锋利的刀具不会落入一些没有太多用刀经验的人手中。

多功能小折刀

折刀

刀具和相关法律

在英国，对刀具的管理有以下法律规定：

- 没有法定授权或无特殊理由在公共场合携带刀具属于非法行为。
- 非法携带刀具的成人最高判罚4年监禁和5000英镑的罚款。
- 携带瑞士军刀等刀片可以收起的刀具是合法的，前提是刀片短于7.62厘米（3英寸）。
- 向18岁以下的未成年人出售任何刀具（包括厨具）都是非法的。

安全检查

- 不要朝土地、树木或任何方向丢掷刀子。如果你失手的话，刀子可能反弹伤到他人甚至你自己。
- 用刀子削东西时，让刀刃远离自己。
- 锋利的刀子比钝的刀子更为安全。这是因为，如果刀很钝，你需要用更大的力气，这可能会让刀子失控。
- 削东西最好用小刀，因为小刀更容易控制。

磨刀

你需要有磨石才能磨刀。把磨石打湿后平放。

用右手握住刀把，把一面刀刃放在磨石上。左手指尖轻轻按住刀片，顺时针方向打磨刀锋。不要太过用力，确保小刀接触磨石的角度恒定不变。

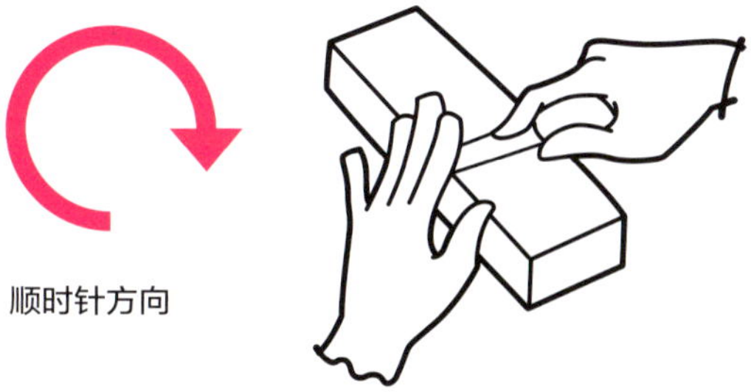

打磨五六次后，查看刀刃。你不需要把刀磨得非常锋利，刀刃若太细太薄很容易断裂。

如果觉得磨得还不错，可以开始磨另一面，这次你需要逆时针方向打磨。

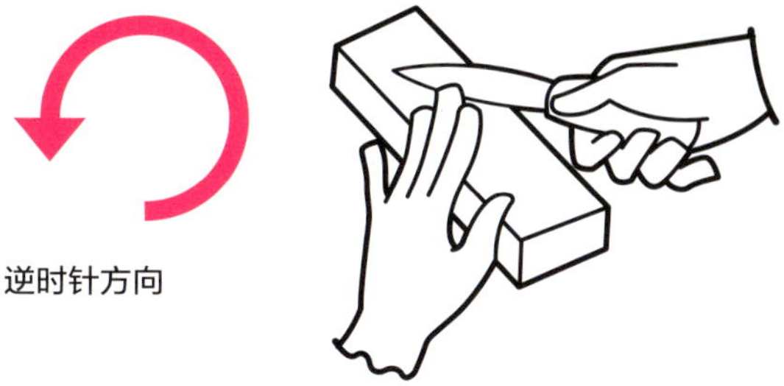

每次用完小刀后记得将它擦干。如果你在接下来的很长一段时间里用不到小刀，那么你可以在刀身上涂一点油。

斧子

在营地生火、搭建营地或庇护所时，你多半需要一把小斧子。

和小刀一样，斧子既有用又有危险，只有熟悉斧子的人才能够合理使用它。如果你要走很远的路，你还需要考虑斧子的重量问题。即使轻便的斧子也超过半公斤重。

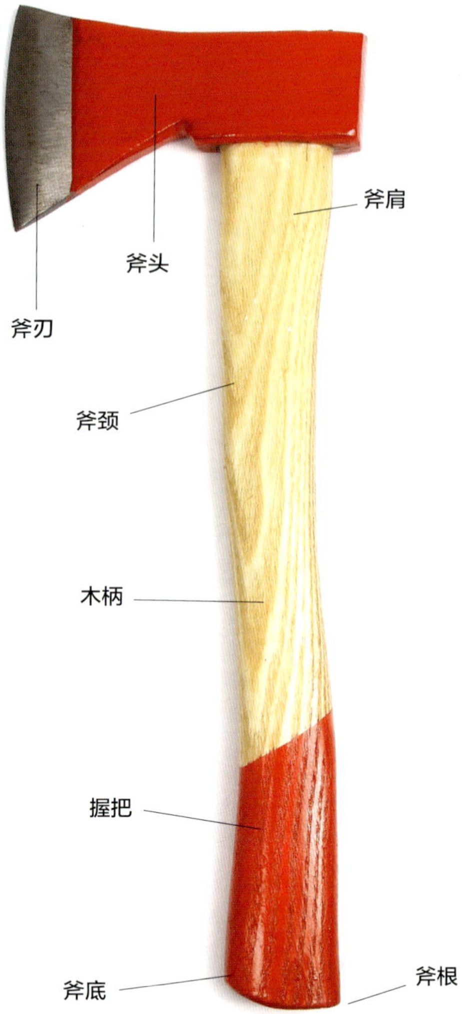

斧子的保养

斧子不能放在潮湿的地方或者户外过夜，不然可能会生锈。斧头上要涂些油。如果斧子是木柄的，你需要在木柄上涂一些亚麻油。

你需要像磨刀一样磨斧子（见前文），但磨斧子需要用到粗磨石和细磨石。你应该在磨石上涂油而不是水。

首先，把斧头平放在磨石上，让斧刃和磨石平贴在一起。

小心打磨斧刃，留心不要伤到你的手指。先使用粗磨石，再使用细磨石。

不要把斧刃磨得太薄。磨好一面后，继续磨另一面。

使用伐木斧

安全检查

你最好从一个经验丰富的师傅那里学习如何使用斧子。另外，你需要记住以下原则：

- 不要把斧子放在可能被人踩踏的地方。把斧子放在干燥且安全的地方。
- 不使用斧子的时候，记得把斧头放在斧套里。
- 使用斧子时，记得穿结实的皮靴以保护自己的双脚。
- 不要穿戴头巾、有系带或者宽松的衣服等，因为它们可能会被斧子卷进去。
- 不要使用钝斧——它可能会反弹到你身上。
- 确保斧头牢牢地固定在木柄上，确保木柄本身完好无损。
- 在开阔的空间使用斧子，确保附近没有树枝、绳子等障碍物，也没有其他人。
- 不要让其他人扶着你准备劈开的木头。
- 不要在疲惫时使用斧子，不然可能会造成事故。
- 在劈柴时，先把木头放在砧板上。不要直接在地上劈柴。

线状锯

线状锯也能够用来锯开木头。和斧子相比，其体积更小，也更轻便。线状锯都很锋利，使用它时你必须格外小心。大多数线状锯的两头有手环，但你最好用布或绳子裹住圆环以保护自己的双手。通过来回移动线状锯来锯木头，不要用力过猛以免损坏线状锯。把木头完全锯开后，要把线状锯清理干净，避免线状锯因为潮湿而生锈。

使用弓锯

背包里放什么

选择好装备后，接下来你需要决定携带它们的方式。你可以把它们放在背包里，但这样做的前提是背包足够结实。

合适的大小

根据自己的身高和强壮程度，你最好选择一个大小在50升到75升之间的背包。除非你精于装背包的技巧，不然更小的背包多半装不下你的所有装备，更大的背包则会太过沉重。

除了尺寸之外，你还需要考虑背包的质量。多花点线买个好背包是值得的，它们的背带和缝纫质量都更好，而且，它们更轻，也更结实。

将装备分门别类

在你思考需要什么装备时，记住“轻装上阵”永远是最好的选择。先问问自己这些装备都是必不可少的吗，然后思考怎么能够让必需的装备重量减轻。比如，你是否可以用一个快用完的小牙膏来取代新买的大牙膏？你是否可以把装备的包装去掉，把它们放在塑料袋里？重量哪怕只是减少一点也是好的。

如何把装备装到背包里也很重要。如果设备装得不合理，那么背包会影响到你的站姿或平衡，并且会让你十分难受。一般来说，你应该把较轻的东西放在背包的下部，较重的东西放在背包的中上部，这样可以让背部承重均匀。

在选择好装备后，把它们放在单子上或地上，然后将它们分为三类：

- 需要随时或在紧急时刻迅速拿出的装备。
- 在白天可能就会用到的装备。
- 在晚上或靠后的日子里才会用到的装备。

显然，你应该将第三类装备放在背包最下面，然后在上面放第二类装备，最后把第一类设备放在最上面。在装好所有装备后，你应该把背包背起来，确认是否舒适，并对背带进行必要的调节。如果你现在已经感觉背包有些重，那你走几个小时后，会觉得背包变得更重。所以问问自己，哪些装备可以不带。

更多关于如何选择背包的信息请见第三章。

背包下方的口袋

把睡袋放在背包最下面的口袋里。如果你背包下部没有单独的口袋，那么你可以把睡袋放在主袋的下部。有些人会选择把炉子或燃料放在下方口袋，这样如果液体泄漏，会直接流出，以免污染更多的物品。你也可以把这些设备放在背包两侧，把湿衣服或脏衣服放在最下方的口袋里。

主口袋

你需要在背包里面铺上防水袋。可以选择专门的背包防水袋，也可以选择塑料垃圾袋或其他装碎石的工业塑料袋。因为，背包本身是不防水的。

首先，把备用的衣物、装脏衣服的口袋和其他你并不常用的较轻的装备放在最下面。把衣服叠好，这样可以节省空间。把它们放在不同的塑料袋里。比如，你可以把内衣、袜子和T恤放在一个塑料袋里，把睡衣和毛巾放在另一个塑料袋里。这样能够让不同的衣物保持干净，也方便寻找和整理。

之后，把厨具、清洁用具、额外的鞋、装食物的饭盒和餐具等更重的装备放在上面一层。

帐篷、备用的防潮布和帐篷的配件应该放在最上方。支架或营钉可以放在背包两侧。你也可以把帐篷绑在背包外侧靠上的位置。

你可以把一些小装备放在口袋的边侧，以充分利用所有空间。如果觉得自己可能会用到雨具或外套，你可以把它们放在背包的最上层。

用于隔离的垃圾袋

背包上方和两侧的口袋

你可以把水、地图、指南针、食物、电话、急救包和药品等可能会急需的装备放在上方或两侧的口袋中。如果放在两侧的位置，确保这些装备被均匀分放，而不是集中在某一侧。

如果你有睡垫，你可以将其卷起放在背包的外面，但切记先把它套在防水袋里。

装好的背包

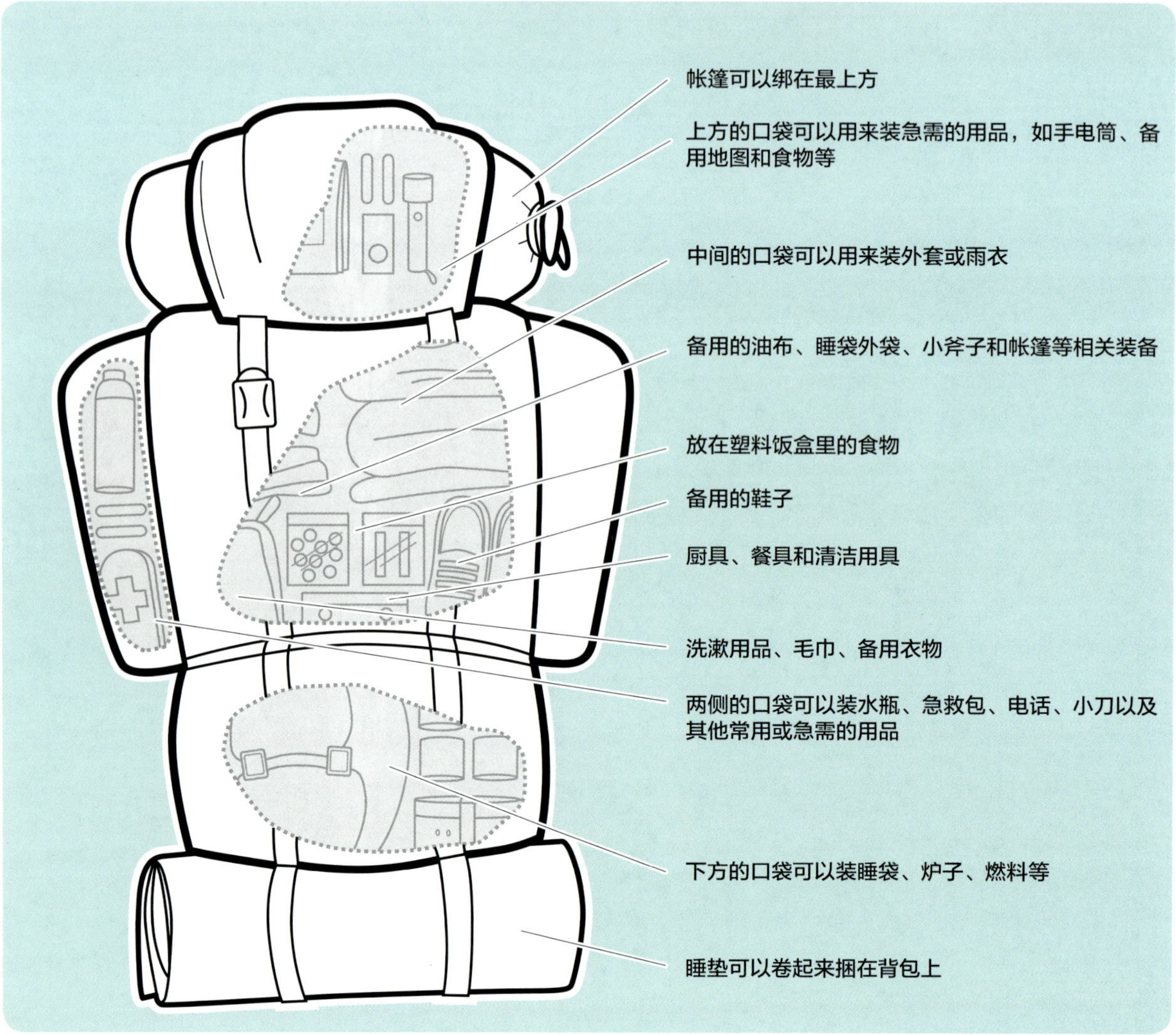

除了能够让背包不被雨水淋湿之外，背包的外套还能够用于罩住夜里放不进帐篷的装备。

最佳窍门

- 尽早准备好所有装备，这样如果你忘记某个装备的话，还有足够的时间另行购买。
- 用不同颜色的口袋将装备进行分类——比如，把食物装在绿色口袋里，把文件装在红色口袋里。这能让你更快地找到它们。
- 用松紧带将要带的东西绑定、捆紧。
- 带上备用的带子、带扣和安全别针，以便背带或拉锁损坏时可以进行临时处理。
- 如果担心会下雨，你可以用防水外套提前套好你的背包。
- 把指南针、地图以及其他必要的装备（如口哨）放在塑料袋里，然后挂在脖子上，这样可以随时拿到它们。

背起较重的背包

在把所有的装备都放入背包后，多尝试几次将其背起。

首先要将背带放松一些，单膝微微向前弯曲，双手握住背带将背包缓缓提起，这样背包的所有重量将落在你的膝盖上，接着，一只手穿过背带，把背包背起，然后另一只手穿过另一条背带。

让身体微微前倾，调整背包的位置，然后把胯部的带子和肩带系紧。直起身子，背包的重量应该分布在你的后背和胯部。

保持平衡

背着装满的背包，你身体的自然平衡状态会被打破，膝盖和双脚也需要承担额外的重量。在背起背包前，你最好先做一下热身运动，也不要像平时不背背包时那样快速走路。在背着背包上坡或下坡时，你需要特别小心。

如果你觉得背包背起来不够舒适，你可以再次调整里面装备的放置位置。尽可能让柔软的装备贴住你的后背。

如果行走时间较长，你觉得背带有些勒，这种情况下，你可以改变一下背包的位置或把毛巾、衣物垫在背带下面。

营地

英国有很多营地，你可以在相关网站上找到营地的相关信息。根据这些信息，选择自己的目的地。

选择营地

如果你选择一个各方面都相对成熟的营地，你需要调查这些营地都有些什么设施，以及这些营地有哪些管理规定。比如，一些营地可能不允许生火、挖沟或支帐篷，有些营地只在特定的时间内开放，或者只对特定人群开放。

如果你准备去某地野营，你需要先获得该地所有者的许可。在英国大部分地区，擅自进入私人领地都是违法的。

如果你们团队人员不算太多，一般都能顺利得到野营的许可。另外，你们不能在营地待太久，而且不能破坏自然环境。有些国家公园或自然景观是不允许野营的，因此你最好仔细观察当地的标记，或提前从当地游客信息办公室获得相关信息。

需要考虑的因素

不管你选择什么样的目的地，在支起帐篷之前你都需要考虑下列因素：

- 确保附近有安全的水源。长途跋涉后，再走很远的路去获得饮用水会让你筋疲力尽，但也不要因此而选择太靠近水源的地方，因为那里蚊虫很多，也可能已经有其他人在那里扎营。
- 不要选择地势较低的地点，因为那里多半非常潮湿，也有可能在暴雨期间被洪水淹没。
- 选择干燥、排水流畅的地点。如果周围有河流，最好选择一个位于水位线之上的高地。
- 山谷会更寒冷，而且会有雾气，非常潮湿。
- 尽可能不要选择开阔的山顶，那里无法挡风遮雨。
- 你最好选择一片可以挡风遮雨的平地，比如附近有墙壁、灌木或树林。避免把帐篷搭在树下，以防被落木砸到。
- 找一个交通相对便利的地方，以便在紧急情况发生时可以迅速离开。
- 确定附近有商店或者其他能提供食物的地方。如果没有的话，你需要携带足够的食物，或一路上边走边补充。
- 观察周围是否有动物的足迹——最好不要打扰周围的牛羊。
- 完美的营地多半是不存在的，你要学会取舍。

营地的布局

选择帐篷的朝向。如果你在山坡上支起帐篷，帐篷要面向下坡的一侧，这样雨水不会直接流入帐篷。帐篷也要背风——但如果天气太热的话，让帐篷直接对着风口也是个不错的降温方法。如果你希望看到日出，那么你应该让帐篷面向东南方。

生火时，你也需要考虑风向，因为必须防止烟雾吹进帐篷里来。

如果营地有固定生火的地方，那么你的帐篷距离生火的位置至少2米远，并且应该让生火地点处于下风位置。如果没有生火点，你需要根据具体情况决定在什么地方生火。选好地点后，移除附近的干草、树叶和垃圾等。更多关于生火的信息请见第六章。

之后，你需要找到劈柴和堆放柴火的地方，这个位置尽量在营地的边缘，但是也不能离帐篷太远，要在一个固定的地方劈柴，这样不仅安全，还便于清理。

如果营地有厕所或者你已经自行修建了厕所（见后文），那么你应该在远离厕所的上风向搭建帐篷。

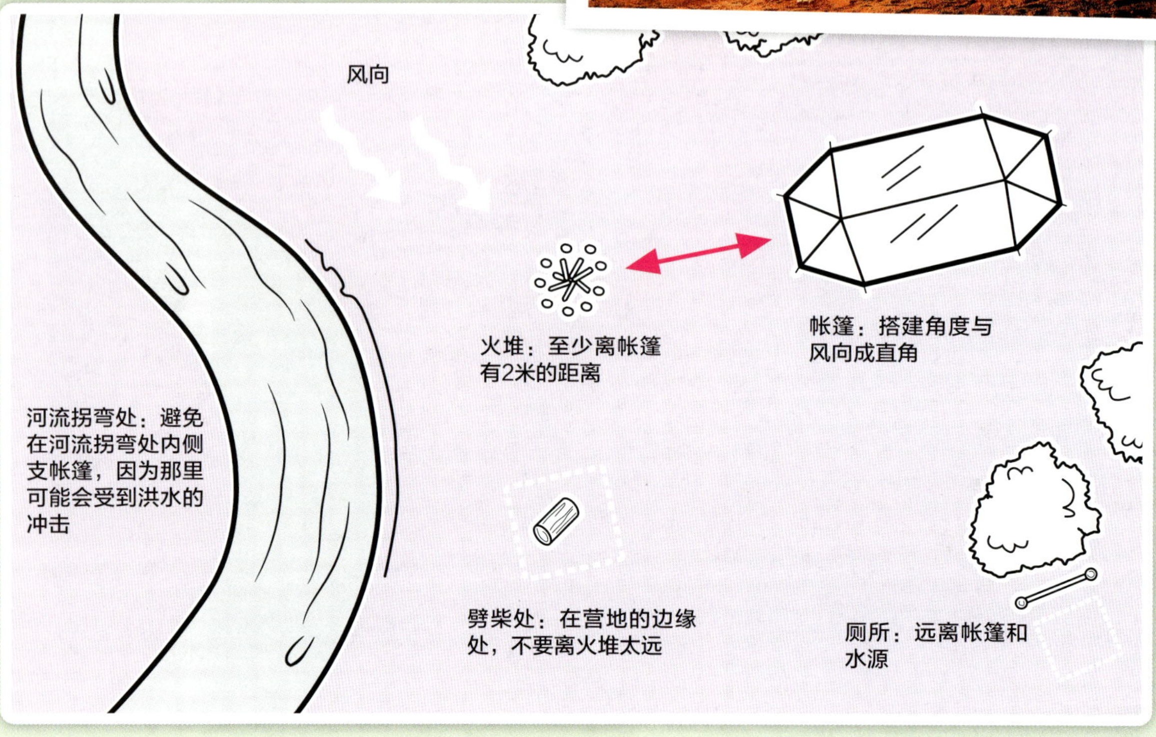

营地的生活

如果天气干燥，你可以将帐篷完全打开，让流动的空气除去帐篷里面的湿气。

记得抖动睡袋，让里面的空气流通——这会让里面的填充物舒展开，避免发霉。如果天气潮湿，记得将睡袋收起。

尽可能不要把湿毛巾和湿衣物放在帐篷里。如果你必须把它们拿进帐篷，那么将它们放在塑料袋里，以免湿气散发。不要把湿衣服挂在帐篷顶上或帐篷外的绳子上。一个更好的选择是把它们摊开放在树枝上，或在两根树枝或两根木棍间拉一条绳子，用它来挂衣服。

尽可能让帐篷里保持清洁，不要让任何东西触碰到帐篷，否则可能损坏帐篷的密闭性。

把鞋子和靴子放在帐篷门口。如果可能的话，不要将它们留在露天的地方。天气干燥的时候，你可以把它们放在帐篷外，倒扣在竖起的木棍上，这样可以让鞋内的空气流通，使其干燥，并避免蚊虫进入。

不要让防潮布沾上泥土、食物或垃圾。不要把没有洗过的餐具或食物拿到帐篷里，它们会吸引虫子或其他小动物。最好把食物放在有遮挡的地方（你的油布就派上用场了），或铁罐、塑料盒中，这样动物就无法进去把食物偷走。另外，食物最好不要直接放在地上。你可以用石头或木头搭建一个容器，然后再把食物放进去，或者把食物放在一个口袋里，再挂在树上。更多关于在营地储存食物的信息请见第六章。

安全检查： 不要在帐篷内点蜡烛或做饭。制作帐篷的材料很容易着火，而且任何明火都会消耗帐篷内的氧气。如果天气恶劣，你可以打开帐篷门，在帐篷口使用炉子。

在营地保持卫生

保持卫生十分重要，它能让你远离疾病、食物中毒等。你应该让餐具保持清洁。用餐后，立刻对其进行清洗。剩饭应该装好或立刻处理掉。妥善处理所有垃圾，以避免污染营地（包括“可生物降解”的香蕉皮、苹果核等，详细信息见后文）。

大小便的问题

如果你在没有厕所的农田或荒野野营，那么你需要自行处理排泄物。如果你只打算在当地待一夜，那么打造一个厕所就会得不偿失，倒不如挖坑处理便捷。

首先，选择一个离营地、道路和水源至少有70米距离并有遮挡物的地方，在那里挖一个20厘米深（相当于手掌的1.5~2倍的长度）的坑。把用过的手纸扔到可密封、可生物降解的塑料袋中，以便带走并进行妥善处理。你用过的清洁用品最终都应该放在垃圾箱里。最后，用土把坑掩埋，然后在上面铺上树叶、小石子等。

如果你无法挖坑——因为地面过硬，例如石质地面，或者当地的所有者不允许你那么做——你需要把排泄物带走。你可以把排泄物放在可生物降解的塑料袋中（比如装狗屎的塑料袋），再将其放在可密封的容器中。你可以用猫砂来掩盖排泄物的气味。不要把容器随便丢弃，一定要妥善处理。

最后，切记不要在河流、湖泊等水源以及道路两侧小便。

打造一间厕所

如果你计划在同一地点多待几天，并且这个想法获得了当地所有者的同意，那么你最好在野营地点的附近打造一间厕所。选择地势较低且远离营地和水源的地点，最好和营地之间有灌木丛等障碍物的地点。否则，你需要用树干或树叶自己制作障碍物。

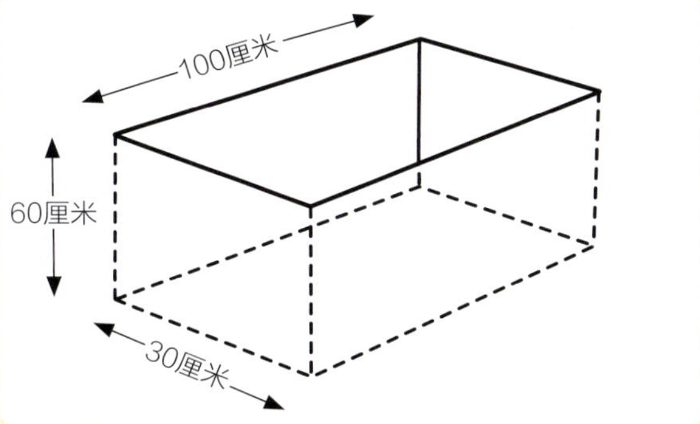

厕所的便坑大概有100厘米长、30厘米宽、60厘米深。把挖出的土堆在旁边，每次使用厕所后，把土盖在排泄物上。不要使用漂白粉或其他化学物质，否则可能会影响大自然的降解过程——并产生恶臭。

把一根结实的树干放在坑前，这会帮你找到合适的如厕位置。用树干或绳子把厕所标记出来，这样在夜里也很容易辨识，并且不用担心会掉进去。切记，夜晚如厕一定要携带手电筒。

不要在同一个坑里小便。你最好再挖一个坑——大约边长为100厘米、深度为20厘米的正方形坑。在坑里铺一些石头、树枝和树叶，以便尿液更好地消散。

在你准备离开营地时，你需要将两个坑都掩埋起来。

更多关于野营设备的信息请见第七章。

安全检查:

保持身体健康，最关键的是确保所有人在使用厕所后和享用食物前，用肥皂洗手或消毒。

不要留下痕迹

随着野营的人越来越多，保护自然环境也就变得越来越重要。

山野行为规范（见第二章）中列出了你应该遵守的规定。在野营时，遵守这些规定是十分重要的。

你需要特别注意的事情包括：

- 尽可能使用现有的营地设施。
- 尽可能沿着既有的路线前进。
- 尽可能不要翻墙或者翻越篱笆。迫不得已的时候，你也得小心翼翼，并且把碰掉的东西放回远处。
- 不要乱动植物、岩石或其他大自然中的东西。
- 不要干扰野外动物的生活。
- 不要留下垃圾——把所有垃圾带走。

带走垃圾

乱扔垃圾会污染环境、破坏野生动物的生存环境，甚至可能对土地和水源造成长久的危害。准备食物和饮料时，尽量不要把包装带到野外，吃饭时尽量不要剩饭。

提前和土地的所有者或管理者沟通，了解如何处理垃圾。有些地方会有特定的处理垃圾的地点或系统，也有些地方会要求离开时带走所有垃圾。遵守规则非常重要。

如果你准备生火，那么你可以把纸张或食物残渣等可燃垃圾投入火堆中，否则你需要把所有的垃圾都放在垃圾袋中带走。切记，把剩余食物套在两个垃圾袋中密封好，并放在动物无法够到的位置。

纸杯、塑料瓶和其他垃圾应冲洗干净或者压扁，然后放置在垃圾袋中带走。

污水

用滤网或滤锅将用来洗碗的水过滤，去除水中的杂质。你也可以在易拉罐或其他容器的底部打洞，将其改造成滤器。把草放在滤器中，然后悬挂在水桶上。

将污水倒在滤器里。你需要不时更换里面的草，并把过滤出来的垃圾扔到垃圾袋中带走。

把过滤过的污水倾倒在远离营地和水源的地方。尽量不要使用肥皂或洗涤剂。如果必须用的话，尽量保证你使用的肥皂或洗涤剂是可生物降解的。

清理营地

准备离开时，确保你已经把便坑埋好，并在表面进行覆盖。你需要在周围放置一个标志，以便他人走近时避开这里。一般“这里不干净”的标志是用一堆石头或木制十字做成，你可以将其平铺在地面上或垂直立起。

离开之前，你需要将火扑灭，并且把所有的灰烬移除或撒在四周（更多信息请见第六章）。同时，你需要将所有木柴移除，并带走你使用过或制作的设备。

能让野营后和野营前的营地一模一样，应该是一件让人倍感自豪的事情。

生火和做饭

如果你已经选择好营地，并支起了帐篷，整理好了睡袋，那么，生火做饭的时候到了！

生火

在野外，火堆是上天赐给我们的礼物，它能够为你提供热量、烤干衣物、让食材变成美食、让虫子和野兽远离，并且能够让人感觉到温馨和安逸。

生火是一个很关键的技能——特别是在野外求生时。但火堆也可能对周围的人和财产造成威胁，并且可能破坏自然环境。因此，你在生火时必须多加小心。如果准备在他人的土地上生火，你必须提前得到之地所有者的许可。

生火所需的东西

火柴：堆好的火堆用一根火柴就能点燃。

火绒：一小撮碎纸、枯叶、干燥的青苔、干草、干树皮、枯木，甚至麻绳、羊毛都可以成为火绒。烘干机中的绒毛也可以做火绒。

引火物：大量干燥的小木块，如树枝或松果。

木柴：很多种树木的粗枝都可以作为柴火。你希望火堆燃烧的时间越长，你需要的木柴就越粗。

氧气：生火需要氧气。但如果风太大，你就需要找一个避风的地方生火，避免火被大风吹灭。

结实的小刀或铲子：在必要的时候用来挖土。

桶：用来盛放水或沙子，以便在必要的时候迅速灭火。

选择生火的地点

你应该找到一个远离树木、篱笆、帐篷等易发生火灾的地点生火。直接在地面生火会对土壤造成损害。为了环保起见，你需要搭建一个生火坛或找到一个之前生过火的地点。

如果没有上述条件，那么你需要找一片空地，然后清除上面可能被火点着的树叶或其他东西。如果周围都是草地，你可以挖开一片草皮，将草皮放到一边，让其长草的一面朝下，在离开的时候把这片草皮再放回原处。

打造生火的地点

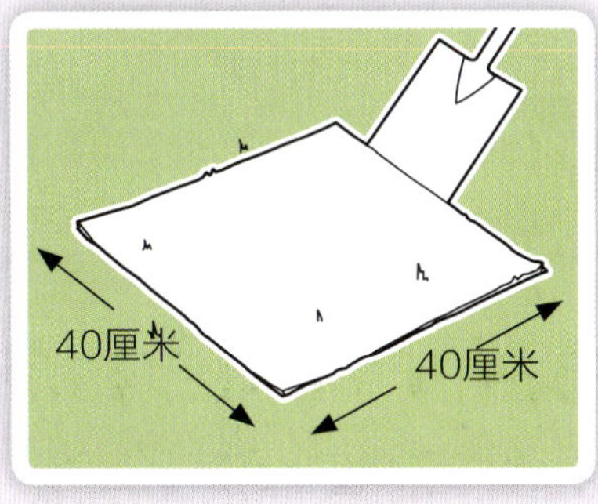

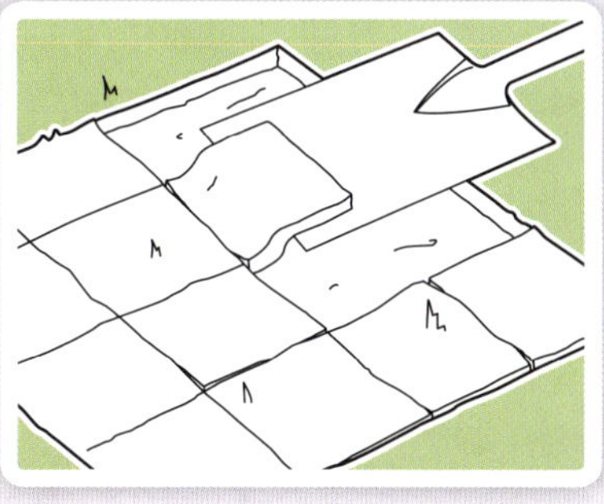

1 用铲子或结实的刀子，标记出你准备生火的地点。把这片土地分成一块一块的小正方形。

2 用铲子或刀子把每块土皮水平挖起，堆到远离火堆的地方。将长草的一面朝下，经常为其浇水以防止草皮变得干燥。

3 在生火地点的四周用石头、砖头或木头围成一圈，以此来防止火焰的蔓延。让石头、砖头、木头之间留有缝隙，以便火堆能够通风。

选择木柴

不同的木柴燃烧的速度不同，刚掰下来的树枝或潮湿的树枝基本上无法燃烧。不要去破坏树木或灌木——这样会危害环境，而且它们也无法成为合适的木柴。最好的木柴是枯枝，而且越干燥越好。除非你已经做好了劈柴的准备，不然不要收集太多大木头。而且，大木头只有在高温的火堆中才能燃烧起来。

能够轻松掰断的粗枝也是很好的柴火，如果不能轻松掰断，说明它是新鲜的树枝。在火堆足够热后，刚掰下来的粗枝或潮湿的粗枝才能够作为柴火使用，而且它们可以让火堆燃烧更久。潮湿的木柴燃烧起来会产生烟雾，但在蚊虫较多的地方这反倒是个优点。

最佳窍门

+ 在点火前，确保有大量可以作为柴火的木柴（但它们最好不要离火堆太近）。
+ 尽可能用塑料布把木柴盖好。
+ 随身携带一小包火绒。
+ 如果土地潮湿，你可以在地上铺一层铝箔，然后再生火。

不同类型的树木

燃烧较快

有些树木会很快被烧成灰烬，比如冷杉、云杉、落叶松、松树等软木，以及苹果树、桦树、榛树等硬木。燃烧较快的木柴可以成为合适的引火物，但它们的缺点是很快就会烧完。另外，针叶树里有很多树脂，它们会在火堆中喷溅出很多火花。

松树

桦树

榛树

燃烧较慢

白蜡树、榉树、樱桃树、山楂树、冬青树、橡树和枫树等宽叶或落叶树大多数燃烧缓慢且均匀，并会留下继续发热的余烬。这些树木并不是很好的引火物（但冬青树的叶子是很好的引火物），但它们能够让火堆持久燃烧。你可以在烹饪时选择这些树木作为柴火。不过，你应该避免使用板栗树、榆树、杨树、悬铃树和柳树为柴火，因为它们燃烧时产生的烟雾特别大。

白蜡树

榉树

山楂树

橡树

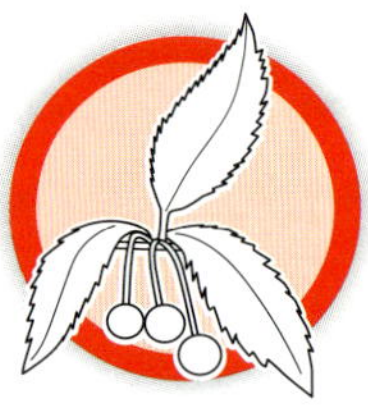

樱桃树

枫树

不同类型的火堆

火坛

火坛是在地面上盖起的平台。把木头横竖排列，再把它们紧紧捆扎住。在最上层铺上一层木棍，木棍之间不要留缝隙，最后在木棍上面铺一层土。

+ 保证土地不会被烧焦。
+ 用来烹饪的最佳选择。

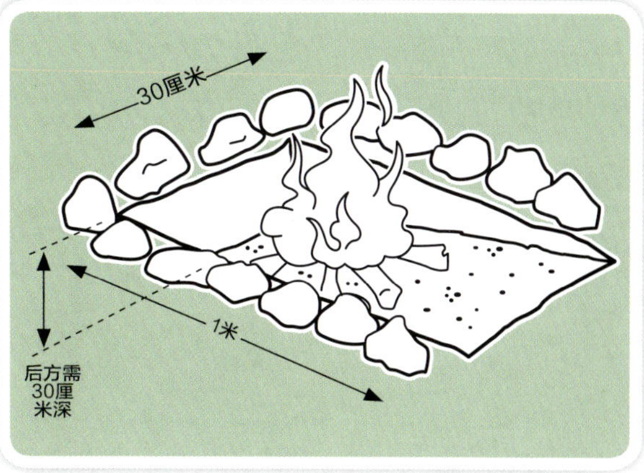

火沟

在三个方向挖沟，沟中间用来生火烹饪。记得让未挖沟的一面面向风口，这样空气可以让火堆燃烧得更旺。

+ 在刮风时是很好的选择。
− 需要消耗大量的体力。

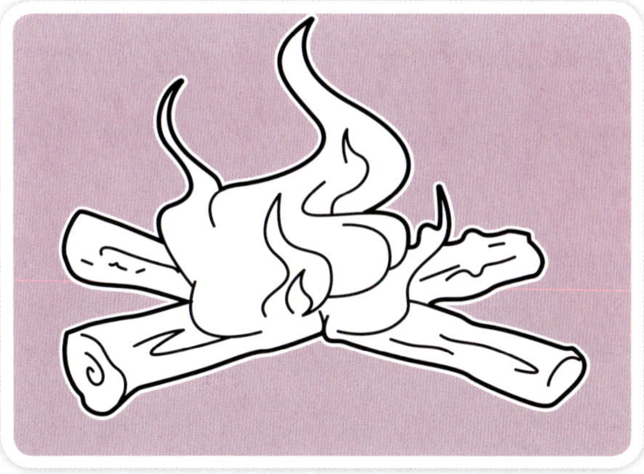

火堆

你可以生一个小火堆，在其温度足够高时，把三四块木头的一端分开放入火中。随着它们一点点地燃烧，火势也会慢慢加大，再把它们慢慢推入火堆中。

+ 火不大，但可以燃烧很久而不用加入新的木柴。

火棚

火棚看起来很像印第安人的棚子，也很像烟筒，火会不断向上燃烧。这是生火最常见和最简单的方法。

+ 不断攀高的火堆能够照亮四周。
− 木柴会很快烧完，因此你需要准备大量木柴。

搭建和点燃火棚

1 把一根树枝插入地面，然后在其底部四周铺上火绒。围绕着树枝铺上引火物，形成帐篷的形状。

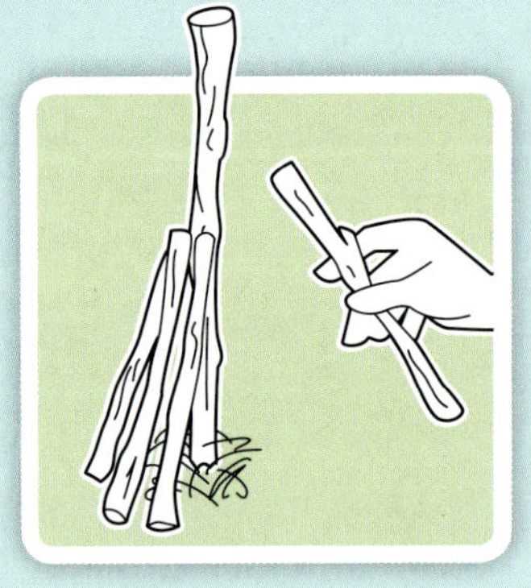

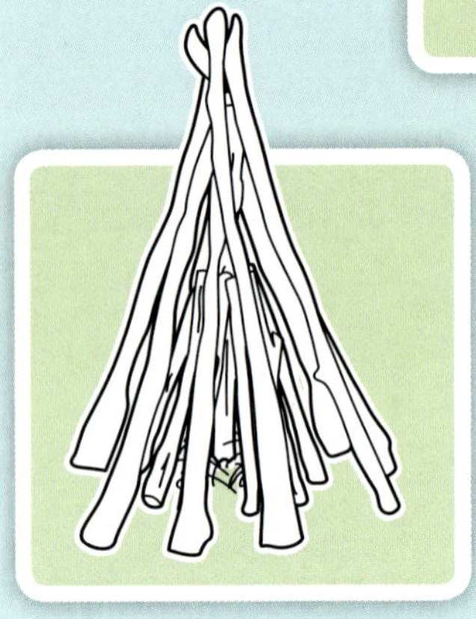

2 用较粗的树枝在外围搭建一个更大的棚子，不要让树枝挤在一起。确保树枝的底部是分开的，这样空气可以顺利进入。

最佳窍门

- 火棒是很好的引火物。你可以拿一根枯枝，然后用小刀在树枝上轻轻切出一小片，不断重复这个动作，这会让树枝上出现很多向外弯曲的小木片，此时的树枝看起来像是一根羽毛。如果你找不到枯枝的话，你可以先把一般的树枝去皮，皮下边的部分一般都是干燥的。
- 木屑也是非常好的火绒。

3 点燃中心的火绒和引火物（如果你的火柴够不到中心，那么你可以先点燃一根引火物，将它作为火柴使用）。

4 把引火物推到火堆中心，让周围较粗的树枝逐渐被点燃。

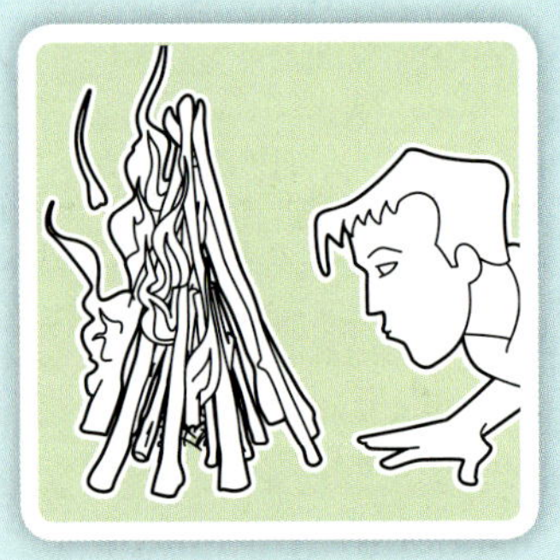

5 如果火堆只冒烟而不燃烧，轻轻对其底部吹气。在火堆点燃后，火棚会很快被烧完。你需要朝火堆中加入更多体积较大的木柴。

6 把较粗的木头放在火堆两侧，和风向保持平行。这能够让空气不断涌入，同时保证火堆不被风吹灭。往火堆中不断加木柴，但不要加太多，以免火堆被压灭。

在火焰燃烧得不错的时候，你就可以生火做饭了。

使用火柴

在野外时，能够和任何粗糙的界面摩擦并起火的火柴要比我们平时用的盒装火柴有用得多。你最好不要携带盒装火柴，因为它们很容易变弯曲或无法点燃。

不管是什么样的火柴，只有在干燥时和干燥的界面摩擦才会被点燃。因此，你需要把火柴放在防水的塑料袋或金属盒中，或包在锡纸中。你也可以把火柴头放在融化的蜡中，让蜡凝固冷却后形成一层防水保护涂层。这样，只需要抠掉涂层就能够点燃火柴了。

需要在风很大的地方点燃火柴时，用手罩住火柴，在火柴完全点燃后再去生火。把火柴按顺风的方向送在火绒上，这样可以让风把火吹到火绒上。

其他点火工具

蜡烛：小蜡烛点燃后可以重复使用。如果你有夜灯，把夜灯放在火绒和引火物中间可能会带来麻烦。

打火机：打火机，特别是一次性打火机，很难直接点燃火堆，但你可以用它先点燃火绒，然后用火绒点燃火堆。

打火石：利用钢铁和火石碰撞产生的火花来生火是传统的生火方法。火花落到火绒或引火物上并引燃后，朝点燃处吹气，直到火焰变得旺盛，然后将其放在火堆中心。大多数野营装备专卖店都有打火石出售。

放大镜和阳光：如果阳光明媚，那么你可以用放大镜（或其他镜片）将阳光聚焦在火绒上。在火绒开始冒烟后轻轻朝它吹气。

摩擦：利用摩擦生火的难度很大（请见后文）。

摩擦生火

将两个木片进行摩擦也可以生火。这种生火方法需要足够的耐心和经验，而学会这种技能对野外求生来说十分关键。对于初学者来说，使用弓弦钻木生火最为容易，但制作弓弦钻木本身需要花费一点时间。

弓弦钻木需要：

轴：约30厘米长、4厘米宽的木棍，一侧末端应该是圆的，另一侧应该相对较为尖锐。轴的中间要有一个“细腰”。

底板：近似长方形状的软木板，大概有脚掌那么长，2~3厘米厚。底板的一面应该是平整的，在一端刻一个“V”字凹槽。“V”的边上应该有个小型圆形凹槽，这样轴的尖锐一端可以插入其中。

弓：硬木弓应该和手臂差不多长，和食指差不多粗。弓弦要比弓身长一倍半。将弓弦绑在弓两端，确保弓弦中间的部分松一点，可以用来绑轴。

手持板：一块能够单手握住的小型硬木木板。在木板中间挖一个小坑，以便轴的圆形顶部可以插入其中。

最佳窍门

- 用枯木或其他干燥的树枝作轴或护板。
- 松木或轻木是制作底板的好材料。
- 如果摩擦后出现的粉末是淡棕色的，那么这意味着摩擦没有产生出足够的热量。你需要用更快的速度旋转轴。
- 如果你要将火烬运到要生火的地点，可以把一片树皮或一小块木头放在底下托住火烬。
- 熟能生巧。

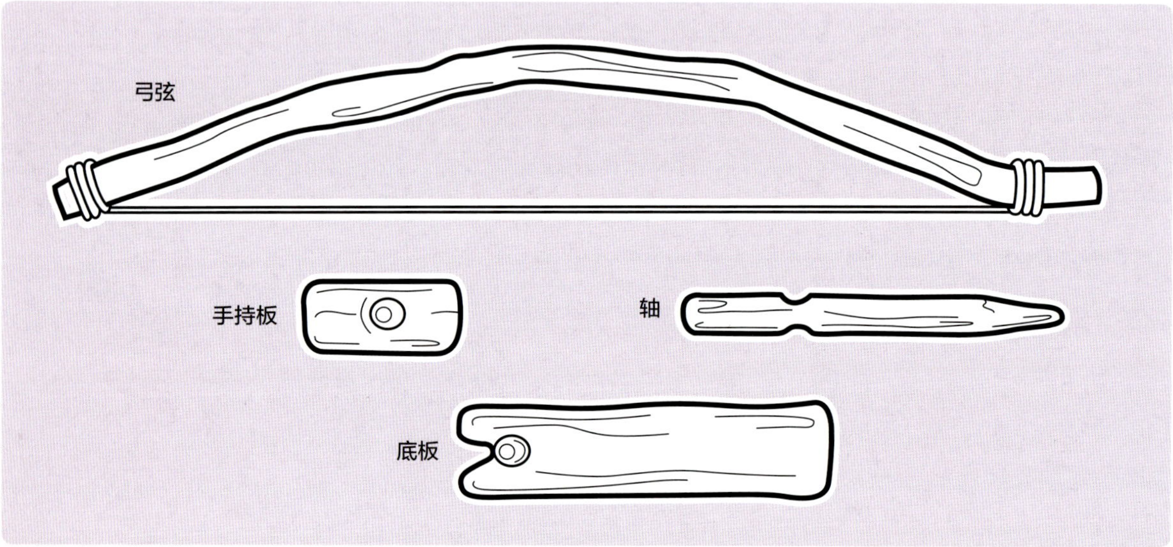

使用火弓

1 将少量火绒放在护板的下面，用脚踩住护板将其固定。

2 将弓弦绕在轴的细腰上，让绳子从弓和轴之间绕过。

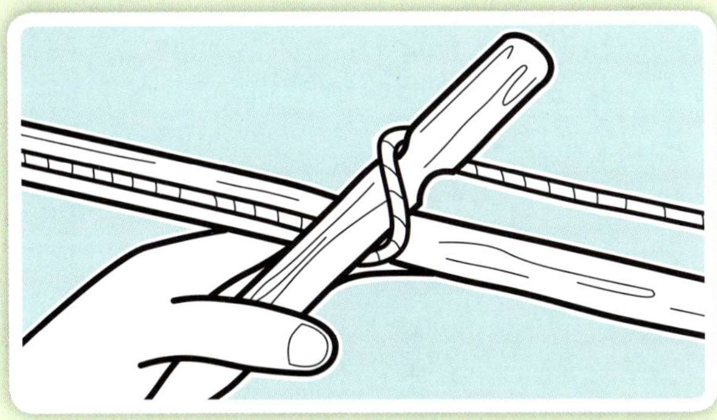

3 将轴较尖的一端放在底板的凹槽处，用手持板将轴下压。

4 另一只手拉动弓弦以转动轴。

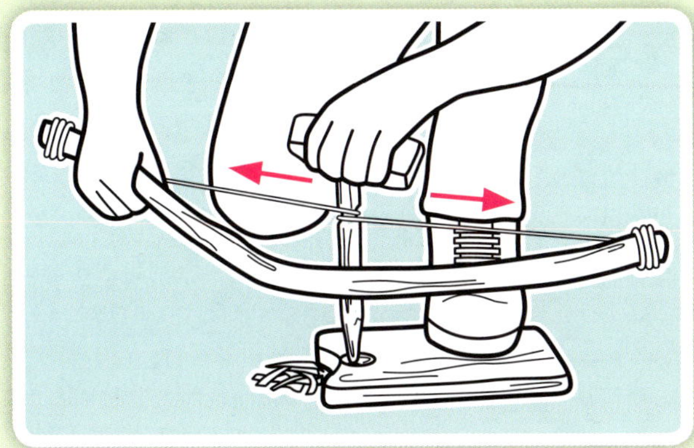

5 转动轴直至底板冒烟。此时，你可以加大向下的压力或加快拉动弓弦的速度（若手持板冒烟，你需要在上面加一点油）。此时，凹槽处应该会出现一些黑棕色的粉末。

6 粉末越来越多，你需要不断加快拉动弓弦的速度，直到大量冒烟。移开轴，如果此时底板还在冒烟，那么火绒多半已经被粉末点着。轻轻吹气，直到火绒被完全点燃，然后再拿开底板，加入更多火绒。

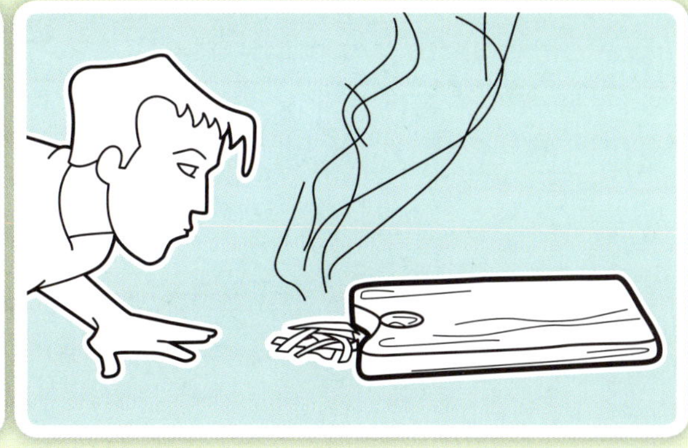

使用火钻

火钻是火弓的简易版，但是使用起来难度更大。你需要用双手不断来回旋转轴并向下施加压力。

灭火

确保火堆完全熄灭后，你才能离开。有时火堆看起来已经熄灭，但灰烬下层的余烬还在燃烧。如果不将其熄灭的话，余烬可能会点燃周围的植物、土地和树林。

你需要在火灭后用树枝不断翻动余烬，让火完全熄灭。如果有足够的水，你也可以用水将余烬浇灭。如果你选择野营的地点有相关规定，你需要遵守规定来处理灰烬。如果你在野外，那么你应该将灰烬撒在四周（冷却的余烬应该是能够用手直接拿起的）。不要把灰烬堆在一起掩埋，不然它可能在地下继续燃烧并烧掉植物的根部。

留下火种

如果你希望第二天继续使用火种，那么请在入睡前留下火种。在火焰消失后，火堆应该还剩下余烬。用石头在火堆周围围一圈，然后把灰烬或土撒在火堆上。如果你有铝箔，那么你可以用双层铝箔将余烬盖住，然后用土和石头压实。第二天，揭开铝箔后，你就能够再次获得还在发红的余烬。逐渐添加火绒和引火物后，余烬就会再次燃烧。

更多关于清理火堆的信息请见第109~110页。

清理生火的地方

如果你准备离开野营地点，你需要把生火的地方打扫干净。在野外，你应该尽可能移除所有生火的残留物。你可以把火堆下方的泥土翻一遍，确保地表没有灰烬，然后在上面盖一层土，将土压平后，在上面浇大量的水。把所有你之前清理过的地点都铺上土和植物，让它们看起来像生火之前一样自然。

安全检查

- 不要让火无人看管。
- 了解野营地点的天气和规定。比如，在干燥的夏天是否会引发野火？当地是否有受保护的树木或植物？
- 不要使用甲基化酒精、石蜡、汽油等化学物质生火。这些液体化学品有挥发性，如果挥发的气体被点着，可能会伤到你。
- 不要建造超出你需求的大火堆，小心观察风向和风力。大风可能会让火星四散并点燃四周的东西。
- 不要把河底的石头或火石放在火堆周围，它们可能会爆炸。
- 如果火堆在你的帐篷附近，你需要特别小心。火星或余烬可能会溅到你的身上或衣物上。

野营炉子

很多时候，并不是你想生火就能生火的，有时你在火焰生到足够大之前就没有了耐心，所以一个轻量级的野营炉子是快速烧热水和烹饪的最佳选择。

和火堆相比，炉子更为环保，也不会破坏地面，不需要木柴。缺点是你需要将炉子以及燃料随身携带。

选择炉子

商店里有各种各样的炉子，因此你必须提前想好自己要怎么做饭、准备做什么及如何携带炉子等问题。比如，单头炉足够为两人煮一锅饭，但如果团队人数众多或是全家人一起野营，那么最好使用双头炉和三头炉。

除了大小、炉头数量不同之外，不同的炉子使用的燃料也各不相同。因此，你也可以根据燃料的特性来选择炉子。

气炉

丁烷、丙烷、异丁烷等液化石油气可以被灌入气筒或气罐中出售。它们使用起来很方便，不需要提前加热或引火，燃烧起来也不会把厨具下方熏黑。

气炉分为很多种，不同的种类需要特定的气筒或气罐，因此你必须提前考虑到重复使用的问题。另外，你很难确定一个用过的气筒或气罐到底还剩下多少液化石油气，因此你往往需要多带一些气筒或气罐，换句话说，你需要考虑到燃料可能随时用尽的风险。在天气特别寒冷的情况下，气炉也可能会不太好用。

轻重量的单头气筒炉

气筒炉

气筒体积较小、较为轻便，可以直接或用软管连在单头炉上。气筒便于携带，但可能会很快用完，而且无法加气重复使用，成本比较高。尽管现在有些单头炉配备了容量1~1.5升、有锅盖和把手的锅，锅里也装得下所有东西，但是太小的炉子炉火不是很稳定，而且无法给太大的锅进行加热。

单头气筒炉

气罐炉

气罐炉使用的时间较长，可以加气后重复使用，但它们更重。你可以把它们接在炉子上或用软管连在炉子上。气罐炉可能是单头、双头或三头的，也可能是炉子加烤架。有些气罐在用完前是无法拿下的，携带这种气罐炉可能会较为麻烦。

双头气罐炉

安全检查： 气筒炉和气罐炉有爆炸的可能，你必须按照使用说明小心操作。

使用液体燃料的炉子

很多液体燃料炉可以使用多种燃料，如煤油、汽油、甲基化酒精等。这种炉子效率和稳定性极高，而且十分结实，但点火和加热时可能需要点时间。

以甲基化酒精为燃料的炉子物美价廉，最受欢迎。一般的店里会有不同大小的这种炉子，而且往往还附带两个平底锅、一个煎锅、一个炉头和挡风装置，有些还配备水壶。

液体燃料

液体燃料一般比气体燃料更便宜、更便于携带。液体燃料在寒冷的天气里同样燃烧旺盛，实用性极强，而且其容器可以重复使用。液体燃料的缺点是会把锅底熏黑。

安全检查： 不要在不通风的地方使用液体燃料炉，不然烟雾可能会造成致命危险。液体燃料比气体更容易挥发，因此不要让燃料洒出或渗出。

使用甲基化酒精的炉子

使用固体燃料的炉子

固体燃料是形态最简单的生火燃料，从木柴到Esbit品牌的四氮六甲圜片等都属于固体燃料。固体燃料只需要用金属火盆来盛放即可使用，锅则架在上面。

两侧较高的大型金属或铝制的火盆可用来盛放炉子，在火盆下面垫上木头和石头还可以保护下面的地面。但和火堆一样，需要一定的时间才能得到足够的热量。

只需要把金属容器的上面割开并在两侧割出通风口，你就可以打造一个最基本的、可以使用四氮六甲圜片的炉子。或者，你也可以去买现成的炉子。四氮六甲圜片很方便携带，也很容易点燃，但它们无法让火生得很旺，因此你只能用它来烧水。四氮六甲圜片不太好买，它含有的一些化学物质是会产生毒气的。因此，一般只在紧急情况下使用。

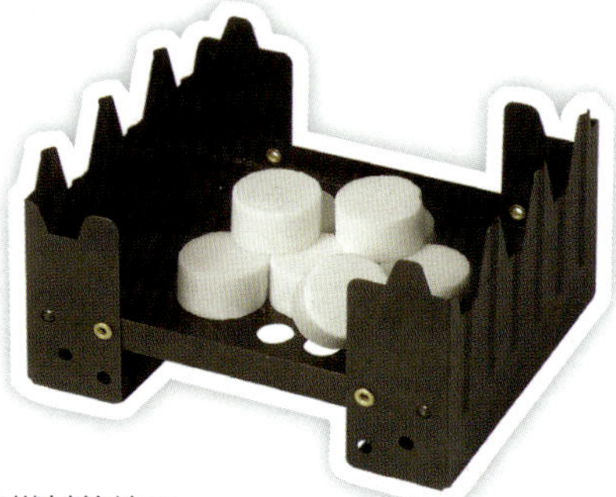

使用固体燃料的炉子

可使用多种燃料的燃烧器和容器

安全检查

- ✔ 确保炉子放在了平整稳定的表面上。
- ✔ 不要在帐篷内使用炉子。
- ✔ 不要让已经点燃的炉子无人看管。
- ✔ 不要在炉子还很热时更换燃料。
- ✔ 把所有的燃料放在阴凉处并让其远离食物、火和休息区域。

最佳窍门

- + 使用新火炉前先仔细阅读使用手册，试用几次。
- + 通过试用炉子来确保一切功能正常。
- + 携带备用燃料，以防做饭时出现燃料用完的情况，在野外走失时也可以应急。
- + 了解如何维护炉子，以及在哪里可以找到备用零件。
- + 旅行结束后，把炉子仔细清理干净再将其收好。

使用甲基化酒精的炉子一般采用铝一类重量很轻的材料，所有食物可以直接放在锅里烹饪。

携带的食物

选择美味和营养均衡的食物对于野外生活来说极其重要。

计划要携带的食物

为了确保你没有落下食材或厨具，你最好在出发前计划好要做什么饭。切记，除了食物之外，还需要大量的水供饮用、烹饪和清洁，因此你最好在出发前先确认水源信息。

根据在户外准备待的时间的长短，你需要计算自己需要多少食物。比如，如果你计划在野外过周末，那么你可以随身携带满足两天需求的食物。如果你计划在户外待很长时间，沿途又可以买到新鲜食物，那么你可以多带一些干制食品、调味食物和主食。罐头也是不错的选择，但它们一般较重。

早餐

早餐为你提供开始一天活动的能量。你只需要一个锅就可以做出一份由新鲜牛奶或奶粉、开水组成的热饮，你还可以放进去一些调味和补充能量的新鲜水果或干制水果，以及蜂蜜和坚果。如果时间并不宽裕，那么你可以吃点麦片、水果外加热饮。如果时间充裕，那么你可以煎蛋，也可以做加一点培根或者加蜂蜜的薄煎饼。

午餐

你多半是在行程中吃午餐，因此你需要准备便于携带、高热量的快餐。

全麦粉小面包或皮塔面包比三明治更好携带。要让面包中夹的食物尽量保持干燥，不然面包会变得潮湿。或者你可以不吃面包，直接吃一点芝士搭配胡萝卜、芹菜和红辣椒。

你的另一个选择是提前一天做好面条、米饭或蒸粗麦粉。在这些主食冷却后，把它们和洋葱、黄瓜、辣椒、罐头中的玉米或葡萄干、干西红柿、干制或新鲜的香料及橄榄油、柠檬或酱油拌在一起，然后放在一个密封的容器中。其他午餐时或在路上可以吃的高热量食物包括新鲜水果以及拌在一起的干制水果、坚果和巧克力。

晚餐

晚餐时应该是一天最美妙的时刻。你应该做一顿让自己满足但又不难做的晚餐。如果你烹饪水平不高，就不要妄想在一天长途跋涉、携带东西有限的情况下做一顿大餐。相反，你要选择一些便携、容易制作的食物，比如速食米饭或面条、汤料块。

你需要确保自己购买的食品是真正的食物，而不是一堆添加剂。如果你没有在野外烹饪的经验，那么你最好先在家里尝试几次。冷冻食品可能较为昂贵，但它们味道更佳。

另外，要保证食物中有意大利面、米饭、土豆等碳水化合物，鸡蛋、肉类、鱼类、豆类、豆腐等蛋白质，以及新鲜或干制的水果或蔬菜。下文我们为你准备了大量的食谱和烹饪方法。

食物清单

你可能需要携带的食物包括:

- ✓ 面粉
- ✓ 米饭
- ✓ 意大利面
- ✓ 小麦片
- ✓ 蒸粗麦粉
- ✓ 方便面
- ✓ 扁豆
- ✓ 麦片粥
- ✓ 盐和胡椒
- ✓ 浓缩固体汤料
- ✓ 葱粉
- ✓ 香料粉
- ✓ 辣椒粉
- ✓ 西红柿粉(浓缩)
- ✓ 糖或蜂蜜
- ✓ 奶粉
- ✓ 热巧克力或可可粉
- ✓ 速溶咖啡
- ✓ 茶叶袋
- ✓ 人造奶油——但人造奶油很快会腐坏,倒不如直接在面包上抹花生酱、果酱或蛋黄酱
- ✓ 植物或橄榄油
- ✓ 果酱
- ✓ 花生酱
- ✓ 蛋黄酱
- ✓ 酵母调味品
- ✓ 芥末
- ✓ 西红柿酱
- ✓ 磨碎或完整的芝士,或者还没有开封的芝士
- ✓ 小块的培根
- ✓ 一口袋香肠、西班牙腊肠或意大利腊肠
- ✓ 蛋粉或鸡蛋。鸡蛋一般在一两天内不会坏,你可以把它们放在面包或薯片筒里,然后在里面放上碎纸片以确保它们不会破损
- ✓ 干制的蘑菇、胡萝卜、韭菜和洋葱
- ✓ 汤粉、意大利面面粉、辣椒粉或咖喱粉,以及其他酱料
- ✓ 干制水果
- ✓ 坚果
- ✓ 各类种子
- ✓ 巧克力
- ✓ 麦片棒
- ✓ 罐头——如果你有携带罐头的空间,你可以考虑携带的罐头种类有西红柿、金枪鱼或三文鱼及甜豆

带多少食物

你需要提前想好一个人需要在户外进食的次数以及每顿都准备吃什么。这样一来，你就可以根据团队的人数计算出食材的数量。记住，比你估算的数量要多带一点，以防万一。

如果你觉得携带的东西太重，那么你应该在确保营养的前提下，减轻携带物品的重量，关于营养的详细信息请参见第一章。

如果你已经知道在路途中或野营地点可以买到新鲜食物，那么你可以不带那么多干制的食物或罐头。但你还是应该带一些麦片、面粉、谷物、调味剂、饮料等，不然你可能需要在路上买太多这类东西，而且无法把它们都带回家。

最佳窍门

+ 把干制的食物打开后，要把剩余的食物放在一个塑料袋里并封好。记得带上烹饪指南。
+ 准备酱汁时，尽可能买可挤压的塑料瓶而不是玻璃瓶，你也可以准备玻璃瓶，但是在使用的时候，最好将酱汁倒进小塑料瓶中。
+ 你可以根据自己的喜好把水果片、坚果、种子、巧克力葡萄干、干制椰片以及其他食物搅拌在一起。
+ 和新鲜面包相比，饼干和薄脆饼干不容易坏。
+ 你可以根据自己的爱好把喜欢的肉类放在同一个锅里——见前文。

食品安全

野营时，食品安全是个必须重视的问题。野外有很多细菌，土地和水源里都可能有农药、肥料以及动物留下的污染物。因此，你最好不要把食物或厨具直接放在地面上。

另外，每次触及食物之前最好都要洗手。

食物储藏

食物最好放在密封的塑料袋里或金属容器中，这样可以避免昆虫或动物闻到气味。尽可能让食物远离地面并处在阴凉中，而且不要让其靠近化学制品或燃料。在为食物换容器时或在装剩饭时，确保盛放食物的容器是干净的。更多关于野营相关的信息请见第五章。

生肉、乳制品、熟食等如果不能放在冰箱里的话很快就会坏掉——冷却箱不能替代冰箱。生肉和鱼类应该在购买后当天食用，大多数乳制品不但要放在阴凉处，而且应该尽快吃掉。

新鲜水果和植物（除了无核浆果之外）一般都能放一段时间，但在食用它们之前需要将其清洗干净。放在真空口袋或罐头里的食物能够坚持数月，前提是你没有破坏它们的包装，不然它们也会在一两天内坏掉。

大多数含大量醋或糖的酱汁和果酱能够存放很长时间，但放置它们的容器的盖子和接口处必须保持清洁，而且不能直接触碰土地。一般来说冰冻或干制的食物可存放的时间最长，但它们也必须放在密封的塑料袋中，而且，你需要用洗过的手处理它们。

饮用水

野营时你需要大量的水，你必须提前考虑如何获得它。

如果你野营地点的附近有干净的水源，那么你唯一需要考虑的就是如何把这些水带回营地。专卖店里有多种容器，有25升的容器，也有5升、10升的可折叠储水小袋。不管选择哪种容器，你都需要定时进行清理和消毒。不要从容器口直接喝水，除非容器只供你一人使用。

最好把你自己准备饮用的水放在单独一个容器中。专家建议成年人每天喝2~2.5升水。水很重，是远行的巨大负担，但你每天上路前至少应该携带1升的水，在路上一有机会就要往容器中补充水。

将水进行净化

如果你在偏远的地方,需要使用溪水、泉水、井水——甚至可能不知道水的具体来源,那么你需要在饮用这些水或用其刷牙、做饭前进行净化处理。

净化水最安全的方法就是将其烧开。让水至少沸腾5分钟,再让水冷却。这足以杀死水中大多数的细菌。用这些水做饭时,你要把食物放在水中再让水沸腾。

还有一种净化水的方法就是按照净水指南使用净化水片。这可能会让水略有化学物质的味道,但你可以通过加入其他调味品来掩盖。你的另一种选择是买一个便携式水过滤系统。

便携式水过滤系统可以通过滤器把污水过滤干净。

烹饪的卫生

- ✔ 用肥皂或除菌膏清洗双手后再触碰食物。确保刀、砧板等物品都是清洁的。在烹饪食物前先将它们洗净。把小勺、长柄勺和其他器具放在盘子上而不是地上。

- ✔ 餐后仔细清洗所有厨具。未清洗的厨具会吸引昆虫和动物，使用没洗干净的厨具也会让你腹痛。

清洗厨具

- ✔ 在用餐的同时烧开一锅水。用热水来洗碗，再用凉水把它们冲干净。有些人会建议在凉水中加入除菌片，冲完后再用热水将厨具冲洗一遍，但如果燃料有限，也可以用加入除菌片的凉水冲洗。

- ✔ 把所有洗过的厨具放在干净的布上或网袋里以便通风吹干。记得把所有烹饪和清洗后的水都收集在一起，餐后一并转移到远离水源和营地的地方进行处理。

- ✔ 把抹布晾干。抹布变脏后要用沸水煮洗——或只用一次性抹布。

更多关于厨具、剩下的食物以及水的信息请见第五章。

最佳窍门

- 如果你使用液体燃料炉或营火，你需要用洗涤灵或肥皂先清洗锅的外部，这样锅底即使熏黑了也可以很容易清洗掉。
- 用完厨具后立刻把它们泡在水中，这样上面的食物不会凝固，更容易清洗。
- 如果食物烧焦并黏在锅上，你可以在锅底放入盐和水，泡一两个小时。之后，把水烧开。这会让锅变得很容易清洗。
- 如果周围有很多蚂蚁，可把盛放食物的敞口容器放在盛有水的碗中。封闭容器的外层是干净的，蚂蚁就不会被吸引了。

户外烹饪

户外烹饪的关键是火源、尽可能少的厨具，以及耐心——特别是你在用木柴生火时。记住，在烹饪前你需要先把火生好。

使用火堆还是炉子:

火堆更适用于:

- ▶ **为很多人烹饪。**
- ▶ **在同一地方待超过两夜。**
- ▶ **你有很多时间。**
- ▶ **你获得了土地所有者的许可，并能收集到很多枯木。**

你需要烧出大量余烬，确保其在散发热量而不是只冒烟。

炉子更适用于:

- ▶ **人数不多的时候。**
- ▶ **你需要每天不断前进。**
- ▶ **你需要快速制作热饮或热餐。**
- ▶ **天气不好。**
- ▶ **被禁止生营火或没有木柴的地方。**

你必须确保炉子里有足够的燃料再点火，不然你需要等炉子冷却后再加燃料。

为烹饪做准备

烹饪的方法多种多样。即使你身处野外，你也有很多选择。在做出选择前，你需要确定自己要做什么食物——不同的食物和不同的烹饪方法对时间的要求各有不同。

之后，你需要选择自己所需的厨具。厨具越少，就越得想办法发挥它的最大用途——有时即使只有一个锅，你也可以完成所有的烹饪。开始烹饪前，确保自己已经准备好了所有所需物品，包括水和燃料。

开始烹饪前，清洗和准备好所有新鲜蔬菜和肉，并准备好其他干制的原材料。

用一个锅进行烹饪

这是最简单、也可能是最让人满意的烹饪方式。用一个锅烹饪时，按照正确的顺序添加食材十分重要。你可以用一个锅蒸煮或烘烤速冻食品、脱水肉或袋装食品。

安全检查

☑ 确保烤架或锅被稳定地架在火堆上，而且能够承担放在上面的其他厨具的重量。

☑ 金属厨具和容器在烹饪过程中会变得很热。你需要裹上毛巾或戴上手套后再拿它们。

煮熟食物

把水烧开，然后往里面加入蔬菜、米饭、意大利面或其他谷物，让水一直保持沸腾状态，直到食物被煮熟。这个过程可能需要5~30分钟。根茎类蔬菜要比其他蔬菜花费更长的时间，但如果你把它们切碎，需要的时间会短一些。你可以在水未开时就将它们放在锅里。绿色蔬菜很快就能煮熟，因此你最好在水烧开后再把它们加入锅中。煮食物的时间不要太长，更不要让水被烧干。

你可以在食物上添加提前准备好的酱料。在那之前，你需要把水倒掉，再把酱料放在食物上。

如果你要煮汤，你需要先加入根类蔬菜（土豆、洋葱、萝卜等）、汤料块，然后加热15分钟。之后，加入米饭、意大利面、扁豆、调味料、香料、蘑菇、绿色蔬菜或其他你喜欢的蔬菜，再加热15~30分钟。汤的好处是汤水里会包含食材里所含的所有营养。

炖煮

把肉切碎后，可以将其和新鲜蔬菜或干制蔬菜放在一起炖煮。水烧开后，将火调小，用小火蒸炖食物。确保火力足够大，且要保证锅里的水还在沸腾。在使用火堆加热时，你需要不断移动锅底使其受热更均匀，或将火烬聚拢到一处。

如果你要炖肉，最好先在里面放一点油拌好，再放洋葱，再加水。如果你加入的是凉水，那么要先把锅从火上移开让其降温，不然的话锅里会出现很多蒸汽，水星四溅。你也可以直接把肉放在凉水中，然后把水烧开。之后，你可以在锅里加一些汤料、香料或根茎类蔬菜（但不要加土豆），煮沸后把锅盖好，炖40分钟左右。最后，加入土豆、其他蔬菜、罐头里的甜豆、扁豆、米饭、意大利面等，再煮20分钟。

如果要加热新鲜水果，那么你不需要放太多水，只要水面漫过水果即可。干制水果需要浸泡后再烹饪，你需要按照包装上的步骤操作。

锅架

你可以用可调节的壶架来调整受热高度，进而调节水温。把木叉固定在地面上，在上面放一根较长的木棍，让木棍的一端处于火堆上方的位置。再用绳子将木棍的另一端和木叉系在一起，通过调节绳子的长度让挂在木棍一端的锅抬高或降低，或者通过移动木棍让锅从火堆上移开。

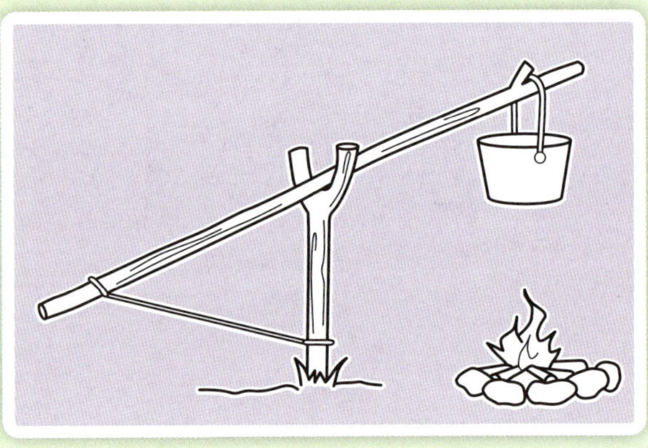

用锅煨肉

这种方法让你没有烤箱也能够煮熟大块的肉（里面最好没有骨头）。你需要找到一个体积较大并结实的锅，而且需要一个能紧紧扣上的盖子。一个铝制或铁制的荷兰锅是最好的选择（如果你能够带得了这么重的锅的话）。当然，其他类型的体积较大的锅也能够胜任这一任务。这种方法做出的肉很美味，但往往需要很长的时间。因此，除非你有大量的燃料，不然最好用火堆炖肉。根据肉大小的不同，所需时间在1小时到3小时之间不等。

在锅底加入一些油，当肉被煎得变色后，将肉拿出，然后把蔬菜（萝卜、洋葱、蕉青甘蓝、芜青等）放在锅底，加水，让水刚刚漫过蔬菜。

加入香料调味剂或大蒜，然后把肉放在蔬菜上。把水烧开，将火调小。确保盖子已经盖紧以便肉可以被蒸汽煨熟。

每30分钟检查一次锅，确保水没有烧干，在需要的时候向锅里加水。肉被煨熟后即可食用。

荷兰锅

荷兰锅是一种很传统的野外用锅。最早的荷兰锅有金属把手，以便挂在火堆上方，同时锅的下方还有支架，可以放在火堆里。锅盖的边缘略高，锅盖上可用来放煤。荷兰锅很结实，功能丰富，你可以用它来烧水、蒸煮、烧烤和油炸。荷兰锅的缺点是很重，因此很少有人会在徒步时带上它。平底的荷兰锅可以直接在结实的小煤气炉上使用。

油炸

用涂满油的平底锅煎鸡蛋、培根、香肠、蘑菇、面包是做出快餐的不错的选择。但是，野外用的便携平底锅很难受热均匀，特别是在使用单炉的时候。因此，你必须不断移动锅底，确保里面的食物被均匀加热。这在野外不那么容易，因为野外用的锅把都是可拆卸的，因此你必须用铁钳之类的东西将其夹住才能移动它。

平底锅或煎锅也可以在加入少量油后用来炒肉片、鱼肉或切碎的蔬菜。你可以把煮好的饭、面条等食材逐渐下到锅中。这是一种很便捷的烹饪方式。但如前所述，你需要确保所有食材被均匀地加热。

烧烤

你可以用细木棍或叉子在营火上烤肉或烤蔬菜，也可以使用金属烤架（放在火堆上，下面用金属支架、大石头或木头支撑）。你也可以在香肠、培根、鸡肉、蘑菇、青椒、洋葱上涂油，然后用细木棍将它们串起来烤。

你可以把几根香肠串到一根木棍上，然后架在两个叉子上，同时烤所有香肠。不过，最好用烤架来烤鱼，因为串起来的鱼可能会脱落。你也可以把鱼用余烬烧烤或裹在泥里烧烤（请见后文）。

如果你准备使用烤架，你需要事先在上面涂油，这样肉就不会沾在金属上。你应该经常翻动以便肉能够被烧烤均匀。香肠、汉堡等肥肉较多的肉会有油滴落，这会让火变得更旺盛，你应该确保肉不会因此而烧起来。

用铝箔烹饪

有些食物可以包在两层铝箔内，然后直接放上余烬上烹饪。你可以用这种方法来烹制香肠、汉堡、鱼、玉米、西红柿、蘑菇、土豆、苹果、橘子、香蕉等。你最好不要用这种方法烹饪太大块的肉，不然肉可能无法被均匀地加热。

根据食物种类的不同和余烬的热度，它们需要烹饪的时间也不同。土豆需要烹饪40分钟，香肠需要烹饪30分钟，水果需要烹饪15~20分钟。你可以在铝箔的内侧加一点橄榄油或黄油，这会加快烹饪的速度。在烹饪期间，用树枝或树杈翻铝箔包一两次。

你可以在铝箔里裹不同的食物。比如，你可以在汉堡和鱼上放一些洋葱或青椒，再加上一些香料。如果有生肉，你可以选择用这种方法烤熟它而不是直接烧烤。你可以把一个土豆的上部削掉，挖出里面的部分，放入一个鸡蛋，再把土豆合上，最后裹在铝箔里，让它立在余烬中。你还可以把苹果核挖出，往苹果里放干制水果、蜂蜜、糖或巧克力后烹饪。

记得先让火堆产生足够多的余烬后再烹饪。

用野外的厨具烹饪

用野外的厨具意味着不使用锅碗、厨具，甚至铝箔，而是完全依赖树枝、石头、树叶以及食物本身。

树叶和草

和使用铝箔的方法一样，你可以把一些食物裹在卷心菜叶等较大的叶子里。你还可以使用羽衣甘蓝或长叶生菜的叶子。你可以用去皮后的树枝将叶子绑起来。记得在使用叶子前先把它们洗干净。另外，土豆和洋葱可以直接烤着吃。

或者你可以把三四层叶子铺在余烬上，然后在10分钟后用树枝或树杈把上面的食物翻转过来，同时替换下面的叶子。不断重复这一过程，直到食物烤熟。

你可以在清理鱼后将其紧紧裹在叶子里，用草捆住，然后在上面涂一层泥，最后放在余烬上，并把一些余烬盖在鱼上。不同大小的鱼，会分别在30分钟到1小时之间变熟。

安全检查：不要把食物包在有毒的大黄叶子中。

对鱼进行清理

如果你从店里买了一整条鱼，那么店里多半已经替你处理过鱼（虽然鱼头可能还在）。如果是你自己捕到的鱼，那么你需要自己清理。

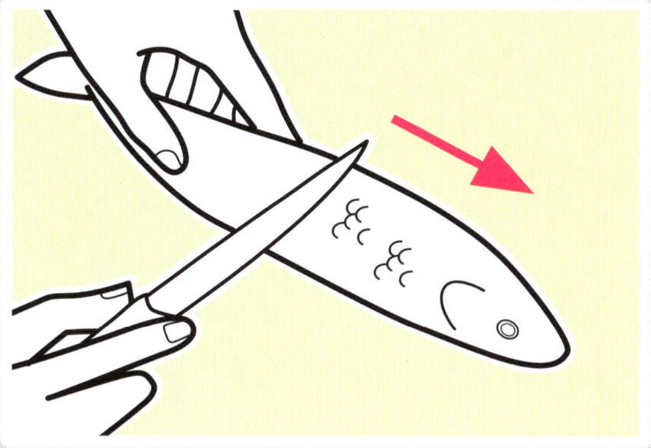

不一定要为鱼去鳞，但如果鱼鳞很大，那么你需要用刀把鱼鳞刮去。之后，顺着肛门到咽喉的方向划开鱼腹，拿出所有内脏。

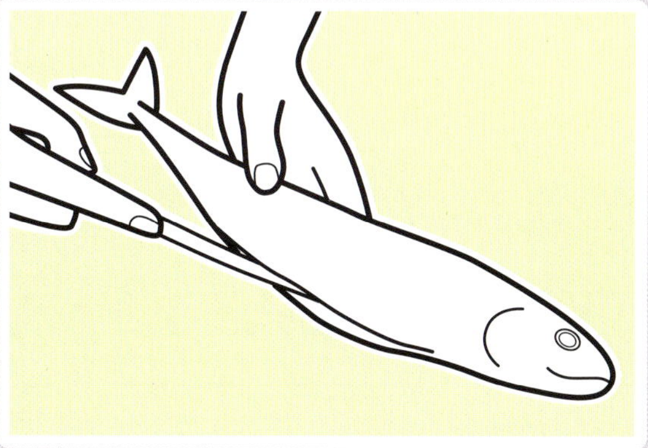

从鱼鳃向后一点的部位把鱼头割掉。

当然，你也可以选择留着鱼头。仔细清洗鱼身的内外部分。如果准备把鱼包在铝箔或叶子里，你可以把一些新鲜或晒干的香料、橘子、柠檬或洋葱放在鱼的内部以调味。

你可以用劈开的木棍或两根绑在一起的树枝夹住鱼来烧烤。

你可以用一根削尖的树枝穿过鱼鳃的位置将它们串起来。

树枝

一般情况下，树的嫩枝剥过皮后，把一头削尖就可以用作串肉杆，但你要确保树枝不被折断。先用刀在食物上戳个洞，这样树枝更容易穿进去。

你可以用柔韧的树枝打造一个烤架。把树枝上的皮削掉，然后把4根树枝绑在一起形成一个框架。之后，在框架上横放一排树枝，再竖放一排树枝。将树枝交叉压住彼此，再用绳子固定住树枝。把树枝和绳子在水里浸泡，这可以保证它们不会被点燃。

热石

把一块平整干净的石头直接放在火上。在石头的两侧用较小的石头或木块将其撑起。石头被烧热后就可以当作浅锅使用了。

如果你找不到尺寸合适并且平整的石头，那么你可以用一堆拳头大小的石头取而代之。将石头平铺在一起，然后在上面生火。在火熄灭后，扫去上面的灰烬。此时，石头已经足够热了，你可以直接把食物放在上面，或者在石头上再铺上一层树枝作为烤架。

制作野营面包

野营面包也叫“扭扭包”。用水和面粉制作生面团（你也可以根据自己的喜好往里加入鸡蛋或牛奶）。不断揉面团，在面团变得柔软后搓成香肠的形状。把面团绕在剥皮的树枝上，然后在火上烤，直到变成浅棕色。

最佳窍门

- 把双层的厚铝箔固定在木杈上可以当作三角形煎锅。
- 把橙子的上方削去，把橙肉吃掉，再把巧克力放到橙子里，然后把海绵蛋糕在橙子中装到半满。把削掉的部分盖回去，用小绿枝进行固定。把橙子放在余烬上，直到海绵蛋糕逐渐成形和膨胀。
- 把香肠穿在树枝上烤熟。再把生面团包在烤熟的香肠上继续烤——这样就做出了美味的香肠卷。

安全检查

- 不要使用紫杉树、冬青树、榆树、月桂树的树枝，这些树枝有毒。
- 不要把石板或较薄的石片放入火堆中，它们可能会爆炸。
- 举起装满沸水的大型容器时一定要小心。你可以用水壶或勺子将沸水从一个容器转移到另一个容器中。

第七章

绳结、捆扎和小工具

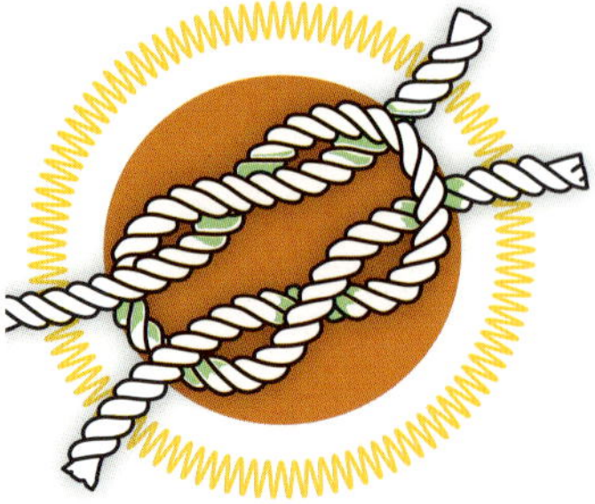

在很多场景中，绳子都会成为救命工具，特别是用绳子来制作工具时。

绳子和绳结

不论是修补背包还是从山壁滑下，使用正确的绳子和正确的绳结是十分重要的。

绳子的种类

基本上所有种类的绳子都是通过纤维交织在一起制成的，区别则在于绳子的结实程度、粗细和材质，有些绳子是用天然材料制作的，有些则是用人工材料制作的。

天然材料包括大麻、椰壳、马尼拉麻、黄麻、棉等植物纤维。和人工材料相比，它们更柔软、更具有弹性，也更容易折叠。尼龙、聚酯、聚乙烯等人工材料则更轻、更结实、更耐用，而且不会被鼠类和昆虫所破坏。

搓制的还是编织的

绝大多数绳子是用下面两种方法制成的：

搓制。绳子由3根纤维缠在一起制成。纤维可以是人工或天然的。这是一种传统的制绳方式。搓制的绳子更结实，即使一根纤维断了，另外两根纤维仍能“坚守岗位”。

编织。这种绳子一般是用人工材料制成的，由双数的线（通常是8根或12根）编织成一个圆形长管。管中央可能中空，也可能塞满了编织的线。

卷起绳子

搓制的绳子最好用一种特殊的方式卷起来（取决于它的材质），不然可能会对纤维造成不必要的压力。

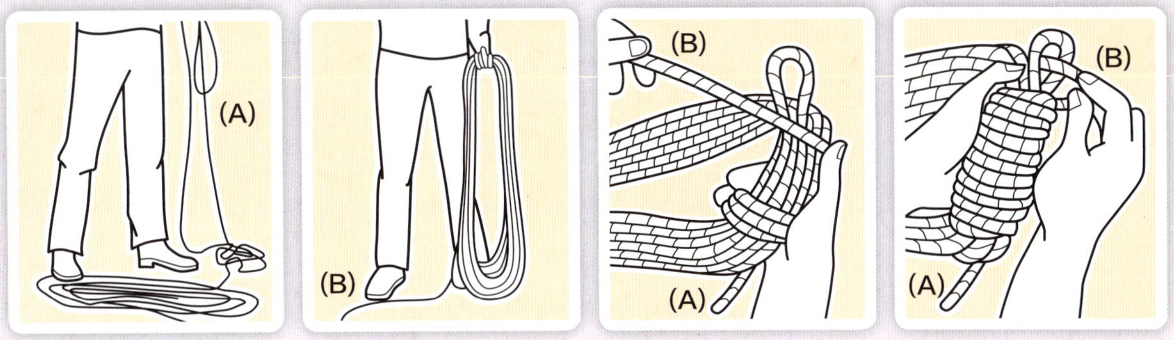

1 在卷绳子之前，先预留出一段绳子（A）。剩余的绳子可以盘在地上，也可以盘在手上。每次盘起的绳子的长度应该和前臂相仿。

2 抖一抖绳子以避免它们缠在一起。在绳子末段再留出一段绳子不要卷起（B），然后用手抓紧卷起的部分。

3 让（A）折成一个圈环，放在卷起的绳子上。用（B）把圆环缠绕几圈，固定好。确保圈环的顶端和（A）的末端都能够露出来。

4 把（B）的末段穿过圈环的末段，拉（A）的末段，将圈环中的（B）绳压住。将（A）（B）的两个末端打成缩帆结（见后文148页）。

保护绳子

绳子不可能一直没有磨损，但认真保护可以避免绳子在关键时刻破损或断裂。你需要：

把绳子储存在干燥阴凉处。湿绳子要先自然晾干，绳子两端要封口，避免磨损（见145页）。

- **尽量让绳子保持干净，不要踩绳子，否则，尘土和沙子会进入绳子中造成磨损。**
- **在不用绳子的时候将其卷起，这会避免绳子纠缠在一起，并让绳子更方便拿起和携带。**
- **经常查看绳子是否有磨损、纠缠或其他断裂破坏的痕迹。不要使用破损的绳子负载重量。**

把绳子卷成一束

1 把绳子对半折叠，握住中央，再次折叠。

2 根据绳子的粗细程度，不断折叠绳子，使绳子的长度在30厘米至60厘米之间，然后用反手结将绳子扎起来（见后文147页）。

修复绳子

绳子破损后，你可以将破损的部分割掉，继续使用剩余的部分。

注意，除非你确定剩余的部分是完好无损的，否则最好不要用它来承重。

绳子剪断后，需要把绳头封口，以防止绳子散开。塑料纤维材质的绳子可以灼烧，等绳头融化后进行封口。用天然纤维制作的绳子的绳头要进行打结或“捆绑”处理。

处理绳头

这种方法也叫“捆绑法”：

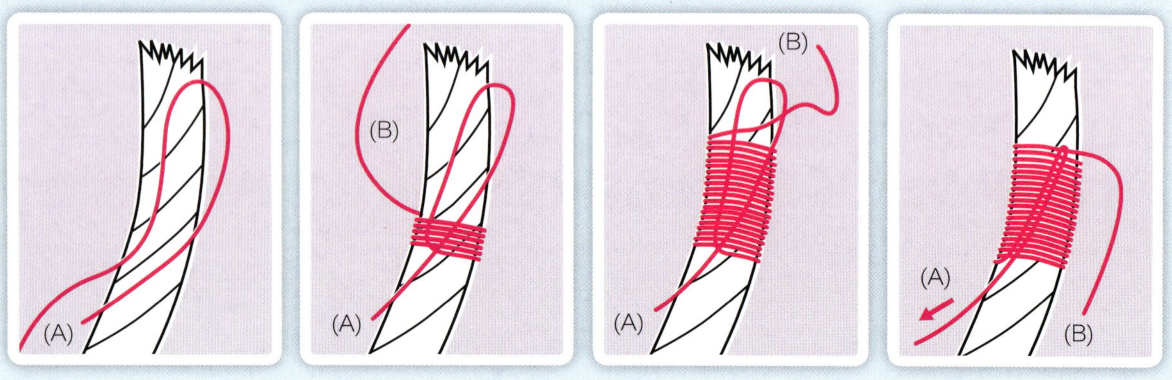

1 用比绳子细的线折一根圈环，将圈环放在绳子的一侧，让顶端与绳头平齐，另一侧（A）自然垂落。

2 把另一端（B）绕着绳子一圈圈捆住，直到绳头末段。在捆的同时，自然就把圈环也捆住了，捆的每一圈都要紧贴在一起。

3 在捆绑到绳头末端后，将（B）穿过圈环。

4 拉动（A）以收紧圈环，将（B）固定在圈环下。最后，将线的两端剪去。

制作绳子

你可以用灯心草、荨麻、柳树皮、较长的植物茎、长纤维的树叶甚至细长柔韧的植物根来制作绳子。制作绳子最简单的方法就是将这些原材料编织起来。动手前，先测试下这些原材料是否足够结实和柔韧。大部分植物类材料在新鲜时是最适合制作绳子的，而一些植物的茎部和叶子需要先在水中浸泡，再取出来击打，让纤维和其他柔软的部分脱离。在练习使用植物制作绳子前，确保自己已经从植物的所有者那里得到了收集植物的许可。

使用植物茎部制作绳子：

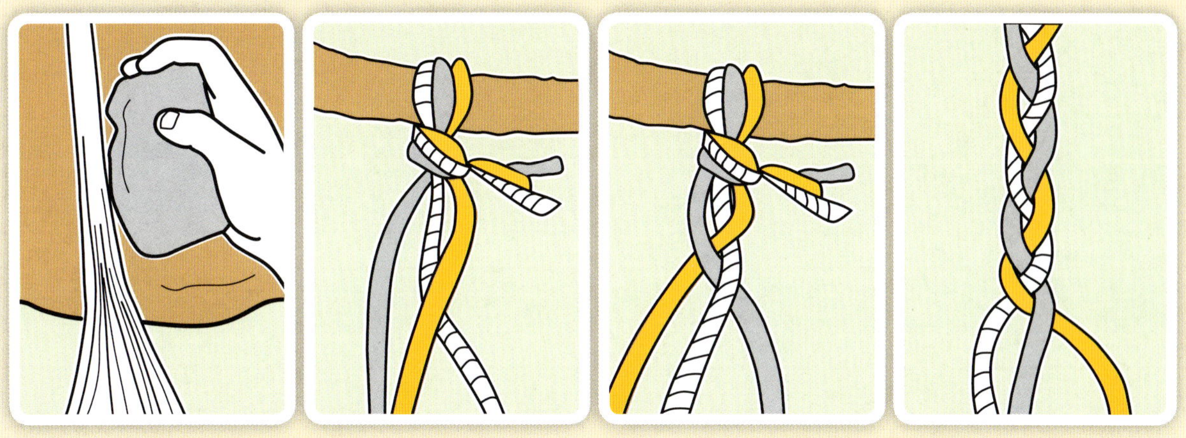

1 收集你能找到的最长的茎部，将其在水中泡一天。之后，用石头捶打，让纤维和其他柔软部分分离。取出细长的纤维并自然晾干。

2 收集一束纤维，将其系在树枝或钉子上。将纤维束分成3条粗细一致的线。让右手边的线压在中间的线上——现在右线变成了新的中心线。

3 将左手的线压在新的中心线上，左线又变成了新的中心线。然后把现在的右线再压在中心线上，以此不断重复。编织过程中要轻轻扭转每一条线，同时确保线与线之间没有缝隙而且分布平均。

4 当其中一条线接近末段时，把一条新线放在它上面，然后继续编织。不要同时在3条线的末段接新的线，否则绳子不结实。当绳子够长后，将绳子的末端打结封住并修剪。如果你希望绳子更加结实，你可以把3条绳子用上面的方法编织起来。

要想制作一根更结实的绳子，你可以按照上图所示先制作3根细绳，再把3根细绳结合起来制作一根粗绳。

基本的绳结

无论绳子是用于攀岩、帆船、捕鱼、编织还是简单的捆绑，都要根据不同的目的选择最合适的绳结。当然，你很难一下子学会所有的绳结类型，但学几种基本的绳结还是很有必要的。

接下来，我们将会介绍一些用途很多的绳结类型。你应该不断练习，打结、解开、再打结、再解开……直到熟练到可以在黑暗中快速打结。

有用的名词

在学习打结和绳子的使用方法时，你需要记住以下名词。

工作端：用来系结的一端。

固定端：没有打结的另一端。

绳间： 两端之间的任一部分。

绳环：绳子自折形成绳弯，并穿过绳间。

绳弯：绳子自折形成的绳弯，没有穿过绳间。

弯结：把两根绳子绑在一起的一种结。

套结：把绳子捆在杆子、木头或扶手上的方式。

反手结和绳环

这是一种基础的绳结，可用于临时给绳头封口，防止散开，也可用于在绳子上作“停止标记”。把绳子对折成双股，然后打一个反手结，可以做成一个快速防滑绳环。

A. 反手结

1

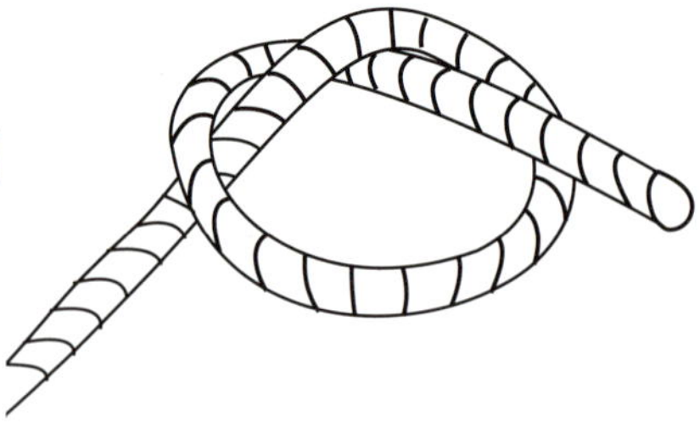

2

B. 反手环

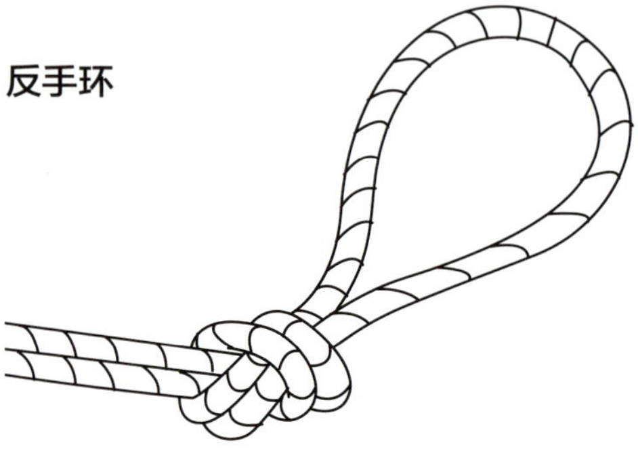

八字结

这是一种更为结实的绳结，它一般不会自己松开，用双股绳打八字结可以做出一个结实的绳环。

A. 简易八字结

如果操作正确，它看起来就很像数字“8”。

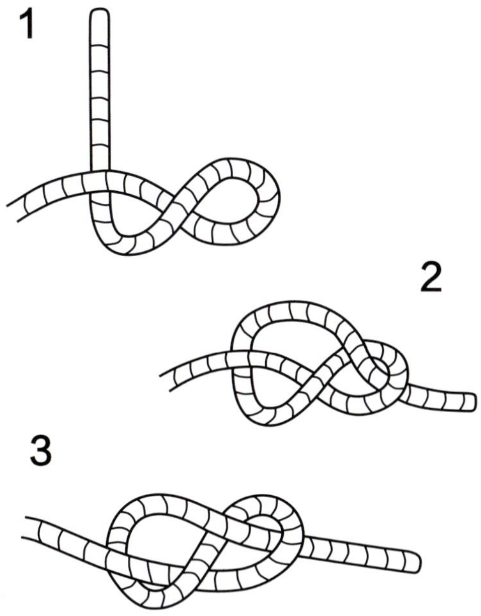

B. 八字绳环

+ **可以轻易解开，但不会自己松开。**
+ **可以用来把绳子固定在挂锁或钩子上。**

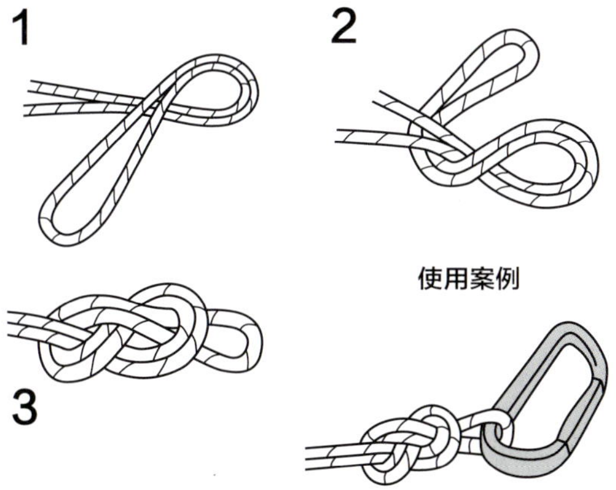

缩帆结

可以将粗细相当或原材料相近的两条绳子扎在一起的结。这种结比较平整，一般用于绷带包扎。

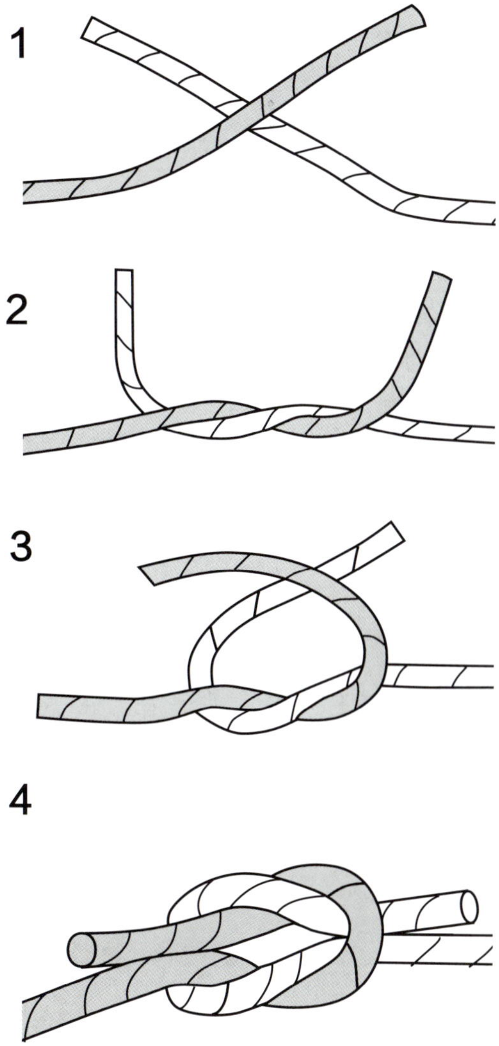

记住缩帆结的口诀是：“左压右，往下钻；右压左，往下钻。”当然，反过来做一遍也能够打出缩帆结。

渔人结

这是另一种很有用的交叉型结，主要用于把金属丝或鱼线等较细、较滑的线绑在一起。

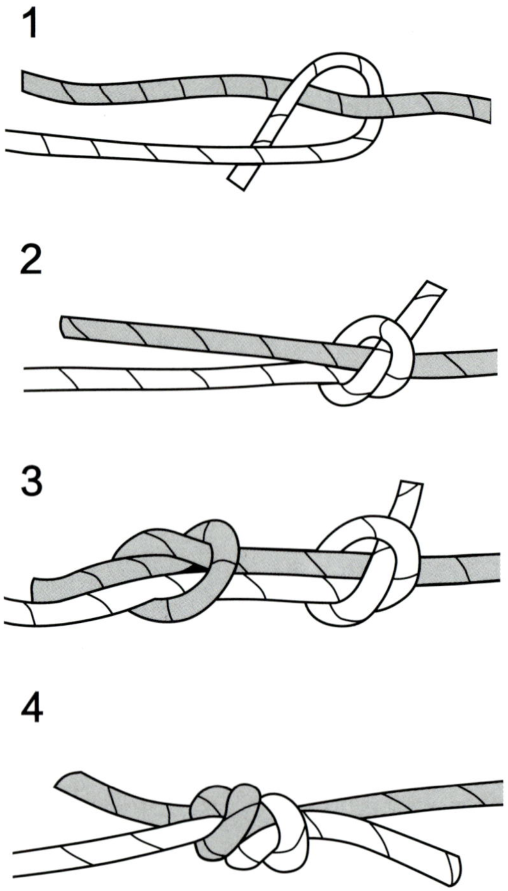

渔人结很难打开，也不适用于较粗的线或绳子。

接绳结

用于将相同或不同粗细的绳子绑在一起。握住绳环，拉另一条绳子就可以将结拉紧。

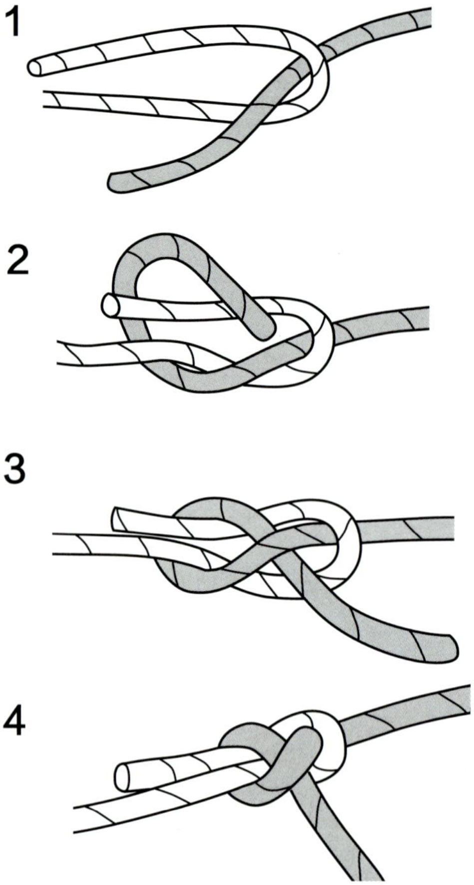

如果一条绳子比另一条绳子细或滑，你可能需要将绳子绕工作端两圈后再完成编结并收紧。这种结被称为双接绳结。

旋圆双半结

这种结可以把绳子绑在木桩、栏杆和树木上，在泊船时就能用到。正确的旋圆双半结即使被拉也不会松开。

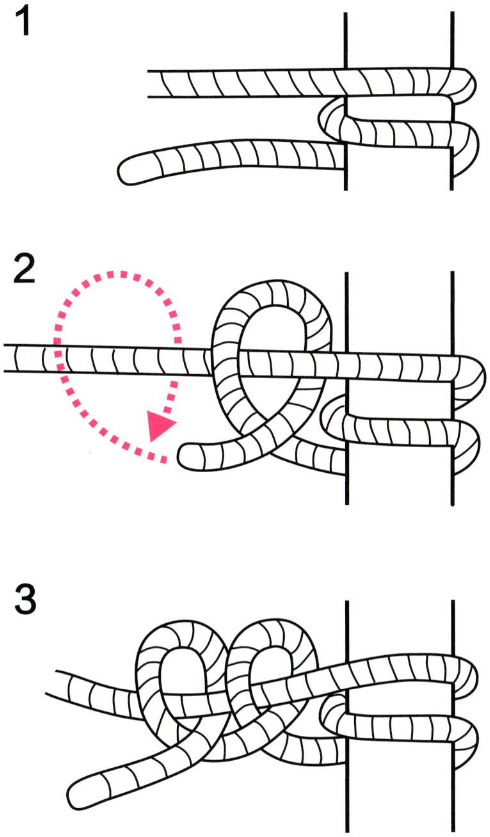

酒瓶结

这是另一种把绳子固定在杆子上的方法，但不如旋圆双半结结实。一般人们会在捆扎加固时编酒瓶结（见后文155~158页）。

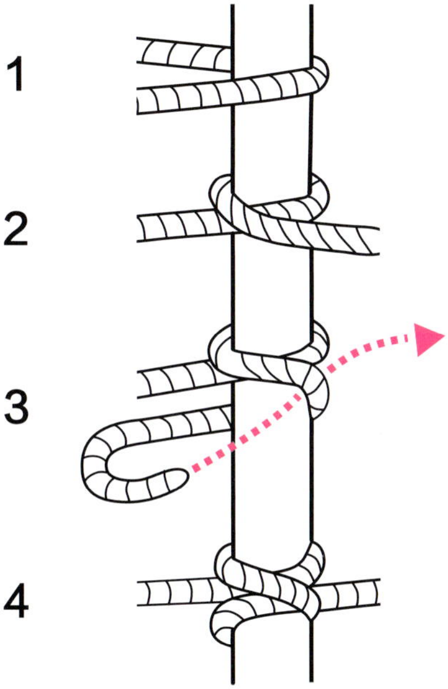

在熟悉编酒瓶结的方法后，你可以先制作两个“半成品”酒瓶结，然后一下子将其套在杆子上再收紧。这种方法可以省去不断缠绕的麻烦。

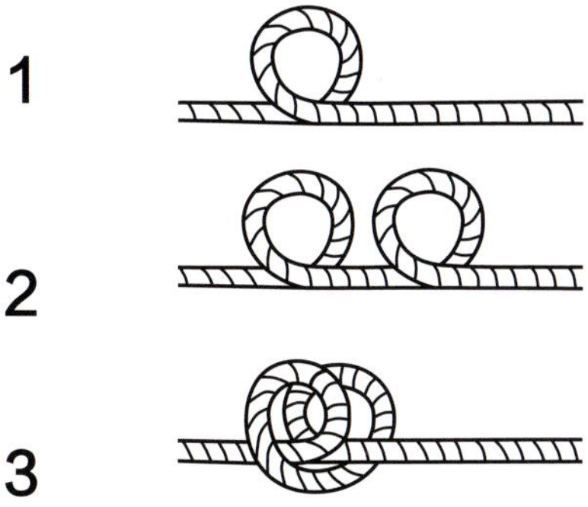

马贼结

这是一种能够快速松开的结。据传，马贼会用这种结系住自己的马，方便他们快速松开结逃离现场。

用力拉松开的一端即可解开结。

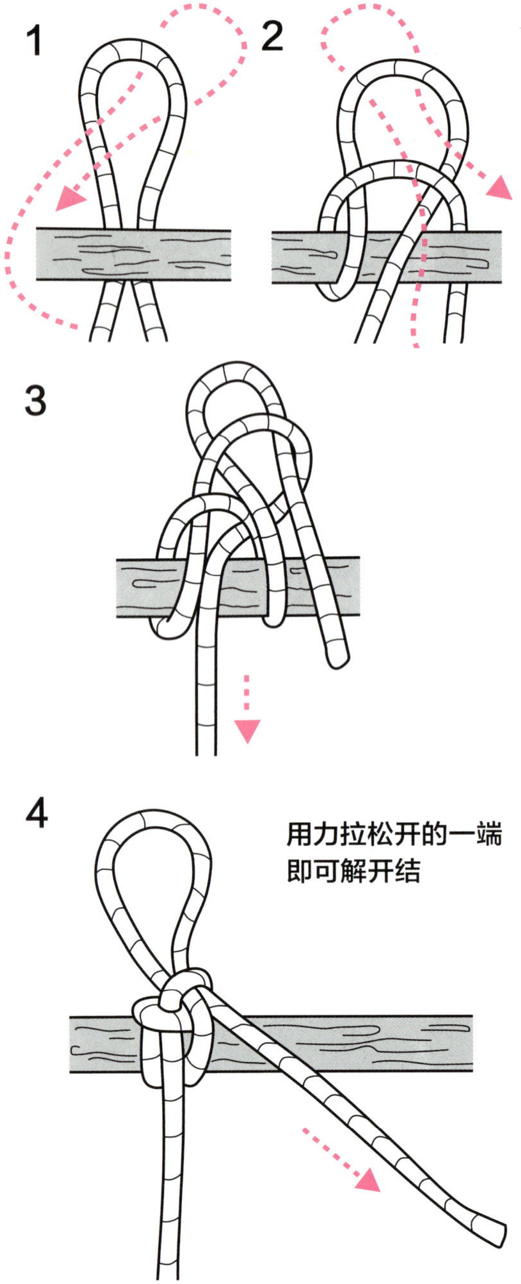

圆木结和锚结

圆木结可用来拖或者拉沉重的木材或其他东西。在绳子拉紧时结也会收紧，在绳子松开时结也会松开。在圆木结上加个半结就是锚结，能够牢牢地固定东西。

A. 圆木结

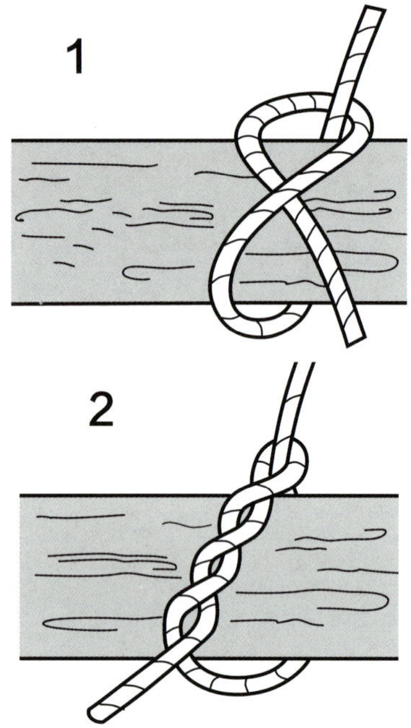

B. 圆木结加半结

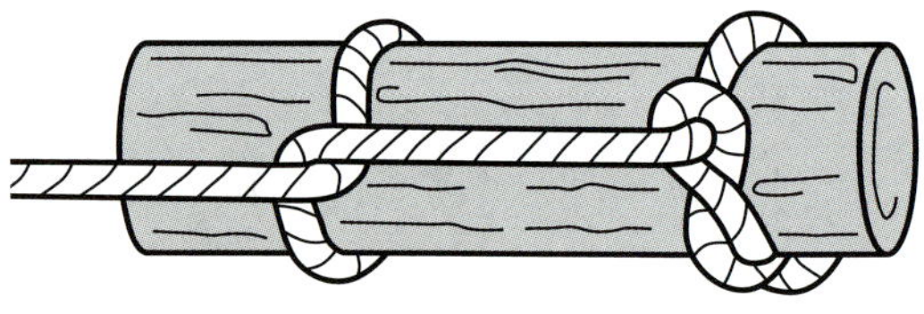

圆木结也可用于捆扎（见156页）

绳针结

绳针结可用于捆扎，或把绳子绑在杆子上。

1

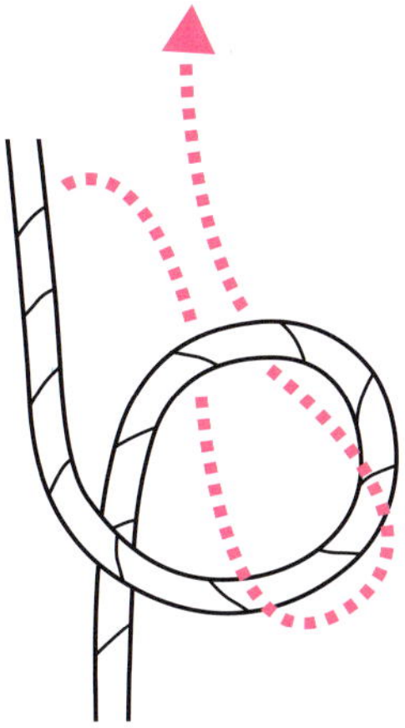

2

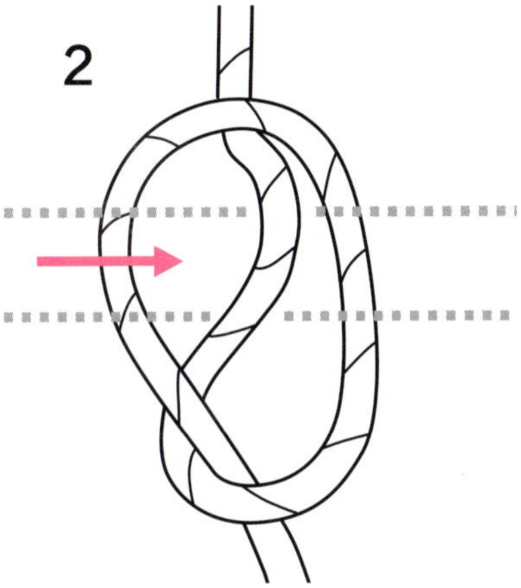

3

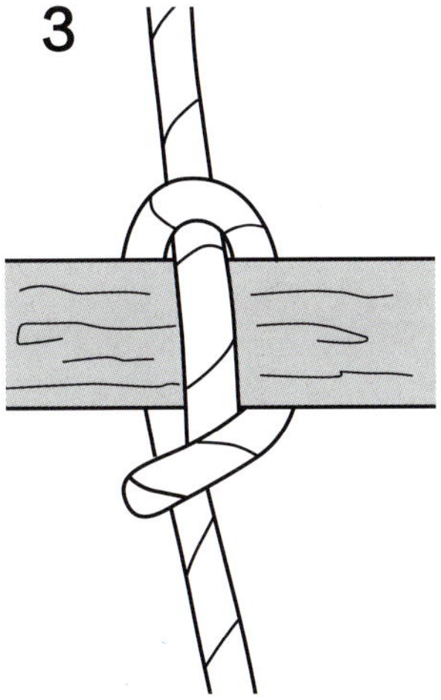

羊脚结

羊脚结用于收纳长的绳子，或将绳子断裂的地方固定住。

1

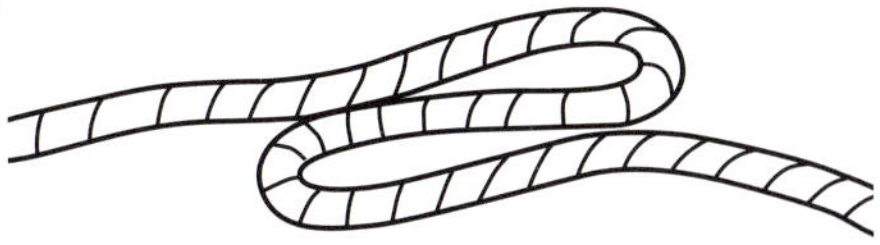

2

3

4

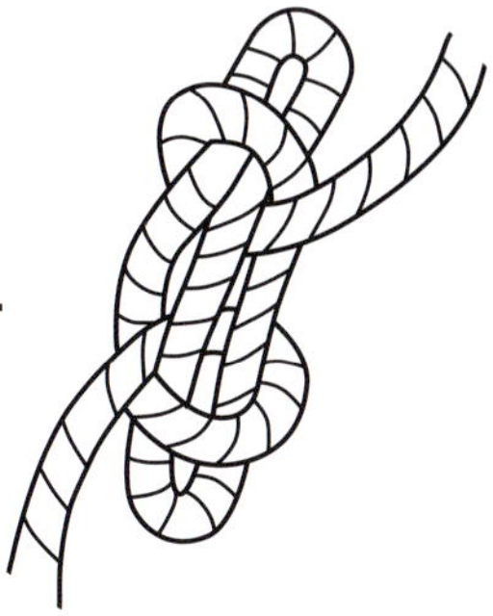

可以直接用绳子的中段而不是末端来打羊脚结。

单套结

这是一种不会松开也不会收紧的结，其制作简单。人们一般会在攀登时用到的安全绳上打单套结。

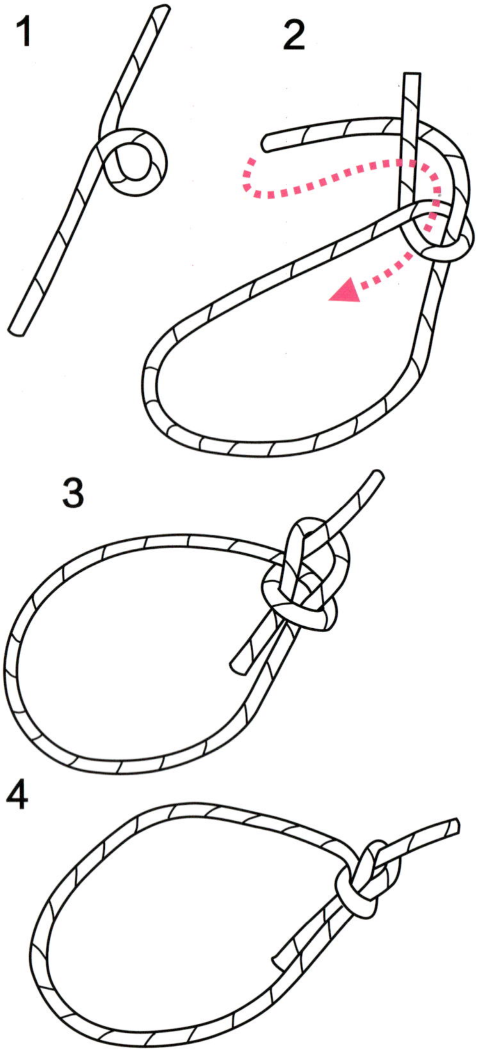

安全检查： 不要把松开的绳环套在脖子上或腰间，特别是当绳环会承载你的体重时，一旦收紧就可能造成致命伤害。

攀踏结

这是一种不会松开的结，可以直接用绳子中段来打这种结。

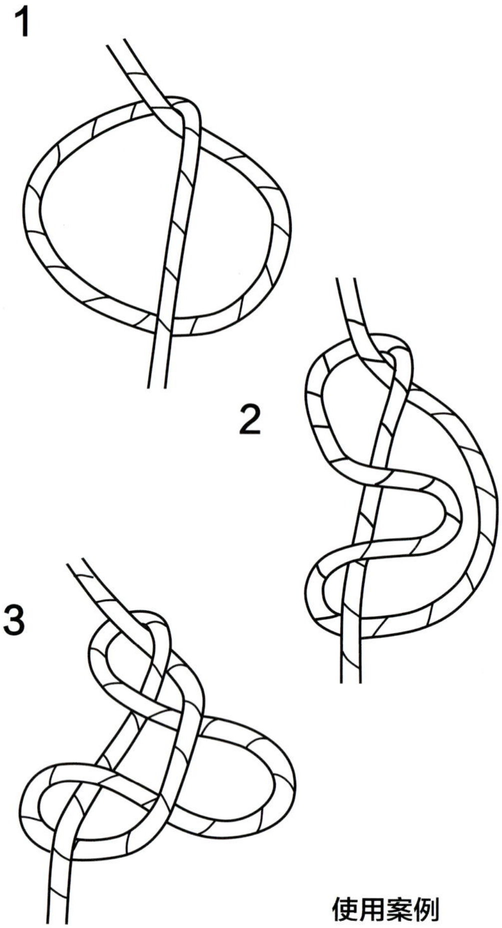

使用案例

确保绳环的形状正确和能够拉紧。使用前测试一下，确保绳环不会松开。

普鲁士结

这是一种将绳环和另一条绳子绑在一起的结。普鲁士结可以用于连接登山绳，或制作绳网（见后文159~160页）。

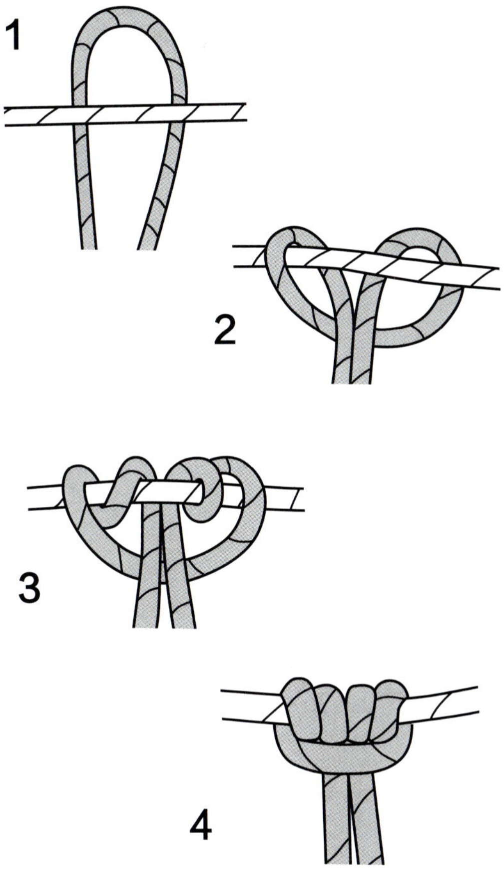

使用案例

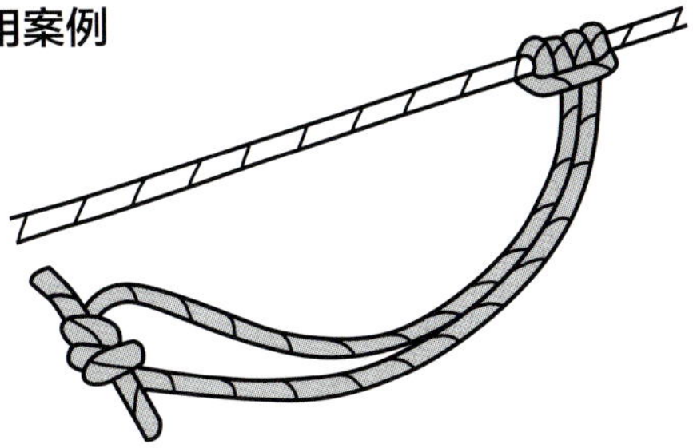

当绳环拉紧后，普鲁士结就不会松开。但拉力消失后，普鲁士结也会松开。

绳梯

攀踏结可用来制作绳梯。在一根绳子上打出数个距离平均的绳环，留出能伸入手掌或脚掌的足够空间。

如果你要使用两段绳子，或把一根绳子折叠，让两边分别都绑上绳环，你可以在绳环之间插入木头作为脚踏杆。确保木头足够结实，能够承载你的重量，并且其长度要比两个绳环之间的距离长，防止木头从绳环中脱落出来。

捆扎

绳子和绳结可以用来捆扎木棍、木头、树枝、杆子等，以制成各种不同的形状和结构，比如可以做帐篷、竹筏，也可以做各种营地小工具。

不同的捆扎方法

和绳结一样，不同的捆扎方法有不同的用途。大多数捆扎都是用最基本的结，主要是用圆木结和酒瓶结。

让捆扎坚固安全的窍门在于让绳子平整地紧紧连在一起。你可以用绳子、窄板、扫把或花园里的藤条等不断练习捆扎。

方回式捆扎法

这种捆扎法可以将两根交叉的木棍绑在一起，特别是在木棍相互垂直交叉时，达到的效果最好，比如做某种框架。

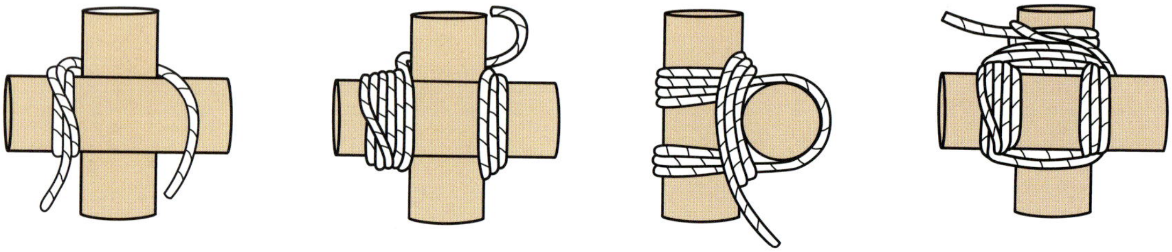

1 在一根木棍上打一个酒瓶结，让绳子从底下穿过交叉处，再从上面压过去，然后再从底下伸过，完成一个完整的圈。

2 将绳子反复缠绕在杆子上，并且每一圈都要收紧。

3 在绑了三四个圈后，改变缠绕方向，让绳子去缠绕木棍之间的绳子，让它们更紧更结实，这叫作“紧绳”。

4 在你开始缠绕的起点的对面，打一个酒瓶结。

对角线捆扎法

这种捆扎法可用于捆扎非十字垂直交叉或出于某种目的要绑在一起的两根木棍。

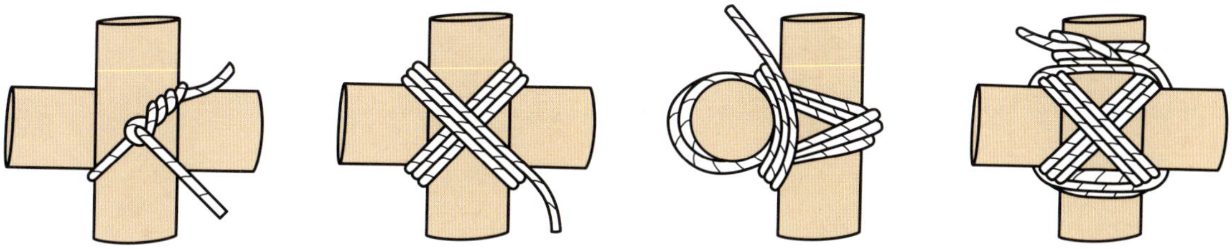

1 在两根木棍交叉处打一个圆木结，将它收紧，然后在结上绕着交叉处缠绕3圈。

2 改变缠绕的方向，再缠绕3圈。

3 将木棍间的绳子“紧绳”两三次。

4 在一根木棍上打一个酒瓶结。

接棍捆扎法

这种方法用于将两根杆子绑在一起以增加长度。为了让加长后的杆子更加坚固，你需要让两根杆子有四分之一到三分之一的部分是重叠的，而且重叠部分的两端都要捆扎好。

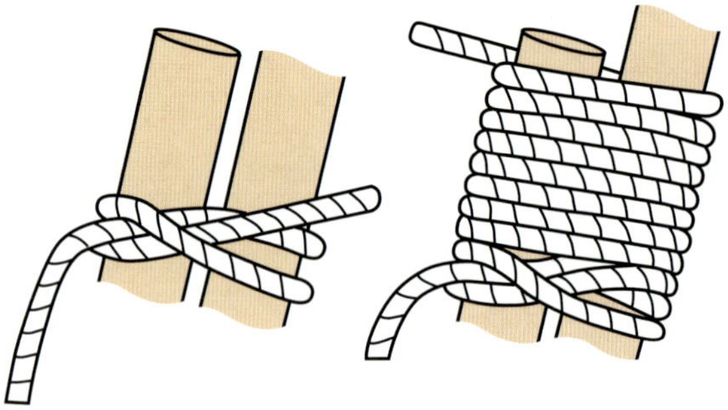

1 在杆子重叠处的一端打酒瓶结，然后在两根杆子上紧紧缠绕8~10圈（使其宽度达10~15厘米）。

2 打一个酒瓶结。

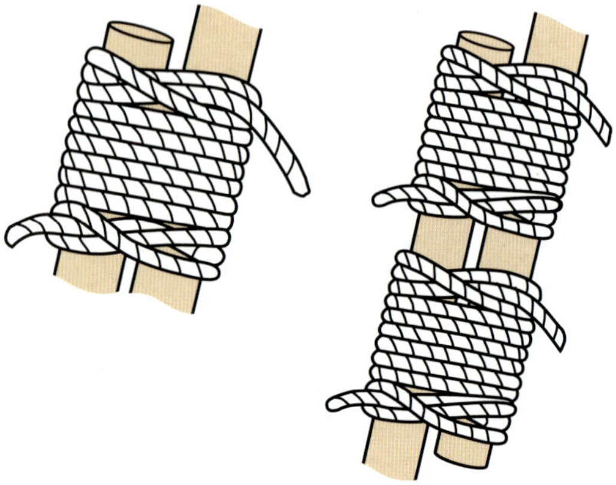

3 为了让捆扎更结实，把一根小楔子插到绳子里。

4 在棍子重叠部分的另一端再同样捆扎一次。

支架捆扎法

和接棍捆扎法类似，这种捆扎法可以把两根尺寸相似的杆子绑在一起，但不同的是，绑住的杆子的底部可以分开，形成一个A形结构，也因此只需捆扎一次就可以了。

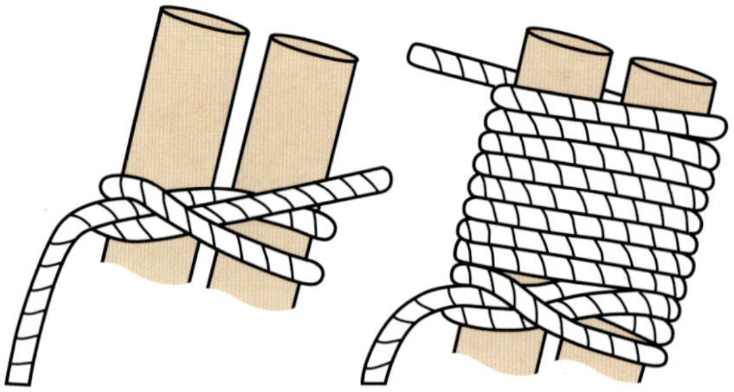

1 把两根杆子并排在一起，在其中一根杆子上打一个酒瓶结。在杆子之间插一根小楔子，避免它们紧紧贴在一起。

2 将绳子在两根杆子上绕8~10次。

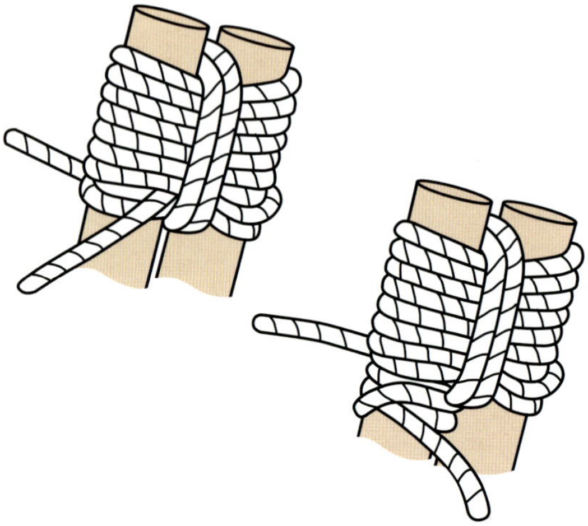

3 “紧绳”两次，让其捆扎得更紧。

4 在第一个酒瓶结的对面再打一个酒瓶结，然后把两根杆子的另一端分开。

八字或三脚架捆扎法

八字或三脚架捆扎法可以把3根杆子绑在一起形成三脚架结构。

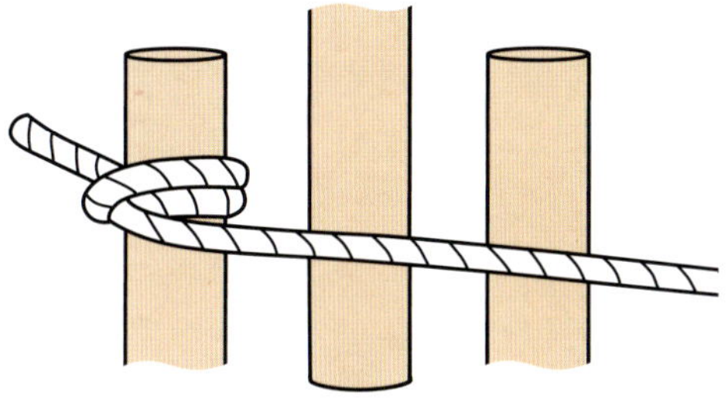

1 把3根杆子并排放在一起，中间杆子和两侧杆子伸向不同的方向。在两侧杆子中的一根上打一个酒瓶结。

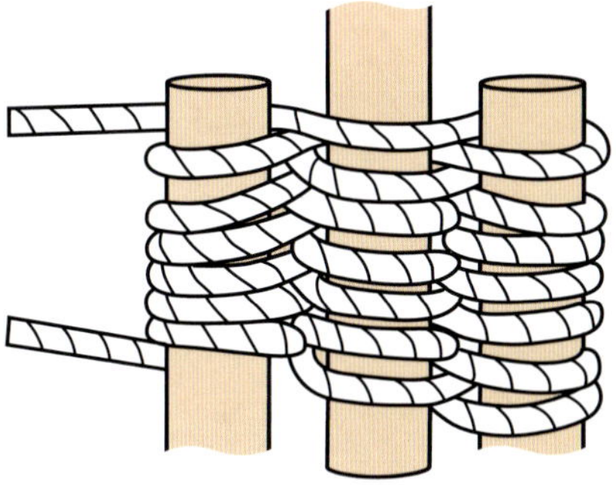

2 把绳子在3根杆子上缠绕六七圈（不要缠得太紧，不然等会儿你无法分开杆子）。

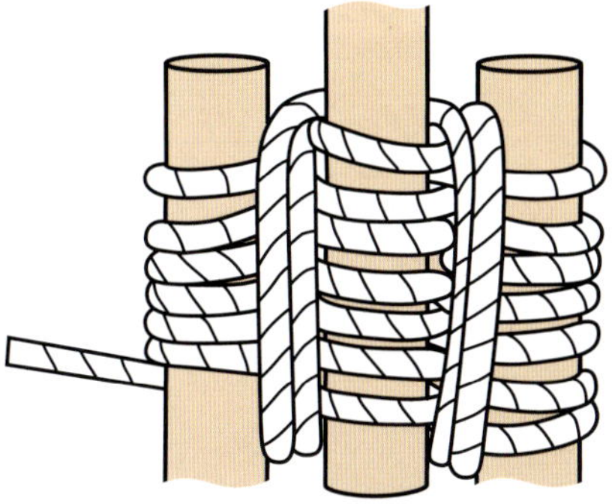

3 在中间杆子和两侧杆子之间，各“紧绳”两次。

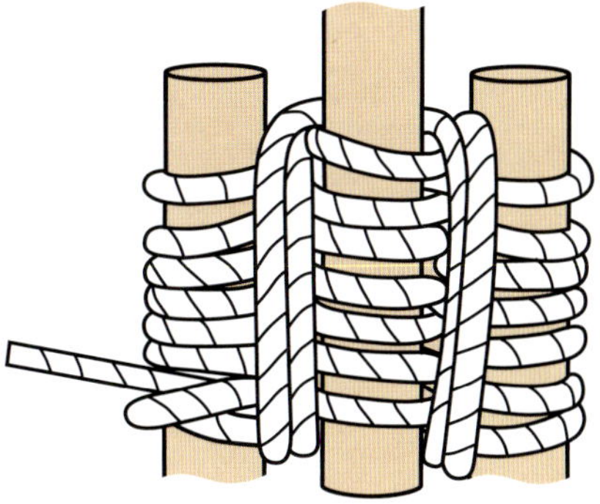

4 在第一个酒瓶结的反面再打一个酒瓶结。

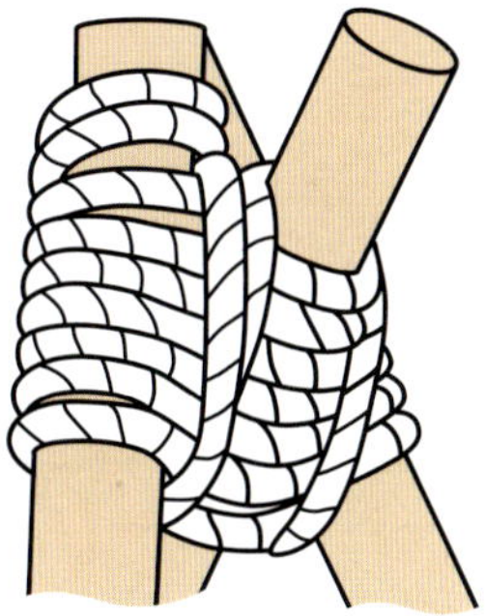

5 把中间的杆子转动180度。并展开两侧的杆子，形成三脚架。

方回结的使用案例

小工具和各种结构

熟练掌握绳结和捆扎的方法后，你可以利用自己的想象力和双手打造各种各样的结构。

下面是一些新手可以尝试的结构，分别用不同的原材料、不同粗细的绳子以及不同长短和粗细的杆子去试一下。如果你没有足够的空间或原材料来做一个全尺寸的结构，那么你可以用更小的材料做缩小版的，哪怕是用吸管也可以。

编网

网有很多用处，可以用来做口袋、挂袋、吊床，或用来捕鱼。制作网的基本方法有两种：绳结法和编织法。最简单的就是下面介绍的绳结法。

你需要准备：

- 一根粗绳子，用做网的边缘绳。
- 细绳子，用来做网面。
- 两根立柱或杆子，用于支撑网的边缘绳。
- 一个小木块，作为网梭。根据你想编的网眼的密度，网梭的长度应该为1~5厘米。

1 决定你要编多宽的网，然后根据这一宽度设置立柱的位置。将边缘绳绑在立柱上。

2 准备等长的细绳子。一般来说，网编好后的宽度会是一开始准备的绳子的三分之一。你具体所需的绳子长度还取决于你的边缘绳能容纳多少个网梭的长度。

3 把较细的绳子对折，把折点处用普鲁士结绑在边缘绳上。用网梭让绳结之间保持适当的距离。完成这一任务后，较细的绳子会成对地挂在边缘绳上。

4 从左边开始，但不要动最左边的那一对绳子的左侧的那根，它将成为网的一条边缘绳。将右侧的那根和第二个绳对左侧的那根用反手结编在一起。结的位置打在与边缘绳相距一个网梭的位置。

5 继续不断打这一行的绳结，把所有绳对的右侧绳与下一对绳的左侧绳打结，直到留下最右侧的绳对的右侧绳作为边绳。用网梭确保所有结之间的距离相当。

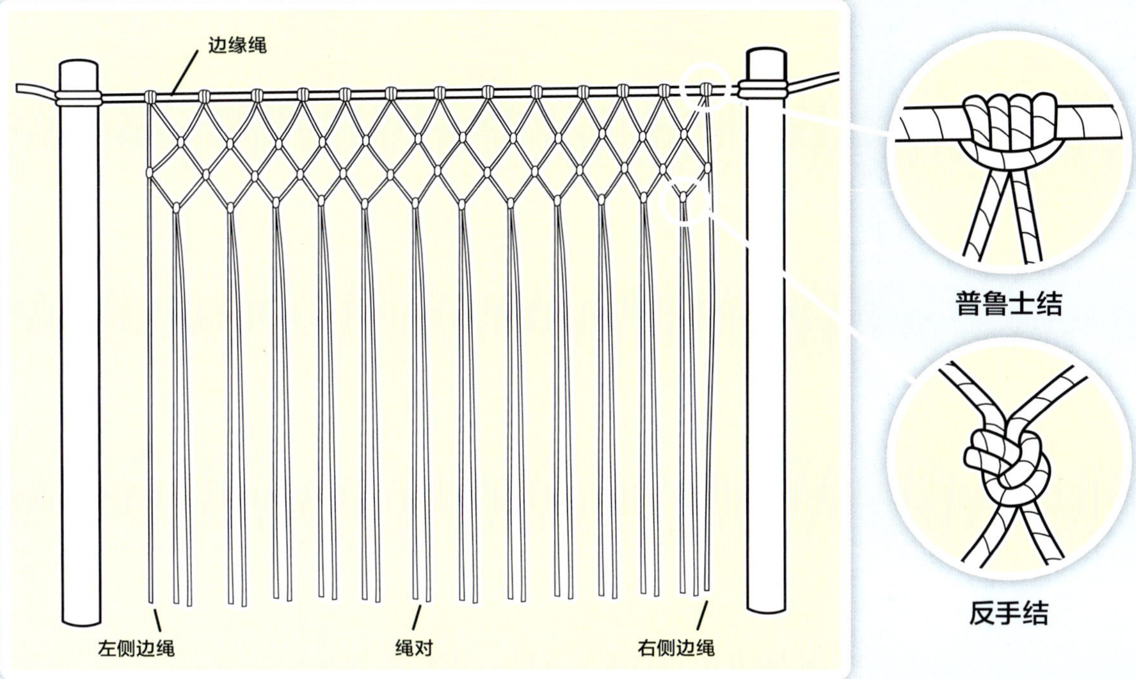

6 继续打第二行的绳结，但这一次是用绳对的左侧绳与下一绳对的右侧绳打结，从而形成菱形图案。一直打结到最后，把左右的边绳也打上结。

7 继续在下方不断反复打一行行的结，一直打到所有绳子的底端。

8 把第二根边缘绳绑在两根立柱之间，然后将所有绳对的末端在这根边缘绳上绕两个绳圈，然后分开绳对，用“紧绳”的方式把绳圈在边缘绳上固定好。

9 把边缘绳从立柱上拆下，然后在网的四角上打结以防止网脱落。绳子的末段不需要修剪掉，这样会方便你把网绑在其他的东西上。

制作吊床

将两根杆子分开，距离约2米，给吊床留出足够的空间。制作一张约1米宽的网。要用结实的绳子编网，边缘绳也要足够粗、足够结实。边缘绳末段要留出足够的长度，用来悬挂吊床。杆子放在网的两侧，让网保持撑开状态。在杆子底端挖出深槽以便于固定住边缘绳。

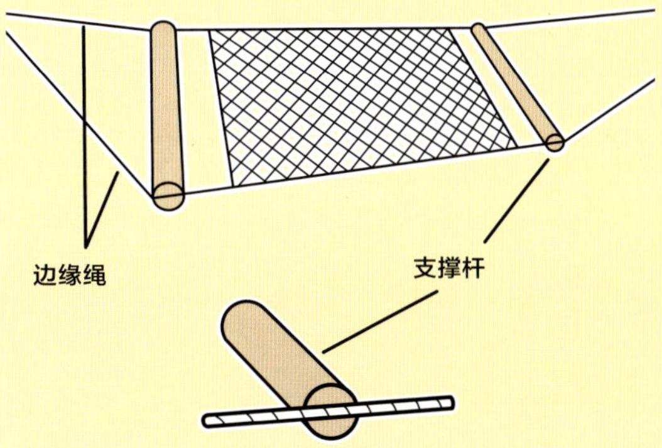

野营的小工具

野营小工具能够让你的户外生活变得便利，比如把两根木棍捆扎成十字交叉状插入地中可以晾衣服，或者做一张用于晚餐的桌子和椅子。

工具的设计各有不同，你需要把不同的结用在不同的原材料上，然后通过不断地学习和积累经验来打造出不同的工具。接下来，我们将介绍几种基本的小工具。

三脚架和吊钩

三脚架有很多用途，最常见的用途就是在火堆上方悬挂锅子。通过一个可调节式挂钩，你可以将锅升起或下降，从而调整烹饪食物时的温度。

安全检查：在拿发烫的锅把手时，一定要保护好双手。

1 用八字或三脚架捆扎法制作一个三脚架。

2 找一根结实的有枝丫的树枝来打造可调节式吊钩。削掉树皮，确保树枝没有腐烂的部分。将枝丫削减到约10厘米的长度，然后捆扎到在三脚架上。在生火和悬挂盛满食物的吊锅之前，先测试吊钩是否结实。

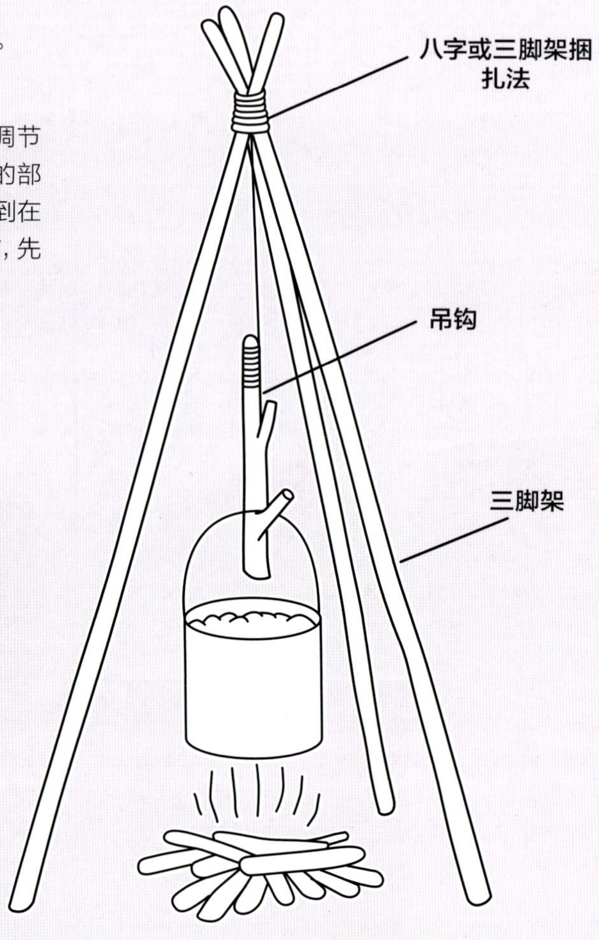

最佳窍门

如果你找不到合适的树枝，可以找几根有枝丫的不同长度的树枝替代。在三脚架上挂一个绳环，把几个吊钩都挂上去，通过把锅子悬挂在不同高度的吊钩来调解温度。

盆架

还是用制作三脚架的方法，但捆扎点在三根木棍靠中间的部位，这样，很容易就能做出一个放洗脸盆的支架。

在盆的四周捆一圈绳子，八字捆扎，将三脚架的下端固定在小木桩上。

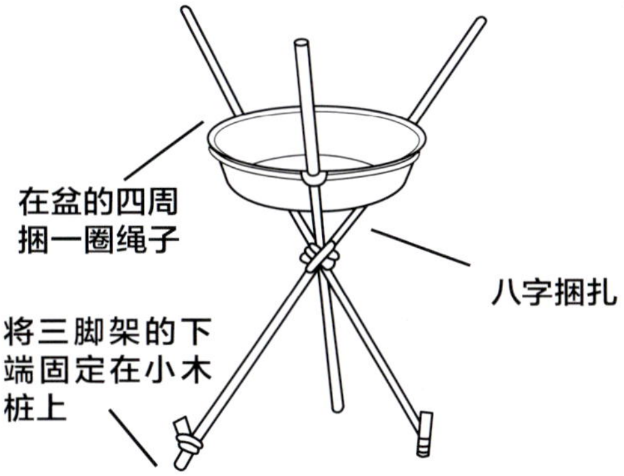

1 把三根木棍的中段捆扎在一起。

2 在盆的四周捆一圈绳子，将其固定到盆上。

3 为了增加稳定性，将三脚架的底端固定在插入地里的小木桩上。

木座

把一根结实的木棍放在一对较矮的十字交叉状木棍上，就做成了木座。

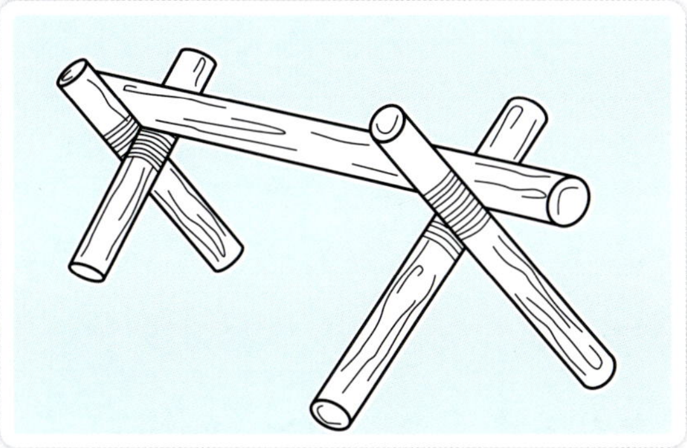

你可以用支架捆扎法将两个较短的木头绑在一起。

木墙和屏障

树枝或木棍做成的墙和篱笆，可以用于做帐篷、防风或保护隐私（比如厕所或洗浴），也可以放在火堆后，以便把热量反射回来，增加温度。

1 将四根木棍插在地面作为立柱，中间留出一根木棍的缝隙。在缝隙里堆上木头，然后把立柱顶端绑紧。

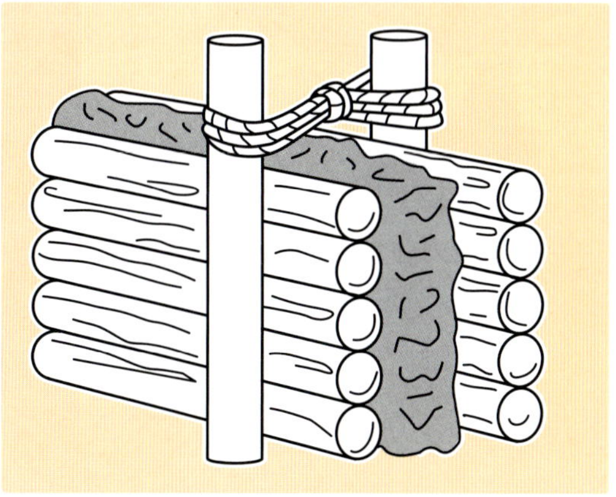

2 如果想让反射墙更为结实或想做一个平台的坚固底座，可以在立柱间堆两排木头，然后在木头中间填土。

野营桌

简易野营桌可以做成不同的尺寸和高度。你需要的原材料包括：

- **九根相同长度的木棍；**
- **两根短木棍，用于加固两边的边架；**
- **一堆木棍或木板，用于做桌面。**

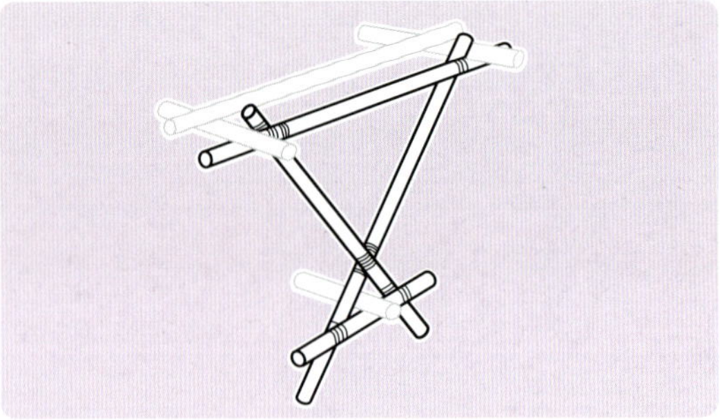

1 将六根相同长度的木棍做两个高度和宽度相同的边架，用短木棍在下方将其加固。

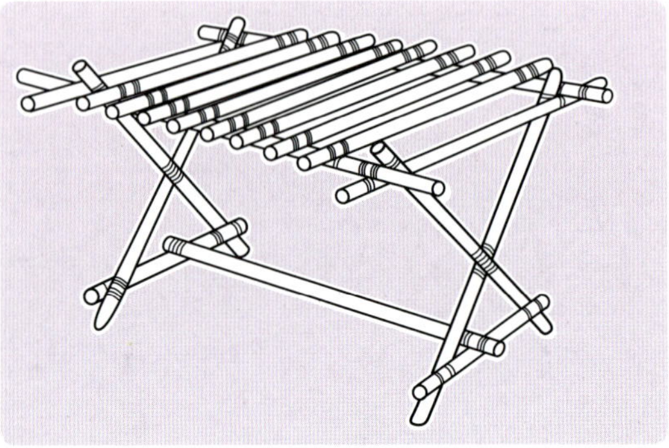

2 在边架上方捆扎两根平行的木棍，边架下方的两根短木棍上捆扎一根木棍。如想让桌子更为坚固，可以按对角线的角度，在下方长木棍和上方长木棍之间增加捆扎。将木板或木棍固定在上方平行的木棍上形成桌面，根据需要，木棍或木板可排列得紧密或稀疏。

木橇

木橇可用于搬运木柴、野营装备等较为沉重的东西，也可以用来运输伤者。拉木橇较窄的一端使其前进，较宽的一端在地面拖行。木橇适合在较为光滑的地面上使用，比如说草地。

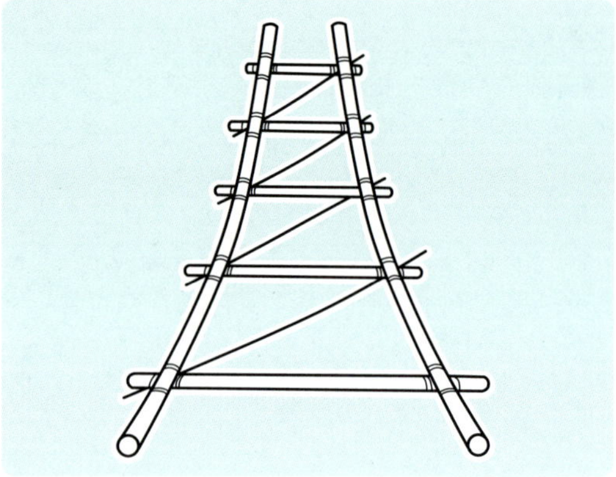

1 你需要两根约2米长、坚固而不枯干僵硬的长木棍，将上面的树枝削去，让其尽量变得光滑。

2 在两根木棍之间捆扎一些短木棍，要确保较短木棍比长木棍之间的距离略长一点。

3 如想让木橇变得更坚固，可在对角线加绑绳子。

4 木橇较窄的一侧要留有空间，这样可以一手抓住一根木棍来拉动木橇。

5 在木橇窄端加绑一根较短的木棍，并在上面系上肩带，就可以用肩膀拉动木橇（见图A）。如果你不需要走太远，那么把窄端收紧，做一个拉手（见图B）。

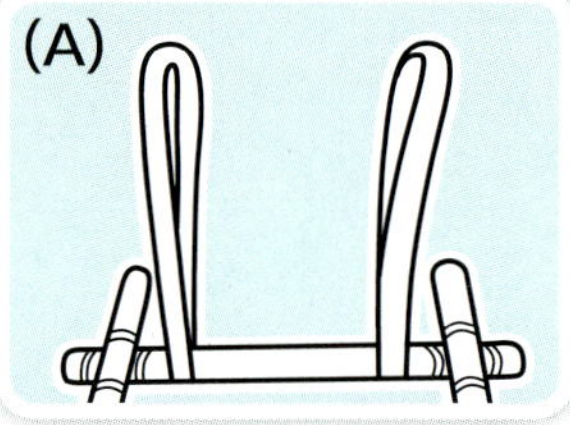

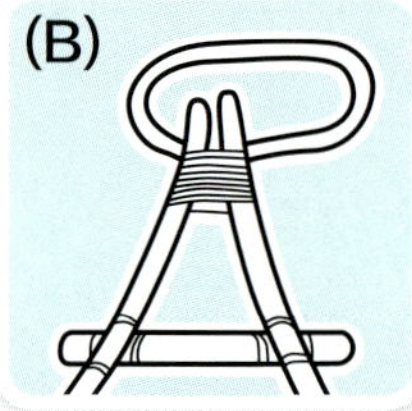

打造支架

打造较为复杂的结构通常叫作“先锋活动”。比如，用绳子、杆子、滑轮来构建瞭望塔、树屋甚至长桥。

基本形状

大多数的结构都是用一些基本的结构联合在一起制成的（见下图）。在你决定了使用什么形状的支架以及需要多少支架后，你就可以用绳子和杆子把不同的支架联合在一起。一般来说，多打造几个体积较小的支架，然后把它们连在一起，要比直接打造体积较大的支架更好。支架的体积越大，其重量就越大，移动它们也就变得越困难。

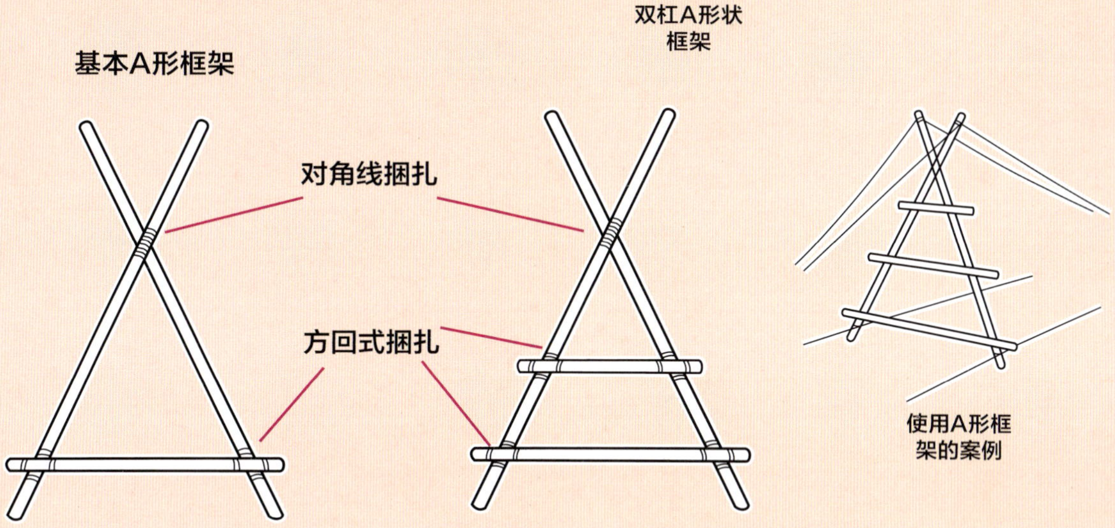

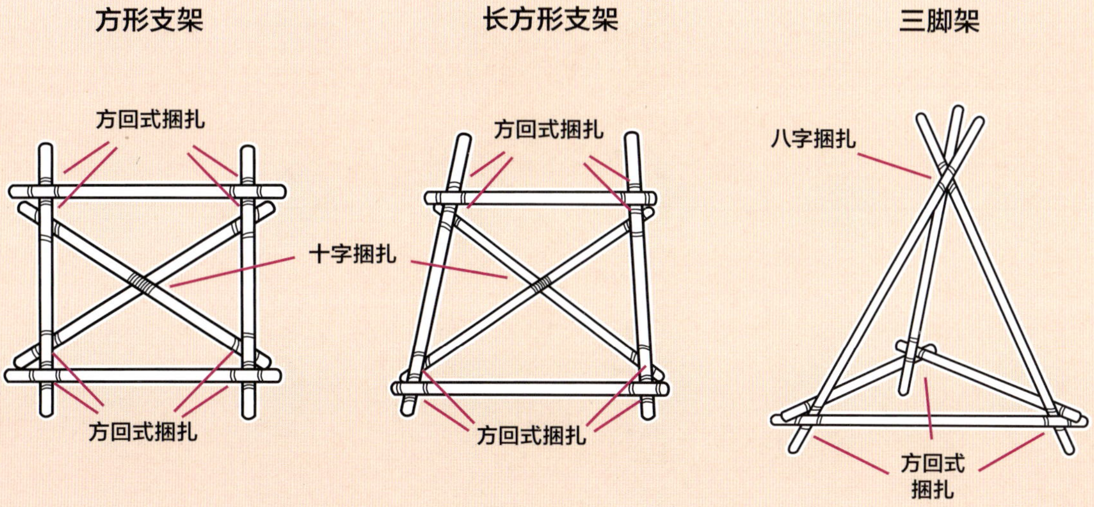

瞭望塔

你需要：
- 四根3.6~5米的杆子（用作柱子）；
- 八根2.5米的杆子（底部加固的栏杆）；
- 六根2米的杆子（顶部加固的栏杆）；
- 大约二十四根2米的空心杆（用作平台底部和栏杆）；
- 四根1.5米的空心杆（用于支撑平台）；
- 捆扎用的绳子；
- 绳梯；
- 尖木桩或钉木桩。

你还可以准备（可选择）：
- 三根3.5米的杆子（三脚架）；
- 三根约20米长的绳子以便将瞭望塔拉起；
- 一个皮带轮。

1 用两根最长的杆子做立柱，上方捆扎一根2米的杆子，下方捆扎一根2.5米的杆子，用这种方式做出2个框架，在它侧面捆扎一根2.5米的杆子用于固定结构。

2 把两个框架侧着立起来，分别在上端捆扎两根2米的杆子，下端捆扎两根2.5米的杆子。注意，上端新捆扎的杆子放在之前的杆子之上，它们会为平台提供支撑。在新形成的框架侧面再加入两根2.5米的杆子进行固定。

3 把剩下的2米的杆子固定在平台上，加固平台的结构。

4 将四根2米的空心杆留出，将剩下的空心杆绑在瞭望塔顶部，形成平台。

5 将四根1.5米的空心杆竖着绑在平台上，然后将四根2米的空心杆横着绑在它们上面形成扶栏。在必要的情况下你可以多用绳子将杆子和空心杆固定。

6 选择平台的一边，将绳梯绑在上面。

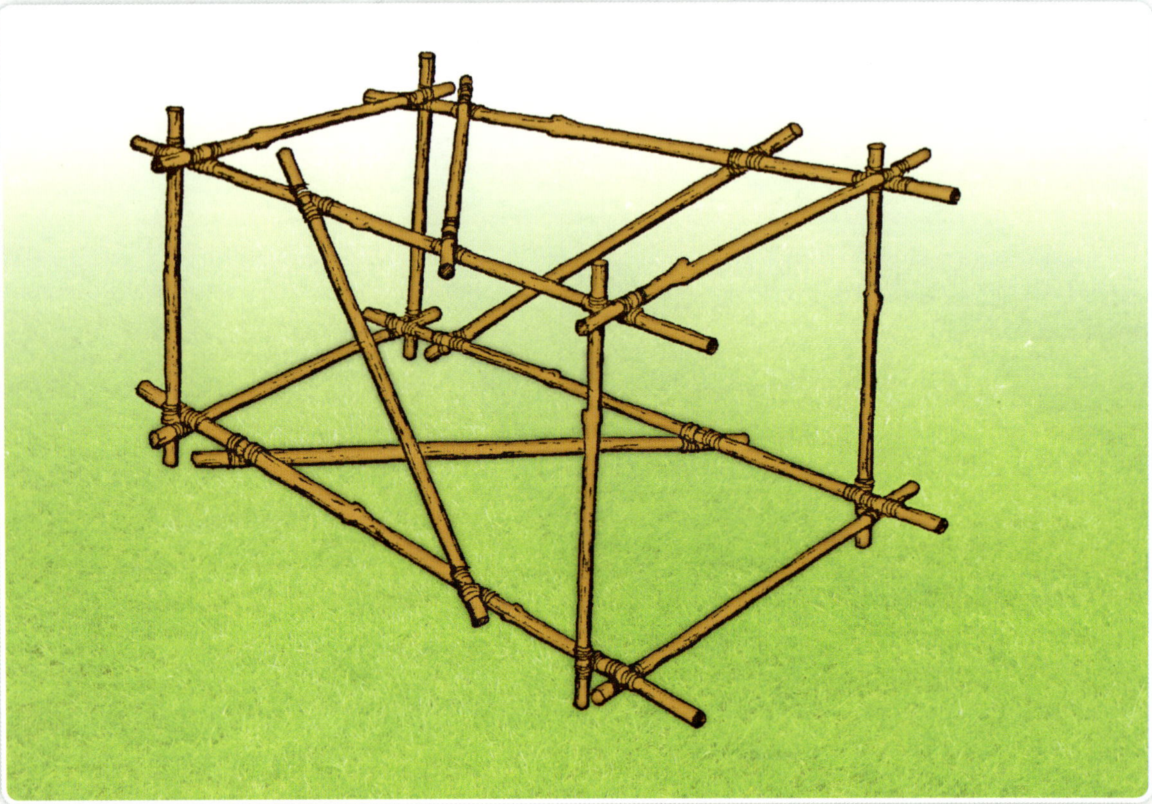

7 要把瞭望塔立起，你需要先搭建一个三脚架，把皮带轮固定在三脚架中央。再把三脚架固定在离瞭望塔支架10米的地方。把两根长绳绑在瞭望塔平台靠后的两个角上（不要绑在扶栏上）。将另一根绳子绑在瞭望塔平台靠前一侧的中央，然后将其穿过皮带轮。用这根绳子将瞭望塔拉起，用另外两根绳子维持平衡。

8 在瞭望塔立起时，将绳梯的下方用木桩固定在地面上。瞭望塔要足够稳固，但如果你还不确定的话，可以在瞭望塔的支架腿旁边插入大的木桩，然后用绳子将支架腿和木桩捆扎在一起。

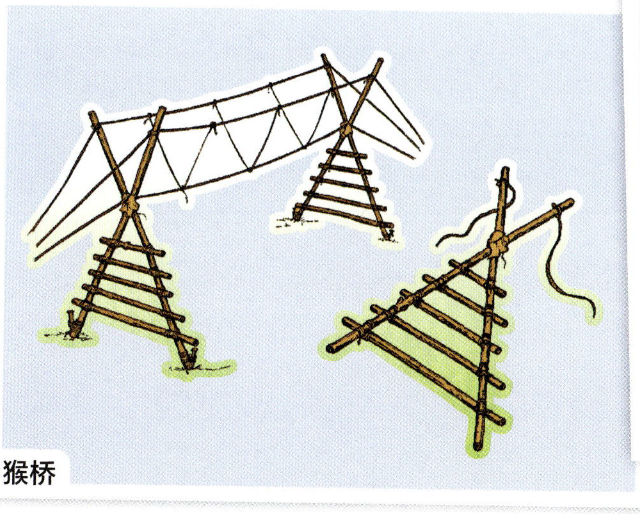

猴桥

简易梯桥

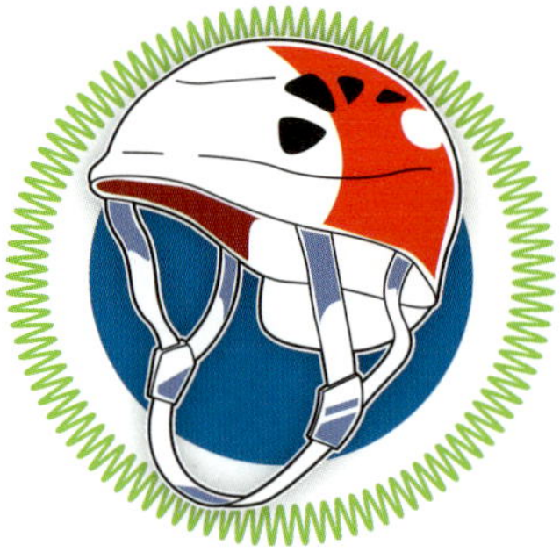

第八章

户外技能和体育运动

和本书中提及的其他活动一样，本章所描述的体育活动能够让你和户外融为一体，并帮助你更好地了解大自然——而且，它们都很有趣。

水上体育

游泳

对于每个年龄段的人来说，游泳都是一项很好的运动。游泳能够锻炼肺和心脏，而且因为水能够托起你的身体，所以对身体的冲击力很小。游泳还能够让你做其他运动不能做的动作，让身体得到很好的放松。对于其他水上运动来说，比如划船或独木舟，会游泳也是一项很有必要的安全技能。

和其他体育运动一样，在户外游泳是有一定风险的，你必须对之有所了解。比如：

- 水温可能比你之前习惯的水温更低。
- 两岸可能很滑，很难爬上去。
- 水可能比你想象的更深。
- 水里可能有岩石或垃圾。
- 可能有强风浪或激流。
- 水可能被污染。

在水中保持安全

- ▶ 选择一个安全的地方游泳，最好周围有救生员。知道要注意哪些危险，能够读懂水上安全标记。
- ▶ 不论是在游泳池、湖泊还是大海，都不要一个人游泳。不论你水性多好，你都有可能遇到危险。因此，最好和小伙伴一起游泳，并且确保在需要时旁边有人能够帮到你。
- ▶ 不要过度游泳——不论你游了多久、多远，都不要做力不能及的事。不要冒险游到太深的地方、太远的地方，也不要游太长时间。
- ▶ 如果你水性很好，你应该照顾身边水性不如你的人。

游泳安全旗帜

你可能会在沙滩上看到它们。

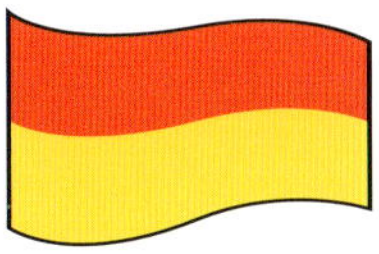

红黄旗帜：表示附近有值班的救生员。两个旗帜之间的水域是可以游泳的安全地带。

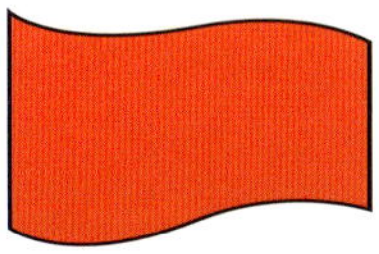

红色旗帜：表示这里游泳很危险，不要下水。

黑白方旗：表示单独划出来的水上运动或划船的区域，对游泳者来说并不安全。

水上安全标记

你可能会在水域附近看到它们。

红白圆形标记，红色纹路上有黑色图形

黑黄色三角形标记，带有黑色图形

蓝色圆形标记带有白色图形

这样的标记告诉你如何保证安全

强烈要求穿上救生衣。

黑白方形标记

一般信息的标记。

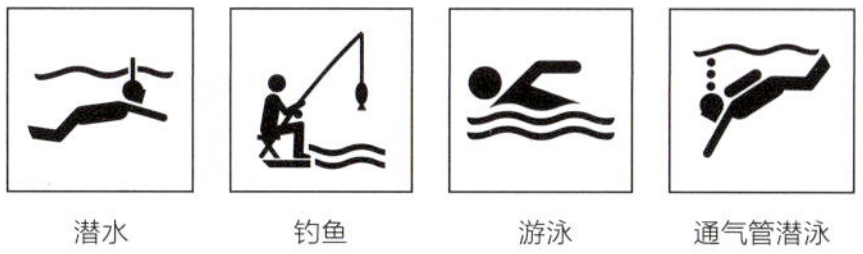

如果有人溺水

- 不要让自己涉险。可能的话，找人来帮助。
- 如果溺水者是清醒的，要引起他的注意，告诉他救援马上就来。除非你接受过救援训练，不然不要尝试把他们从水中拉起。溺水者可能会因为惊恐而把你拖入水中。
- 用你能找到的东西把他们拖到安全区域，比如救生带、绳子或船桨等。
- 如果他们离岸太远，周围又有很多人，可以把绳子系在水性最好的人身上，让他带着绳子或杆子游到溺水者附近，然后把绳子或杆子扔向他们。注意不要直接接触溺水者。
- 如果溺水者已经失去意识，把船划过去并将他们拉上来；或者将绳子系在水性最好的人身上，让其游过去把溺水者拉上岸。
- 溺水者脱离水面后，检查他们是否有呼吸；如果没有的话，立刻进行心肺复苏术（见第九章206页）。即使他们毫无反应，也要坚持做下去。
- 如果溺水者有呼吸，让他们穿上干燥的衣服，预防休克或体温过低的症状（见第九章205~209页。）

户外游泳

不论你水性多好，记住户外的水温通常要比游泳池低很多。水温过低会造成两个问题。

休克：如果你突然跳入水温很低的水中，这种对身体的突然刺激可能引起心梗，或者让你大口喘气，造成呛水、昏厥或抽筋。因此，你应该慢慢地入水，并控制自己的呼吸。穿上防寒泳衣或其他衣物能够帮助你保温，但衣物会增加你的重量，让你体力消耗得更快。

体温过低：如果你在寒冷的水中待了过长时间，就可能会出现体温过低的症状（见第九章206页）。这可能让你丧失知觉，甚至死亡。如果你认为水温很低，那么最好穿上防寒泳衣或保暖泳衣（见175~176页）。

只有在紧急情况下，人们才可能在寒冷的水中待很长时间。此时，你应该尽量节省自己的体力。在户外进行水上运动时，一定要穿上救生衣。

在冷水中的生存技巧

如果你穿着救生衣或浮力背心，那么你可以采取“帮助”（HELP）的姿势，HELP是“Heat Exposure Lessening Position”（“降低热量流失姿势”）的缩写。尽量让膝盖靠近自己的胸口，然后把双脚交叉在一起，把双臂交叉在胸前。这个姿势能够防护身体热量损耗最多的部位：头部、颈部、两侧和腹股沟。

如果你没有穿救生衣，那么你要在尽可能少活动的情况下浮在水面。你活动得越多，能量消耗得就越快，热量也就损失得越快。把头抬出水面，尽可能让四肢紧贴身体，以此来保持体温。如果周围有漂浮的东西，用它们来帮助自己漂在水面上。

如果你身边有其他人，那么你们可以采取“围绕”姿势。围成一圈，胳膊搭在彼此肩部和腋窝，尽可能贴在一起。身材最小或最幼小的人要待在中间。这个姿势能让身体两侧和下肢尽量保暖。此外，这还能让每个人都获得精神上的支撑，让大家更容易被发现。

除非翻船地点附近有危险，不然你应该尽量留在船只附近，因为你可以扶住船只并提高自己的能见度。

“帮助”姿势

“围绕”姿势

在河流中保证安全

河流和小溪远比它们看上去的样子更危险。水流可能比你想象的更急，河床上可能有深坑，水下可能有巨大的岩石或障碍。在水流较缓的地方，河水可能很深，水下植物也可能缠绕在一起。

如果你需要徒步过河，那么在行动前要仔细观察。如果河面很宽，往上游走，找一个更窄的地方。观察河面上有没有扰动河水的地方，如果有，那底下可能藏着障碍物。不要在河流的弯曲处过河，那儿水流很急，特别是在河水的外侧。不要选择河岸陡峭处上岸，从那儿上岸比较困难。记住，看上去很方便踩的石头未必稳固，而且表面可能很滑。

蹚水过河

永远不要低估水流的速度。找一根结实的手杖，它既可以帮助你支撑身体和维持平衡，也能用于探测前方区域的深度。

如果水很深，把裤腿卷起来，这会减少水带给你的阻力。不要脱掉鞋子或靴子，因为它们能够保护你的双脚，并在河床上提供很好的抓地力。如果你有背包，解开胯部的扣带，把肩膀的背带放松，这样一旦你失去平衡，可以轻松地从背包中滑脱出来。但记住应抓住脱下的背包，因为它会漂在水面，为你提供更多浮力。

过河时要面向水流来的方向，让身体保持一个特定的角度，以借助水流的力量帮你到达目的地。过河时不要迈大步，要侧着身小步慢行，并用手杖提供额外的支撑。

如果你们是一群人过河，可以挽起手臂，拉成一队过河，让身体最强壮的人在最前面领头，让体力最差或年龄最小的人在中间。过河时，面向对面的河岸，这样第一个人能为后面的人开道，而后面的人能为第一个人提供支持。

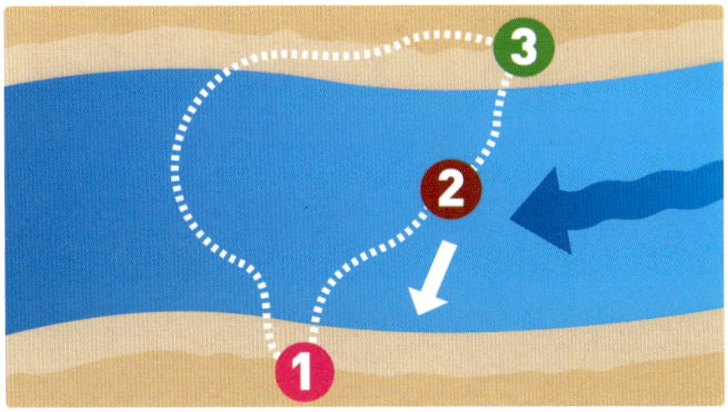

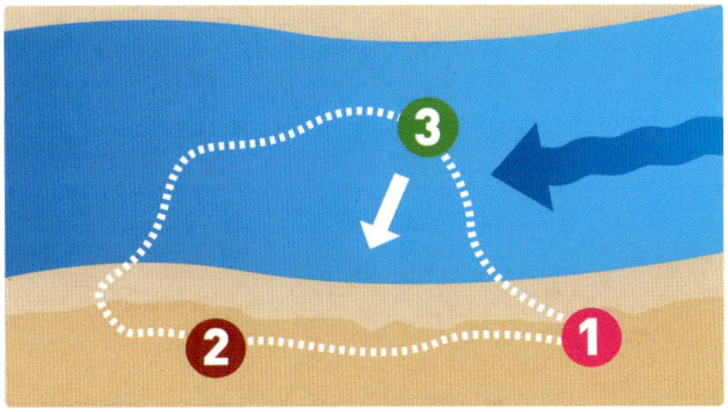

使用绳子

如果你们有3个人或更多，而且带着一根3倍于河面宽的绳子，那么你们可以用绳子来增加过河的安全性。首先，把绳子首尾系在一起，形成一个大绳环。

1 最强壮的人第一个过河，他要把绳子系在身上，另外两个人分开一段距离站在岸上，然后随着过河人的前进慢慢松开手中的绳子。尽量不要让绳子没入水中，这样一旦出现意外，岸上的两个人可以随时拽住绳子，避免过河人被水流冲走。

2 在第一个人抵岸后，解开绳子并抓好，之后，第二个人把绳子系在身上，开始过河。此时，在岸上的第一个人和第三个人可以为过河的第二个人提供支持。如果你的团队不止3个人，其他人可以按照第二个人的方式逐一过河。

3 最后一个人过河时可以从已过河的人那里得到支持。

独木舟和皮艇

探索河流的最佳方式是划船——比如独木舟和皮艇，但操作船只，哪怕是一艘小船，也不会像看上去那么简单。你需要有足够的技巧，而且要经常训练。

如何起步

学习独木舟最佳最方便的选择是加入一个俱乐部。很多俱乐部都有面向入门者的课程，无论你是不是它们的会员，都可以参加。很多休闲中心、水上运动中心和户外探险机构也提供相关的课程。

很多人都从休闲独木舟而非竞赛类独木舟开始入门，比如乘独木舟游览、激水漂流、独木舟航行和海上皮艇等。如果你想更有挑战性，那么你也可以直接从竞赛入手。

划独木舟并不要求你的身体非常强壮，但你至少要能做到在穿着衣服的情况下在水中游50米。

救生衣

所有户外水域，不管是湖泊、运河还是河流，都有一定的危险性。因此，无论你做哪种水上运动，必须时刻穿着救生衣或浮力背心，包括在收拾装备和准备船只的时候。另外，在救生衣上挂一个求救口哨也是个不错的选择。

救生衣必须合身。你必须确保穿上救生衣后还能自由活动而且很舒适，但救生衣也必须系紧，不然在你落水后它有可能会松开脱落。用完救生衣后，将它挂起来晾干。不要把救生衣扔在地上或留在船舱里。

如果你在速度较快的水域划独木舟，那么除了穿救生衣，你还需要戴上头盔。

衣物

不管你身上穿的是什么衣服，划独木舟时都会变湿。因此，你应该穿能够很快变干并且打湿后也能保暖的衣物，比如用尼龙或超细摇粒绒制作的衣物。不要穿棉质衣物，特别是牛仔布，因为它在打湿后会吸收水分，变得又湿又冷。在衣物之外，最好穿一层轻薄的外套（见第三章53页）。即使天气晴朗，你也要记得带上防水夹克和额外的衣物，把它们装在防水的袋子里以避免被打湿。

不要光着脚划独木舟。胶底帆布鞋或重量较轻的运动鞋都是不错的选择，它们不会在你活动或进出独木舟时脱落，其橡胶鞋底能够在你蹚水或在独木舟中时提供很好的抓地力，并能避免你的脚被河床或河岸上的尖锐物体划伤。

安全检查

- ✔ 时刻穿着救生衣或其他能帮你浮在水上的装备。
- ✔ 永远不要一个人划独木舟。
- ✔ 确保岸上有人知道你的行动和目的地。
- ✔ 检查是否携带了符合当天天气状况的衣物和装备。记住，水温可能比气温冷。
- ✔ 如果没有足够丰富的经验，不要尝试水速较快的河流、河口和海洋。
- ✔ 携带急救装备，并知道在紧急情况下如何使用。
- ✔ 如果船翻了，待在船附近——扶着它可以增加浮力，同时也更容易被人从岸上或空中发现。

防寒泳衣

如果你知道水温很低，或者可能会翻船，或者被波浪淋成“落汤鸡”，那么你应该考虑购买一身防寒泳衣。

防寒泳衣是用伸展性极佳的氯丁橡胶制作而成的，它能让一些水保持在泳衣和你的皮肤之间。你的身体热量会让这些水达到一个让人感到舒服的温度，而泳衣则保证热量不流失——前提是泳衣很合身，不松松垮垮。

防寒泳衣能够大幅提高你在冷水中的适应能力，但待的时间太长也会让你感到不舒服。如果你觉得这是个问题，可以在泳衣下面穿一件防晒冲浪服。

要根据你要进行的运动类型和运动时间来选择防寒泳衣。氯丁橡胶有不同的厚度，在夏天，一般需要2毫米或3/2毫米厚（3/2毫米指的是泳衣的身体部分为3毫米厚，四肢部分为2毫米厚）。一年四季皆可穿的防寒泳衣一般在5毫米厚到7/5毫米厚之间。

全身式防寒泳衣

全身式防寒泳衣：一般会全部覆盖胳膊和腿，但也有短袖类型或袖子可摘下的类型。全身式泳衣越厚，御寒能力就越强，但灵活性也会变得越差。有些全身式泳衣的上身和下身是分开的。

短式潜水服：这种潜水服一般是短袖-短裤式的，只覆盖到肘部和膝盖。这种泳衣让人能够更自由地活动，但一般只能在夏天使用。

如果你的独木舟翻了或沉了

首先，尽量留在舟里。即使里面水越来越多，你还有机会划到岸边，而且舟能保护你不被水中的障碍物所伤害。与此同时，用你的求救口哨向其他划舟者或岸上的人求救。

如果你的小舟翻了，尽量扶着它。即使翻了，小舟也会浮在水面，能帮你浮起，而且让你更容易被看到。尽量让独木舟保持在你的前方，这样它还能提供一定保护，挡住前方漂来的东西。

如果小舟已漂远，水很冷或者即将面临激流，你要尽快游到岸边。不要企图直直地往河岸游，如果可以，在下游处选一个上岸点，借助河水的力量，以一定的角度往上岸点游去。

如果你被冲入激流，先把双脚摆在身体前方，这样如果碰到岩石，双脚可以把你的身体弹开。尽可能用仰泳的方式让自己避开河流中的障碍物。

除非水很浅，否则不要尝试在特别急的水流中站起来，因为你会被水冲倒。

观察四周是否有救生绳。如果有的话，尽力抓紧它（见177页）。记住，你需要抓的是绳子，而不是绳子一头的口袋——里面可能还有很长的绳子。

干式泳衣

干式泳衣通过防水来帮助你保持体温，它会覆盖从颈部到脚踝的每一寸肌肤。干式泳衣穿起来比较宽松，但在颈部、手腕和脚踝有很紧的密封设置。干式泳衣虽然是密封的，但并不保暖。因此，你最好在里面再穿一层羊毛保暖衣。

由于干式泳衣很宽松，所以即使穿很长时间也不会不舒适，但在炎热的天气下你会出很多汗。你需要小心地使用干式泳衣，任何破损都能让其漏水。

救生绳

救生绳或抛绳很轻但很结实。它们一般有20~25米长，能够浮在水上。救生绳一般颜色鲜艳，可以让人能更清楚地看到它。一般来说，救生绳绝大部分都会留在袋子里。进行救援时，救援人员用一只手从袋子里拉出手臂长短的一段绳子，然后用另一只手把袋子扔向溺水者。在空中划过时，袋子里的绳子会不断释放出来。

抛救生绳是需要技巧的，和扔一个球完全不同，而且你的目标总在移动。在扔袋子之前，先通过呼喊或吹哨来让溺水者知道绳子会从哪个方向扔来。当然，最好是能直接把袋子扔到对方身边，但如果你觉得做不到这一点，可以把袋子扔到他们上游的地方，这样他们就有机会在袋子被河水冲走前游过去抓住。

你也必须小心拉住手里的救生绳，但不要把它绑在自己身上，不然河水和对方的重量可能会把你拉到河里。

在用完救生绳后要将其晾干并重新装好。

独木舟的装备

在参加独木舟或皮艇运动前，检查你是否携带了以下物品：

- **救生衣**（见前文173页）。
- **头盔**：独木舟或皮艇激流冲浪必备。
- **口哨**：需要帮助或引起他人的注意力时，口哨很管用。口哨声能比你的声音传得更远。
- **个人急救包**（见第三章57页）。
- **水斗和海绵**：用于舀出船中的水。小塑料瓶也是一个很好的选择，你可以把它系在船上，但系绳不能太长（皮艇中也可以配备手泵）。
- **搬杆**（见后文183页）。
- **救生绳**：救生绳最好能够放在袋子里，以避免它们缠绕在一起。每条船都至少应该有一根救生绳。
- **救生（安全）刀**：拥有锯齿状刀身和钝尖的

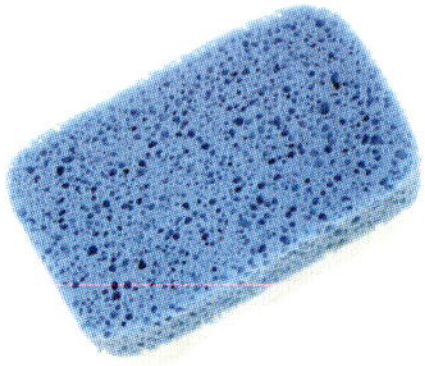

救生刀，能够在你或者船只被绳子缠住时割断绳子。大多数救生刀的刀把上会有个小孔，方便把它绑在船上或救生衣上。

- **额外的绳子**：用于系独木舟，把所有装备绑在船上。
- **防水袋**：防水袋或结实的塑料袋可以挂在脖子上，用于盛放额外的衣服或其他物品，使它们保持干燥。如果独木舟里有足够的空间，你可以准备一个塑料桶，但最好先把东西装入防水袋中，再放入桶中。
- **护膝**：跪在船里划桨比坐着能更好地控制船的方向，但很快膝盖就会开始痛了，戴上护膝可保护膝盖。
- **饮食**：帮助你迅速恢复体力。
- **一顶帽子**：在夏天挡住射向眼睛的阳光，在冬天让头部干燥、温暖。
- **墨镜**：帮你挡住阳光和河流上的反光，保护眼睛。
- **结实的防水胶带**：可以用它完成很多修补工作，也可以用来裹住手指和手掌，避免划桨时手上长泡。

开放式独木舟

最常见的独木舟是开放式（加拿大式）独木舟。这种独木舟一般是木制的，船体很宽，底部扁平，舱体敞开，首尾则很尖。世界上最早的独木舟是把树干直接挖空制成的。有些现代的独木舟用木头和帆布制成，但更多的独木舟是用更轻的人造材料制作而成的，比如玻璃纤维。

开放式独木舟一般配备单叶桨，桨手可以选择坐在船中的木板上或跪在船上。大多数独木舟可供一到两人划桨，大型独木舟可以装载更多的乘客。

开放式独木舟用途广泛，可以用于旅游（一天或更长的旅行）、激流划船、比赛、帆船航行等多种活动。有些激流划船用的独木舟的船身会被盖起来，这让它们看起来有些像皮艇，但桨手仍然使用单桨叶并跪在船中。

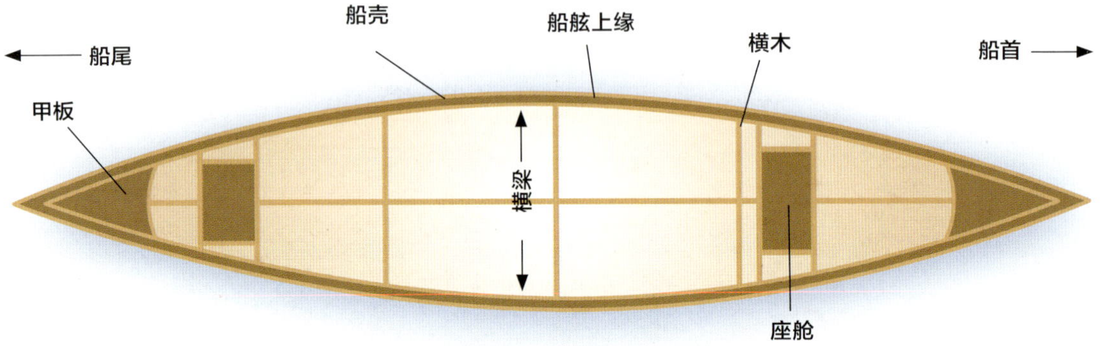

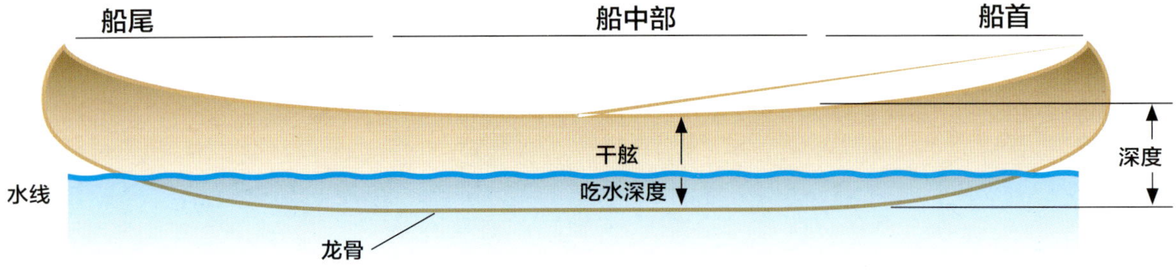

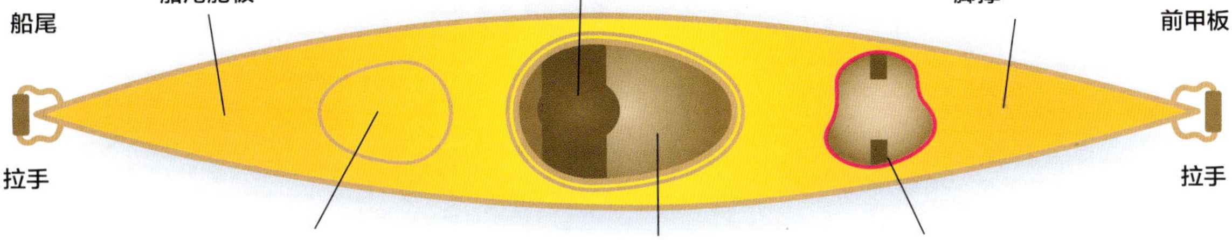

皮艇

皮艇一般比开放式独木舟更小、更轻，其船身是盖起来的，中央有一个孔，是供桨手使用的座舱。座舱会用一个防水盖来盖住，防止水进入船身。这个防水盖会让皮艇被打翻后再翻过来，水也不会进入船身。

皮艇使用的一般是双叶桨，桨手会坐在皮艇中间，双腿向前伸。大多数皮艇只能乘坐一个人，但也有皮艇可以乘坐两到三个人。

和独木舟相比，皮艇更为灵活，特别是在激流、浅水中更容易掌控。有些较长较平的皮艇也用于观光和出海。

独木舟船桨

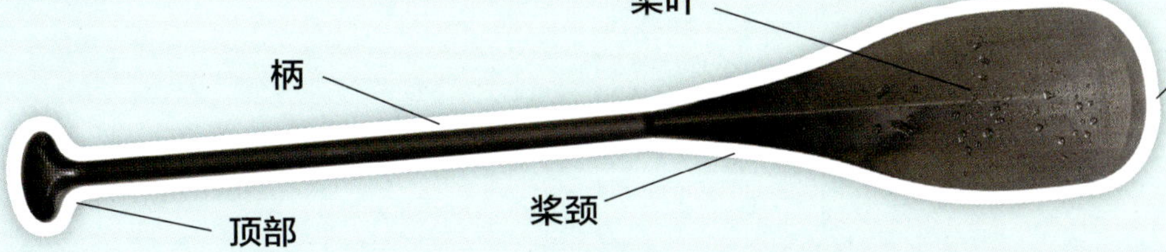

船桨的长度和材质各异，有木制的、铝制的、玻璃纤维的、塑料的以及混合材料的。船桨的柄部可能是直的或弯的，桨叶可以是细长的、宽短的或介于两者之间的。

船桨的选择因人而异。你必须考虑自己的身高、体力、皮艇类型和用途。重量较轻的船桨对于初学者来说较好，但你可以去尝试不同类型的船桨，直到找到最喜欢的那一柄。

进入独木舟

你需要让整个独木舟入水，这样它才能完全漂浮起来——不要让独木舟一头在岸上一头在水里。入水的时候，要让独木舟和岸边呈平行状态。把装备放在船舱中央的底部，并把它们仔细系好。

进入独木舟时，要保持它与岸边平行，一只手扶住靠近你的那侧船舷上缘，一只脚放入船舱内，然后弯腰并让重心变低，慢慢把重心移到船舱里的那只脚上，再抓住另一侧的船舷上缘，最后把另一只脚也移到船舱内。

进入船舱后，立刻跪下或坐下以避免独木舟摇晃。让重心保持在低位会大大减少翻船的危险。站起来或偏向一侧会破坏独木舟的稳定。

向前移动

一手抓住船柄的顶部，另一手放在下方船柄上你觉得舒服的位置。把上方的胳膊举到眼睛高度笔直伸出去，下方的胳膊尽量伸展，把桨放到水里，划桨。你会感到仿佛是独木舟在移动，而不是船桨在移动。

当你的位置超过船桨后，举起船桨，重复之前的动作。尽量让船桨保持笔直，不然独木舟会转弯而不是前进。划五六次后，再在小舟的另一侧划桨，避免只倚重一侧肌肉，从而造成肌肉酸痛，并保持独木舟笔直前进。

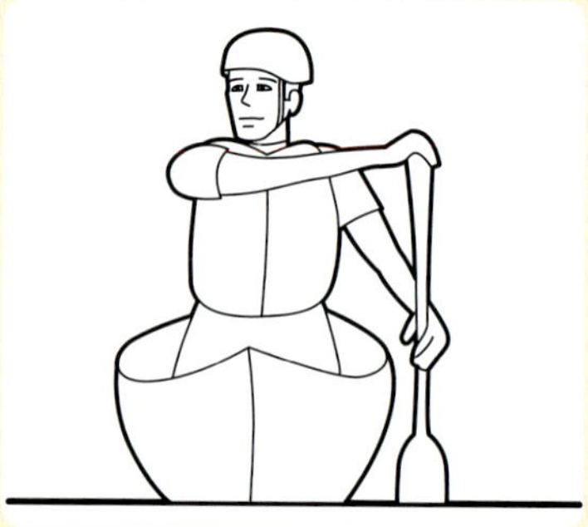

✓ 正确

✗ 错误

前进和后退

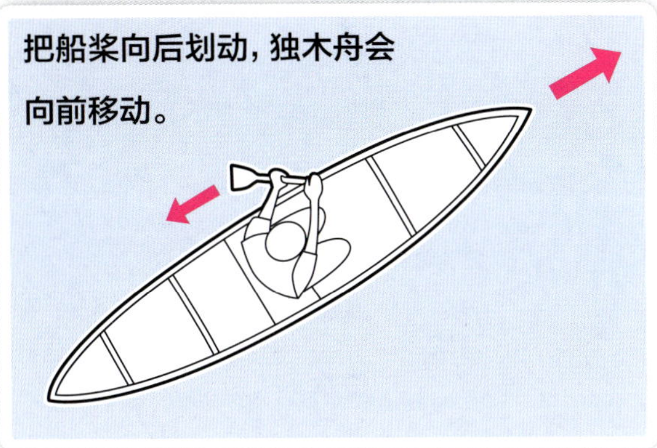

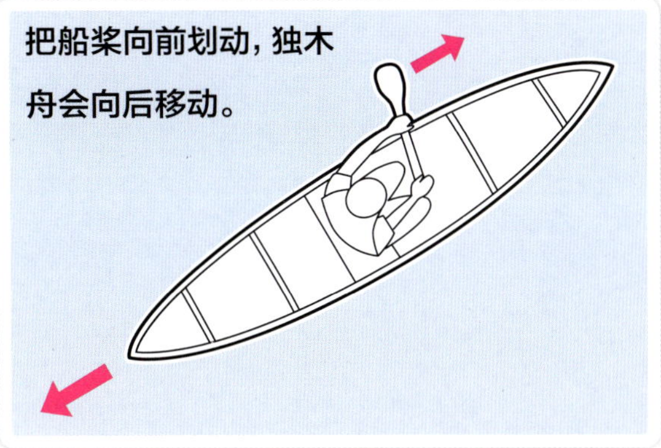

你可以像左上图一样，让独木舟向前移动。如果你想要减速、让独木舟停止移动或向后移动的话，你可以把船桨放入水中靠近臀部的位置，然后向前划动。在船桨伸展到极限后，把它举起来放回原位，然后重复以上动作（见右上图）。

改变方向

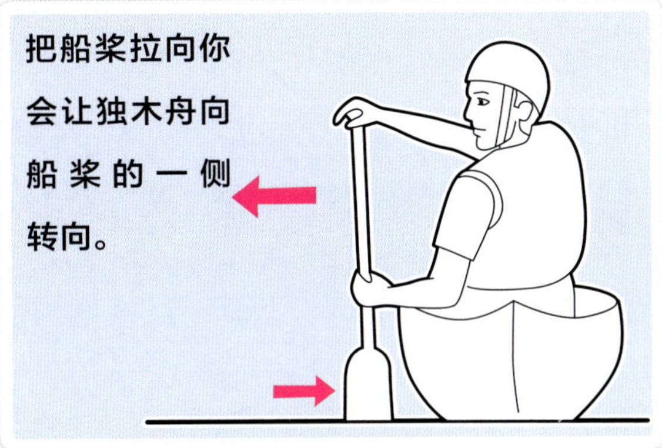

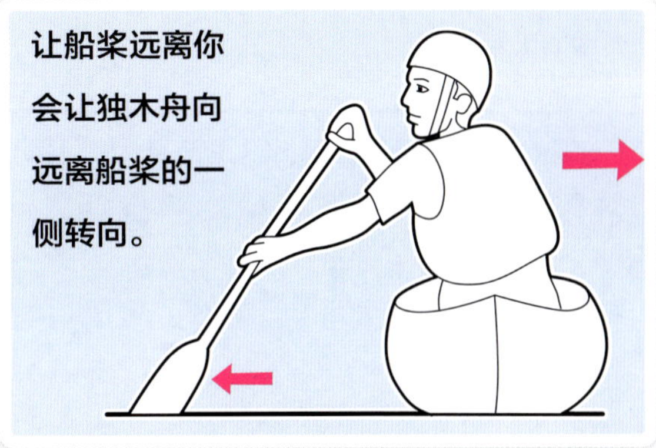

如果想要让独木舟朝船桨一侧的方向转弯，把船桨放到身侧，让桨叶朝向独木舟。并和身体保持在一条线上，然后把船桨插入水中，向独木舟方向划。在船桨碰到独木舟前把它举起来。

如果想要让独木舟向船桨一侧的反方向转弯，将刚才的动作反向操作。让船桨和身体保持在一条线上，然后将其放入水中后朝远离独木舟的方向划动。

最佳窍门： 划船桨时保持双手干燥，如果手上有水，很容易磨出泡。

双人划桨

如果独木舟上有两个人，那么两个人要分别坐在船头和船尾，船桨分别在小舟的两侧。尽可能让划船的动作整齐如一，在互换到另一侧划桨时，船尾的人应该大声告诉船头的人何时一起更换。

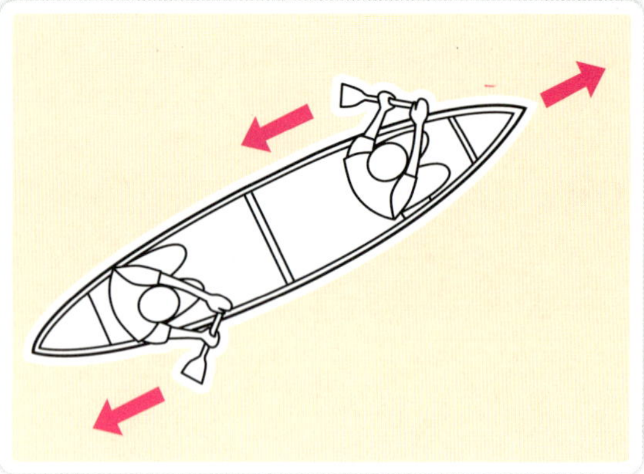

一般来说，船尾桨手的动作会让独木舟略微偏离笔直的方向，因此，船尾桨手需要用“J”形划桨法。也就是说划桨时当桨划到身侧时，把船桨方向移动45°，向远离船体的方向划出，这样就出现了一个“J”形状的弧度。

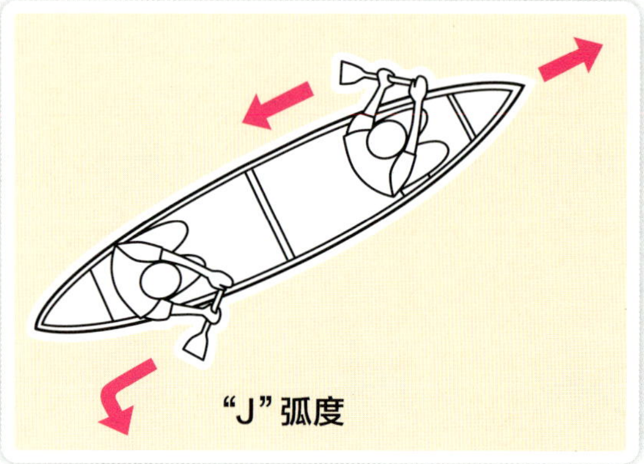

搬运独木舟

如果你对所在的水域不熟悉，并认为前面可能有瀑布或急流，那么先把独木舟靠岸系好，然后自行前去探路。如果你不清楚前方有什么，最好把独木舟从水中取出，然后举着它往下游方向走。

搬运独木舟最好的方式是翻过来扛在肩膀上，其中一人维持独木舟的平衡，这需要有一个搬杆，有些独木舟在中间部位有搬杆，有些是可拆卸的，放置在舟的一侧。

让你的伙伴或另一个桨手帮你把独木舟举起来，然后举到头顶以上的位置。先让独木舟的一侧倾斜，再让船体顶到自己的腿上。抓住两侧的船舷上缘，然后两人一起用力，把它翻过来并举起。

在举起独木舟后，你的伙伴应该抓紧船舷上缘，让你逐渐移到中间搬杆所在的位置。当你的肩膀在搬杆下安置妥当后，你的伙伴就可以松手了，走在前方给你领路，并提醒你前方是否有障碍物。

进入皮艇

皮艇轻便灵活，会随着你的动作而动，这让划皮艇充满乐趣。但你要在经过多次训练和操作后，才能真正熟练地掌握它。

首先，你需要把防水盖调整好。之后，把皮艇放在浅水中，并与岸边保持平行。一只手始终扶住皮艇，另一只手抓住船桨。身体的位置要在座舱旁边，把船桨放在船舱后沿。

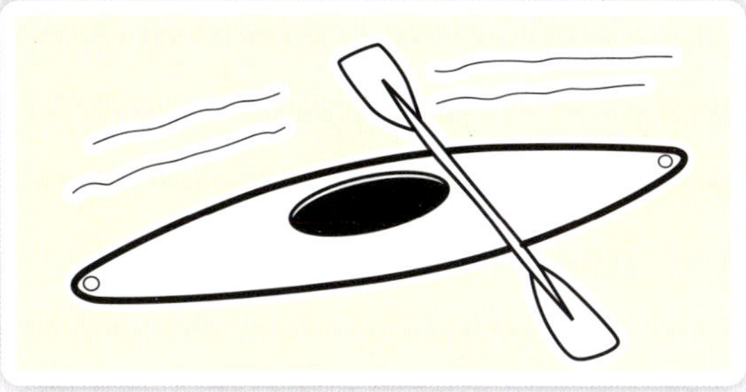

面向正前方，斜身探过皮艇，手按在座舱和船桨上，让手掌按住船桨，手指抓住座舱边缘。另一只手同样抓住另一侧的船桨和皮艇。两只手都抓好后，将屁股挪到船的后部坐好，再逐一把腿在船舱里伸直。

搬运皮艇

搬运皮艇比搬运独木舟容易得多。就像搬独木舟一样，把皮艇倾斜，让船壳靠在腿上。抓住船舱的两侧举起来，让座舱边缘落在自己的肩上。最后，调整一下位置，找到最佳的平衡位置。

调整位置找到平衡，当你觉得很稳当之后，滑到座舱里坐下。把船桨举过顶，拿到皮艇前方，把防水盖在座舱上固定好。

划皮艇

皮艇的桨叶两面都有弧度，一面凹进，一面凸起。凹进的一面是正面，凸出的是背面，划水时，要让凹面对着你。想象一下在水里捞球的动作。用双手握住船桨，双手之间的距离要比肩膀宽一些，不要把桨柄抓得太紧。

向前移动和向后移动

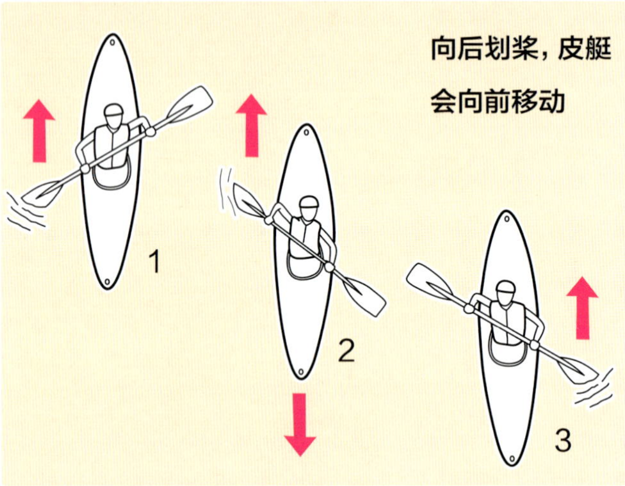

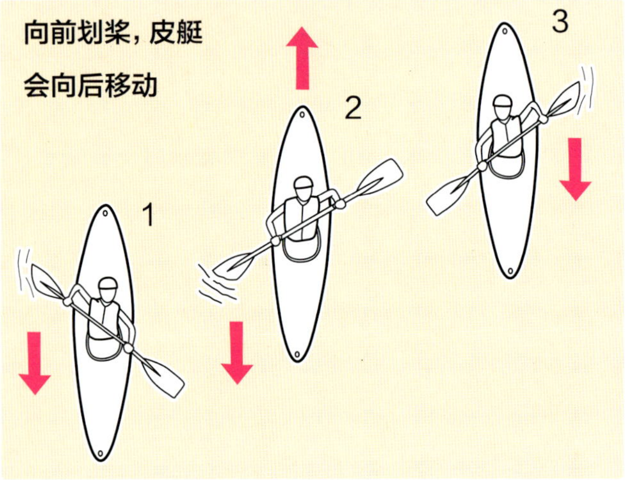

如果想让皮艇向前移动，你需要坐直，上身向左转动，然后尽可能把右桨伸出去。把右桨放在靠近船头的水域中。将右臂向后拉，左臂向前推，与此同时上身转向右侧。

当船体过右桨后，继续右转身体，让左桨伸到前方的水域，然后拉起右桨并将左桨放入水中，左臂朝后拉，右臂向前推。

想减速或想让皮艇向后移动时，采取和刚才相反的动作。把身体转向右，把右桨放在靠近船尾的水域中，左臂朝后拉，右臂向前推，同时身体向左动。之后，拉起右桨，把左桨放在靠近船尾的水域中，然后重复。

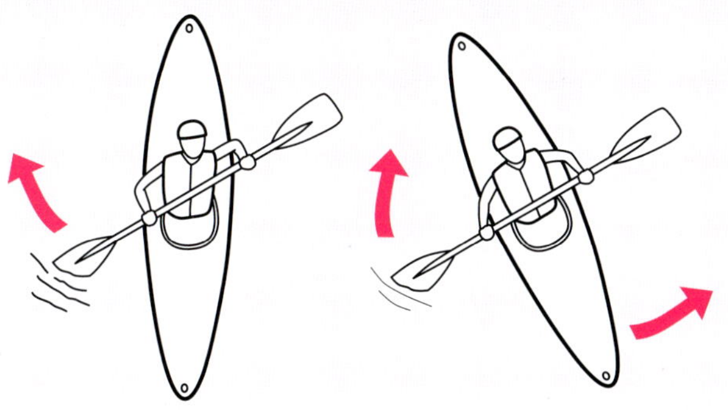

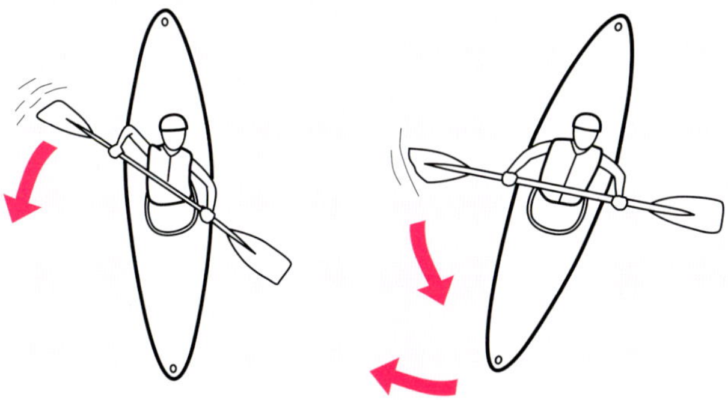

转弯

想让皮艇左转，要用力在右侧划桨。把船桨伸到座舱前，让桨叶的凹面对着你。之后，尽量把右桨伸出去放入水中，以最大的弧线向船尾划动，并同时转动身体。不断重复这一动作能够让皮艇转一个360° 的圆圈。

想往右转，就在皮艇左侧努力划桨。

你也可以使用“反转划桨法”，与从前往后划一个大弧线不同，这种划桨法是把桨放在后面，往前划。这个动作会让皮艇慢下来，并且往划桨侧的方向转动。

皮艇翻船

皮艇会经常翻船，特别是在激流中。想学习从翻覆的皮艇中脱身并浮出水面的技术，你最好找一位经验丰富的教练。教练会教你“爱斯基摩翻滚技术”，让你在座舱里就可以把皮艇再翻正回去。你需要先在静止的水域中学习这个技术——教练通常会选择在游泳池内。只有在熟练掌握这些技巧后，你才能在河水中练习。另外，你也会学到怎样帮助其他在翻了的皮艇中的桨手。

攀登

无论何种形式的攀登，无论是在户外还是在室内，都是有风险的，但是学会攀登技术会让你获得不可思议的成就感，并让你对自己信心倍增。

攀登的类型

在“攀登”这一大类之下，有很多不同类型的运动。

攀岩：需要用到绳子。可以在室内的人工攀登墙上进行，也可以在户外的岩壁上进行。这项运动需要至少两个人在场，即身上系着绳索的攀登者和手里握着绳索进行控制、防止攀登者跌落或滑落的保护者。

攀石：这项运动的攀登距离很短，通常是攀登一块大石头或大岩石的阴面。攀石的要点是攀登者每一步的移动和对攀登次序的安排，往往需要攀登者不断解决各种各样的问题。攀石不需要系绳子，但需要在下方放一块垫子，跌落者会直接落到垫子上。很多人把攀石作为攀岩之前进行训练的方式，其实攀石本身也是很独特的一种运动。

综合攀登：混合了攀岩、攀石和爬山。一般在高山地带进行，包括翻越陡峭的山脊。

攀冰：攀登冰山或被冰覆盖的岩石，是最具挑战的一种攀登运动。有些攀登中心也有人工冰墙，供人们在较为安全的环境下练习攀冰。

登山：融合了所有爬山和攀岩的综合性运动。

入门技巧

大多数人会从室内的攀登墙开始练习。英国有超过500个攀登中心拥有室内练习墙，这些中心也都有教练开设攀岩课程。

英国也有不少攀登学校和俱乐部。大多数俱乐部的参与者都是攀岩爱好者，很多都是经验丰富的好手，你可以从他们那里得到很好的指导或建议，但规范的授课并非他们所长。

你需要什么

和大多数体育运动一样，攀岩需要专门的装备，特别是绳子（见下页）。如果绳子有损坏或不符合标准，可能会对你造成致命的危险。包括攀岩鞋在内的大多数装备都可以在室内和户外的攀岩中心、训练场以及攀岩度假地买到。

如果你想认真地从事攀登运动，建议你给自己购买一套头盔、攀岩鞋以及安全带。最好不要买二手装备，因为你无法确定它们是否有破损或损坏。

和其他户外运动一样，你需要携带一个装备包，里面要有额外的保暖和防雨的衣物、高热量的食物、水、急救包、手机等（见第三章55~57页）。

攀岩的装备

攀岩的基础装备包括：

▶**绳子**：必须是经过认证的攀岩专用绳。攀岩绳可分为静力绳和动力绳两种。动力绳在承压时会伸展，可以承担人跌落时的部分冲击力。大多数攀岩用的绳子是动力绳。静力绳无法延展，更多用于搬运设备或救援。

▶**安全带**：安全带会缠绕在攀登者的腰间和腿部，其中间的圆环会连接在下降器或其他安全绳上。一旦攀登者失足，安全带会保护他不从主绳脱落。安全带上还会有一些小圆环，可以挂攀登者需要的装备。

▶**下降器**：帮助保护者控制下降的绳索。

▶**弹簧扣**：非常结实的金属扣，用于连接绳子、装备、岩石、安全带等。

▶**安全装置**：钉入岩石中的确保攀登者安全的各种装备。

▶**攀岩鞋**：很紧很轻、有特殊底纹的橡胶鞋，踩在岩石上时，它们会提供极大的抓地力。

▶**头盔**：对于任何形式的攀登而言，头盔都至关重要。

▶ **白垩粉**：抹在手上可以吸汗，防止手滑。

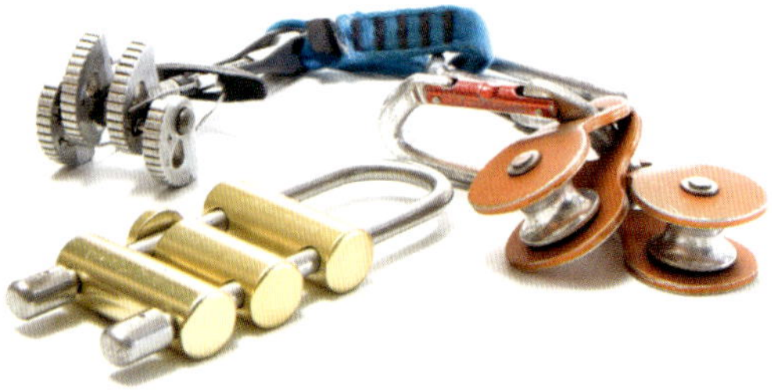

上方保护攀岩

大多数人会从"上方保护攀岩"开始学习攀岩技能。这意味着他们身上会系着一根保护绳，而保护绳穿过岩壁最高点的一根固定锚，另一端穿过一根下降器，操纵在岩壁上方或下方的保护者手里。

随着攀登者的不断攀爬，保护者会不断松开保护绳，让攀登者能爬得更高，但他们时刻都要保持警惕，即便攀登者失足，也能够立刻控制。在攀登者达到最高点后，保护者会把他们放回到地面。攀登者的安全寄于保护者之手，这也是一项需要训练的技能，因此很多攀登者会找一个伙伴，轮流攀岩和提供保护。

攀登者需要对打结十分熟悉，特别是用于将绳索和安全带系在一起的八字结。还有酒瓶结和普鲁士结（见前文第七章148~154页）。

攀岩先锋

室内攀岩墙一般已经装好了保护绳，但在户外时，需要有人先攀上高点安装固定装置。此时，一名富有经验的攀登者需要作为先锋先攀上去。先锋与保护者之间会系有绳子。在攀登过程中，攀登者会不断在岩壁上安装保护装置，挂上锁扣，把保护绳装上，这样即使失足也不会有生命危险。来到适合安装安全锚的地方时，先锋攀登者会安装一系列的锚，用于分散攀登者坠落时产生的冲击力，然后在那里担任第二个攀登者的保护者。

攀岩技巧

攀岩不但需要在高处仍能良好运转的头脑，还需要强健的四肢。在向上攀爬时，你需要不断寻找可以抓握的地方，可能是仅能用手指扒住的边缘或缝隙，也可能是可以全手掌握住的岩石露头。

与此同时，你的双腿和双足需要承载身体的重量，还需要为你提供向上移动的动力。你需要保持身体直立——身体与岩壁要有一定距离，而不是紧紧贴在上面。关于攀岩时脚的技术有很多，只有通过实地攀爬才能掌握。和其他体育运动一样，秘诀就是不断练习。

较窄的、只能放上手指的地方，不是最佳的支点，因为手指需要承受巨大的压力。

安全检查：任何一种攀登运动都是高风险运动，你必须提前接受必需的训练和准备所有的装备。每个攀登者都需要为自己和一起攀岩的同伴负完全的责任。如果你对攀登形式的运动有任何疑虑，最好都不要参与。

绳降

在登顶后，下去的最简单方法就是让你的保护者把你放下去。还有一种方法是沿绳滑下。

虽然很多不攀登的人认为沿绳滑下很刺激好玩，但大多数攀岩者认为绳降的风险很高。这是因为一般人是在严格的安全环境下玩绳降，而真正的攀登者在沿绳滑下时则需要完全依赖支点的牢固度、绳子和自己的技巧。但是，每个想在户外攀爬的人都必须正确掌握绳降技能，因为有时你会遇到除了绳降之外无法下去的情况。

绳降的方法

你需要将绳子的一端安全固定在高点的一个支点上，再将绳子的另一端垂到地面，然后沿绳滑下。支点可以是树木或巨石等自然存在的支点，也可以是攀登者钉入岩石的专业设备。

绳子会系在安全带的下降器或其他下降设备上。之后，再通过不断释放手里的绳子，让自己慢慢下降。

根据释放绳子的力度不同，下降器和绳子之间产生的摩擦力也不同，从而能够控制绳子穿过下降器的速度，也就是能控制你的下降速度。绳降时最关键的是控制绳子。在放开绳子的同时，你需要从岩石表面离开，用双腿和双足来保持身体的平衡。大多数人会先从不太陡峭的岩石上练习，然后再去更高和更陡峭的岩壁实战。

不能这样做

在电影中，我们往往会看到沿绳滑下的人从岩壁上不断跳起，像荡秋千一样快速下降。但在现实生活中几乎不会看到这种场面，因为你没法确定支点和绳子真正的坚固程度。跳起或荡来荡去会让绳子与支点承受额外的压力，可能会把支点拔出或拉断绳子，没有人会为了耍酷而冒这种危险。

其他户外运动

探索和享受户外的运动有很多，从骑行到出海，应有尽有。基于篇幅的原因，本书无法介绍所有的户外运动，但你可以在网上找到大量关于这些运动的信息。接下来，让我们介绍几种最常见的户外运动。

洞穴探索

如果你渴望不同寻常的挑战，可以选择洞穴探索。和攀岩一样，洞穴探索也是一项高危险的活动，因此你需要提前学会相关技能并接受训练。

初学者最好加入一家洞穴探索俱乐部，或前往一家注册的探险中心去体验一下。英国各个地方都有洞穴探索俱乐部，你可以通过网络查找关于俱乐部的信息。

洞穴探索俱乐部会组织探险活动并分享经验和设备。有些俱乐部要求成员必须在18岁以上，有些俱乐部则要求成员必须在16岁以上。对于儿童和家庭来说，可以先去探险中心进行体验。你可以在相关网站上找到你所在地的关于训练和初学者体验的一些信息。

洞穴探险技巧

基本的洞穴探索活动包括攀登和绕行岩石堆，有时你需要俯身用手和脚前进，通过极窄的通道时，甚至需要肚子贴地钻过去，遇到窄的烟囱状缝隙时，需要手脚并用爬上去。

在探索某些类型的洞穴时，你需要学习一系列绳索课程。探索者用单绳技术把自己从洞顶垂直放下去，或从洞底或坑底拉上去。学习单绳技术最方便的地方是室内攀登中心。利用单绳技术下降和绳降很相近，但使用的装备不同，前者对绳索的控制能力更强。利用单绳技术向上移动需要手控装置。

洞穴探险时穿戴的衣物

- **头盔**：准备一个大小合适的有灯座和颚带的头盔。
- **洞穴照灯**：可以安装在头盔上以腾出双手。
- **罩衫或连衫裤**：你也可以选择夹克和长裤。无论选择什么，都必须都是防水的。洞穴里往往很潮湿并有很多泥巴。
- **防水胶靴**：最好选择有防滑底纹的胶靴，也可以选择徒步靴，但要确保靴子上没有凸起的鞋带钩，不然可能会挂在缝隙里。
- **旧衣物**：温暖舒适的旧衣物。最好穿两层薄衣服而不是一层厚衣服——比如你可以选择长袖保暖T恤和羊毛外套，外加步行专用的厚袜子和运动裤。不要穿牛仔裤，它们在变湿后会变得沉重和不舒适。记住，不管外面是什么温度，洞穴里都是寒冷的。
- **护膝**：在需要爬行时用于保护膝盖。
- **重型手套**：保护双手不会被尖锐的石头划伤。
- **额外的衣物**：探险结束后可以换上。
- **饮食**：供你不断前进的食物和水。
- **单绳技术装备**：包括有胸带的安全带，以及控制上升、下降的装备。一般来说，在学习洞穴探险课程时，教练会提供这些装备。

骑行

除了远足和野营外，你也可以带着帐篷骑行。和驾车相比，骑行更健康、更节约、更环保、更有趣。

根据你的运动目的和目的地的不同，你所需要的自行车的类型也是不同的。混合式自行车在道路上和野外都同样实用，它是带有变速齿轮的多用途自行车，可以上下坡，手把较平，让骑车的人可以坐直。

如果你需要更结实的自行车来承载更多装备，那么你应选择登山自行车或旅游自行车。这些自行车有挡泥板、瓶架、行李架等更多配件，结实的后轮能够承载更重的物品，其手把的多样造型则可以让骑车的人调整手的位置。

骑行装备

如果你计划一天的骑行，那么不需要带太多装备，只要有头盔、水瓶、食物、地图、手机、急救包、防水外套、车锁、打气筒、基本的自行车修理工具箱和小背包就可以了。背包太重会非常不方便，如果你计划远行的话，最好为自行车安装行李架或行李筐。

如果你准备长途旅行并在外面野营，那么自行车行李架或行李筐是必需的，而且要安装最结实的那种，因为它们需要承载很重的装备，可能还要通过颠簸的路段。你多半还需要安装前筐，但一定要正确地安装，不然可能会造成事故。方便打开和携带的手把袋也很有用，可以盛放钥匙、钱等零碎物品。

除了这些个人物品和野营必备的装备外（见第五章93~94页），你还需要修车所必需的全部装备，包括工具包、轮胎杆、扳手、六角键、钳子、螺丝刀、备用的阀门、内胎、刹车片和闸线、齿轮、链条、车轮辐等。

最佳窍门

- 确保自行车有前后灯和反光板。你可能不打算在夜间骑车，但你的计划可能会受阻，可能会遇到恶劣的天气，也可能需要从隧道里穿过，这些情况下车灯和反光板是非常必要的。在英国，没有车灯的车子在夜间行驶是违法的。
- 确保你已经学会了维修自行车的技能，包括补胎和换胎、调整刹车片和闸线、修理齿轮、调整链条等。如果可能的话，你最好先去参加自行车维修的培训课程。
- 骑行时必须戴头盔。
- 你需要了解交通规则，特别与骑行相关的部分。你可以在相关的网站和图书里找到相应的信息。

骑行路线

英国的一些机构如Sustrans正在和地方政府合作以拓展更多骑行路线。国家骑行网络已经在英国各地收集了近2万千米的骑行路线。英国骑行网络的地图可以在Sustrans的网站上下载，这个网站上还有关于英国长途骑行的路线和相关信息。

钓鱼

钓鱼是最有趣的户外运动之一。人们钓鱼的动机各有不同，有些人出于休闲的目的，在午后的河边钓鱼放松身心，有些人则希望通过钓鱼来了解大自然。

但请记住，钓鱼并不简单，虽然看起来任何人都可以参与，不管他们是用最简单的垂线还是昂贵的渔具。

获得许可

在英国，钓鱼前你需要获得执照。12岁以上的人需要从环保局获得英格兰和威尔士的淡水鱼、三文鱼、鲑鳟鱼、鳗鱼的钓鱼执照。如果你想去私人领地垂钓，那么你还需要获得领地主人的许可。在北爱尔兰，钓鱼前你还需要获得当地政府的许可。在苏格兰获得钓鱼许可较为复杂，因为不同的鱼类和不同的地点需要不同的许可，因此你最好在计划钓鱼前和当地有关部门取得联系。

钓鱼指南

✗ 不要在鱼线还在水中的时候离开鱼竿——在英国，这样做是违法的。不要让带有鱼饵的鱼竿在河上漂流，因为野生动物可能会被鱼饵吸引，被鱼钩挂住。

✓ 除非你需要捕鱼做食物，不然最好把钓到的鱼放回水中。因此，你最好使用无倒刺鱼钩或半倒刺鱼钩，这种鱼钩可以轻松地摘下来，对鱼和其他野生动物（特别是鸟类）的伤害也很小。

✓ 如果你准备把上钩的鱼放生，那么尽量不要将它拉出水。如果鱼已经拉出水，那么不要把它放在干燥的地方或用干燥的手去触碰它（这样做会破坏鱼皮肤表面的黏液）。

✓ 活鱼很难被控制在手里，如果你想拍照留念，最好握着它并跪或坐在地上，然后尽快将其放回水中。不要把鱼扔到水里，要轻柔地握住它，放到水下，让它的头对着上游，直到自行游走。

✗ 在英国，绝大多数情况下，鱼线上用铅坠是犯法的（仍有一些类型的铅坠是合法的），因为这会污染水源，对鱼和鸟类特别是天鹅、鸭子、鹅等水禽的伤害尤其严重。不过，尽管人们可以选择无毒、无铅的坠子，有些钓鱼者还是会用铅坠，不考虑这种行为对自然环境和野生动物的危害。

✗ 不要把断了的鱼线留在岸边或扔到水中，否则可能会给鸟类带来伤害，被鱼线缠绕的鸟儿可能会饿死，或在挣脱过程中受重伤。缠绕的鱼线也会给游泳者、船只和其他钓鱼者带来很多麻烦，并会加剧水源的污染。把破损的鱼线带回家，剪成小段后再妥善处理。

✓ 新手最好向有经验的教练学习钓鱼技巧，了解相关责任。职业钓鱼者协会或钓鱼者基金会等机构能够帮助你找到你家附近的钓鱼俱乐部或教练。

第九章

紧急情况的处理方式

事故时有发生——但我们不能因噎废食，因恐惧发生事故而局限我们的行动。除非你愿意永远待在家中，这可是避免一切户外事故的最佳办法。我们要做的是，了解事故发生的原因，为潜在的风险找到充分的准备对策，并在事故发生时知道处理事故的方法。

风险控制

任何户外活动都有一定风险，这也是户外探险的一部分。最大限度避免危险发生的方法，是学会如何进行风险控制。

评估状况

不论遇到什么情况，你首先应该做的是进行风险评估。这意味着你需要考虑所有可能导致风险的因素，然后想出规避它们或降低风险的办法。

我们在日常生活中经常会评估风险。比如，在过马路时，我们会本能地停下来查看两边是否有车辆。如果路上车很多而且车速很快，你会选择另外一个地点过马路，或暂时先不过马路，等车减少后再过马路。每一次过马路的情况都不同，你会根据自己的经验、能力等因素来做出不同的决定。

在前往不熟悉的环境时，你必须提前做好功课，对其充分了解后才能正确地评估风险。

危险因素和风险

在风险评估时，你需要考虑以下危险因素和风险。

危险因素：任何可能造成人身伤害的因素。比如，在进行户外活动时，恶劣的天气、险要的地势、急流等都可以算危险因素。

风险：因为上述危险因素而受伤的可能性。

风险评估中的重要部分是评估危害的大小。换句话说，是危险可能造成的伤害程度。之后，你需要尽量避免这种可能性发生。比如，你准备在恶劣天气下远足，那么你要提前准备好衣物和必要的装备。如果前方可能发生洪水，那么你需要改变路线或取消出行计划。

团队风险

管理个人风险和管理团队风险有所不同。不论评估何种风险，领队都应仔细考虑每个成员的能力。相同的情况对不同的人可能造成不同程度的危险。比如在划独木船时，领队应该考虑到大家的水性会有高低之分。

每个团队成员都有义务保护自己和他人，并避免自己的言行对他人造成危险。比如，你有时需要放慢脚步，照顾实力较弱的成员，或者向别人求助，而不要担心别人会轻视自己。

调整风险评估

不论你的计划有多么周全，在户外你总能遇到意想不到和无法控制的事情。风险管理的重要组成部分就是接受这一事实并做好随时调整自己计划的准备。有时，你甚至需要取消全部出行计划以确保安全。

如果遇到意想不到的情况，不论它看起来是多么微不足道，你都需要考虑自己的选择会产生什么样的后果。比如，刚刚下了一场雨，让陡峭的路径更为湿滑，你需要考虑万一有人失足会有什么样的后果。需要考虑的因素包括坡度、周围是否有可以抓住的树木或灌木、你身上的负重以及每个团队成员的能力。另外，你还需要考虑是否有其他路径可以到达目的地。

如果你决定继续前进，你需要和其他团队成员进行讨论，并需要让每个成员都知道前方的风险。

风险评估清单

下图是你在进行户外活动时需要考虑的一些因素。记住，根据活动形式的不同，你可能需要补充新的因素。

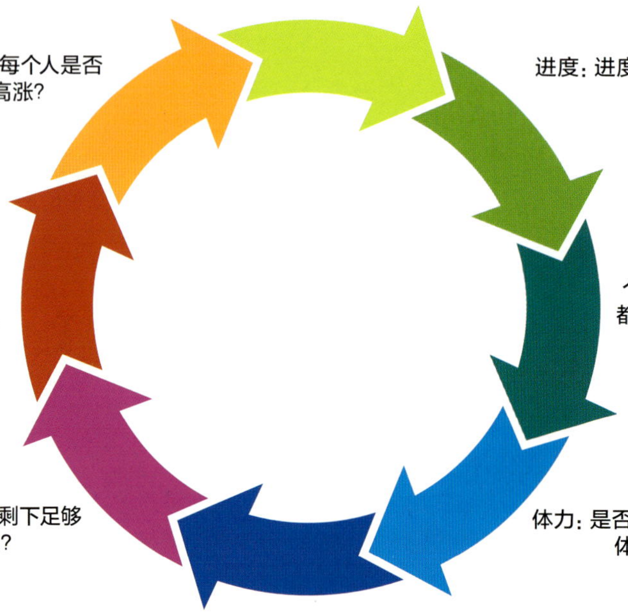

做好应对风险的准备

在户外，经验十分重要，但在你面对陌生的环境时，有时你最好相信自己的本能。如果你感到隐隐不安而不知道原因，那么你最好仔细思考你做出的选择。

掌握一些户外技能在紧急情况下也非常有用。比如，掌握导航技能会让你信心大增，并避免迷路。你可能会随身携带手机，但如果到了没有手机信号的地方，你就得利用地图和指南针来定位，找到最快捷的路径了。

学会基本的急救技能也是必需的，尤其是你计划去偏远地区的时候。本章中有基本急救技能的讲解，但你也可以完整学习由英国红十字会、圣约翰救护救助机构、苏格兰圣安德鲁斯救护机构（圣安德鲁斯救护协会）等机构提供的急救课程。这些机构都有官网帮助你获取相关信息。

最佳窍门

作为个人，最佳的控制风险的方法包括：

- 确保自己身体健康。
- 对目的地和路程有所了解。
- 确保自己选择了合适的衣物。
- 确保自己选择了合适的装备且装备状态良好。
- 确保自己携带了足够的食物和水。
- 提前了解路途中最近的救助站位置。

更多关于辨别方向的信息请见第四章。

急救包

如果路程短于一天，那么每个人只需携带基本急救包即可（见第三章）。但如果日程超过一天或目的地较为偏远，那么你需要带更多的装备，并掌握使用它们的方法。要去正规的商店或渠道购买合格的急救包和急救装备。

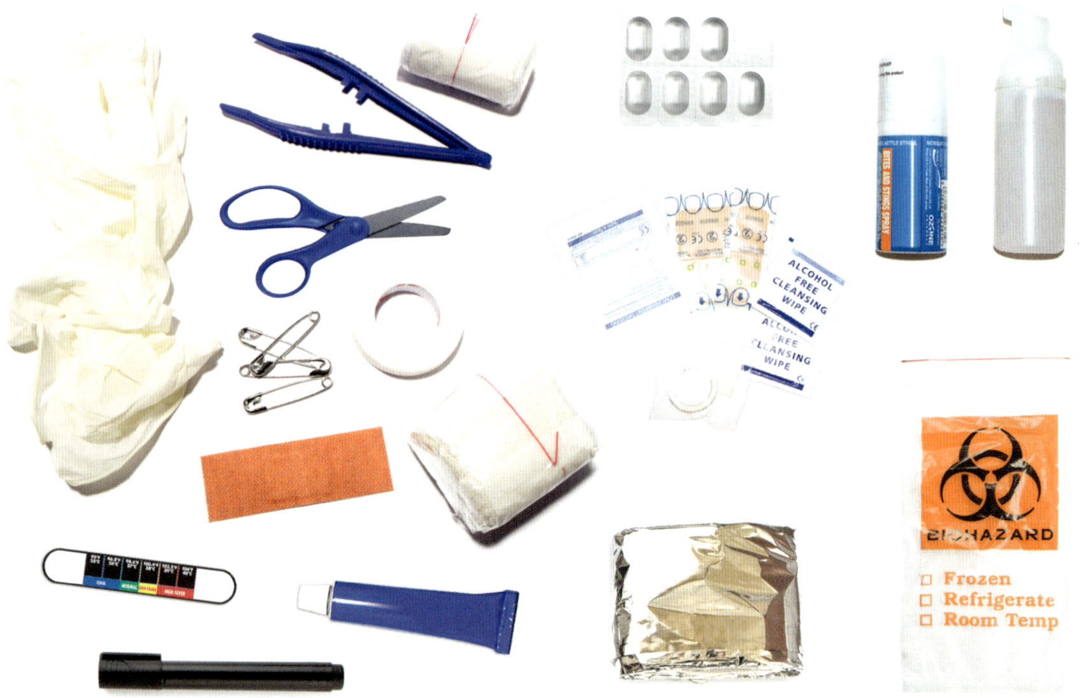

一个大急救包包括：

- 避免低温所需的保暖垫或保暖毯子；
- 人工呼吸面罩；
- 一次性体温计；
- 一次性光笔；
- 钝头剪刀；
- 一次性手套；
- 酒精消毒膏；
- 生物危害废品袋；
- 一次性冰袋；
- 补液袋；
- 烧烫伤包扎带；
- 眼部垫纸；
- 眼药水；
- 消毒纸；
- 消毒膏；
- 固定包扎的安全别针；
- 医用胶带；
- 清理伤口的消毒棒；
- 消毒纱布片；
- 不同尺寸的消毒垫纸；
- 纱布绷带；
- 用于崴脚或骨折固定的三角绷带；
- 不同材质的各种防水贴膏，包括水泡贴；
- 防虫垫；
- 止痛药（需提前查看是否对这些药物过敏）。

如果发生意外

首先，你需要保持冷静，不要因为急于帮助伤者而让自己或其他人遭遇伤害。

快速对情况进行评估，了解刚才发生了什么，接下来你需要做什么。观察周围是否还有其他的危险因素能够危及伤者或他人。尽可能让所有人远离危险区域。不要移动伤者，除非情况特别危急，因为这可能会让他们的伤势加重。

尽可能安慰伤者，平静地把情况和接下来的对策告诉他们。查看伤口并尽量对其进行处理。如果伤者不止一人，那么从受伤最重的人开始。

寻求帮助

如果伤者伤势严重，那么你需要立即呼救。如果有电话，拨打紧急呼救号码（在英国是999，中国可拨打119）。在拨电话前想好你准备怎么说。

救援人员需要知道你们的确切位置，因此你需要根据地图告诉他们你所在的位置，或者告诉他们你身边的路标。如果你不确定自己身在何方，那么告诉救援人员你之前经过的位置，并描述自己后来的行程。

把刚才发生的事情、伤者的身体和精神情况尽可能清楚地告诉救援人员。描述你们所在位置可能面临的危险因素，如大雨、陡峭的山坡等。这样一来，救援人员就知道自己需要携带什么装备。

在救援人员让你挂电话前不要挂电话。

如果团队中有人要去寻求救援，那么他先要确定自己的路线方向，并能够为救援人员提供足够的现场信息。他最好事先把现场的详细信息写下来，包括团队所在的具体位置。

等待救援的时候，伤者和其他人都应该尽可能保持温暖和干爽，避免休克（见205页）。

安全检查

- ✔ 保持冷静。
- ✔ 评估情况。
- ✔ 远离危险因素。
- ✔ 安慰伤者和进行急救处理。
- ✔ 寻求帮助。

更多关于搜救和野外求生的信息请见217~234页。

基本急救方法

下面我们将介绍在遇到事故或紧急情况后经常能用到的基本急救方法。我们提供的是一些基本指导，不能涵盖所有的急救技能。任何前往荒野的团队中必须至少有一位成员接受过急救培训。

休克

休克是人在受伤、感到疼痛或其他状况时的应急反应。休克可能会在受伤后立刻发生或数小时后发生。如果没有得到立刻治疗，休克可能导致生命危险。

休克的症状包括：

- 脸色苍白、冰冷且出汗的皮肤；
- 加速的心跳；
- 短促的呼吸；
- 头晕；
- 口渴。

治疗方法：

(1) 先处理伤口。
(2) 把伤者放在温暖的地方，如毯子或被子上。
(3) 把双脚抬起，超过头部高度。
(4) 松开过紧的衣物。
(5) 在必要的情况下，为伤者盖上毯子以保暖（但不要让其体温过高）。
(6) 使其情绪平静并安慰伤者。
(7) 在伤者恢复或救援人员到来前不要让其进食进水。
(8) 拨打急救电话呼救。

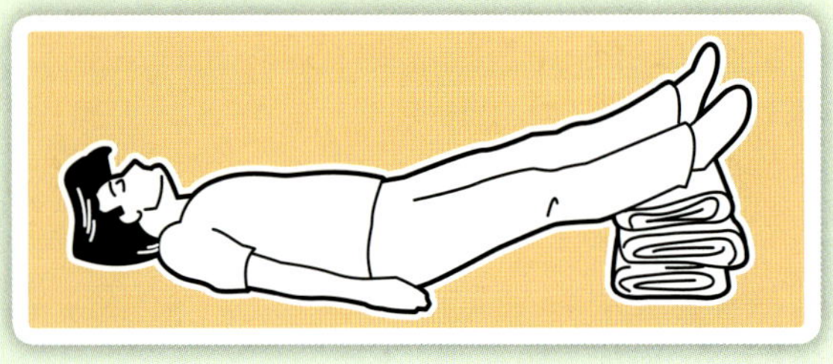

昏迷

如果有人昏迷，他很可能会呼吸困难，你必须立刻采取以下措施。

1. 确保呼吸道畅通

一只手扶住对方的额头，两只手指放在对方的颌下，让头部慢慢仰起。移除口鼻中的任何阻塞物。

2. 检查是否有呼吸

对方的胸腹是否起伏？是否能够听到呼吸的声音？把脸贴近对方的口鼻时，脸颊是否能够感到对方的呼吸？

- 如果对方没有呼吸，你需要帮助其恢复呼吸。
- 如果对方还在呼吸，帮助他恢复姿势（见207页）。

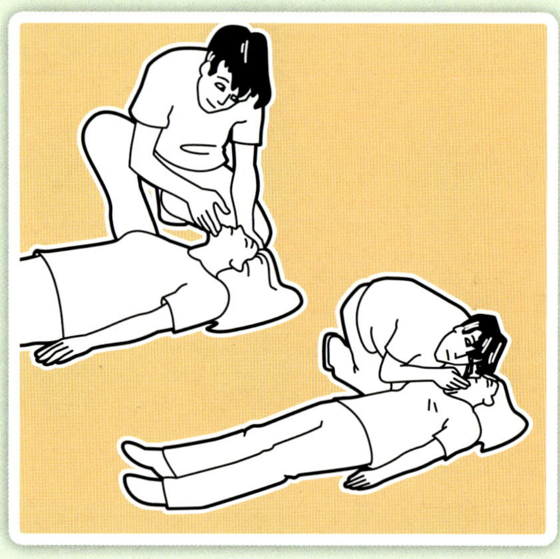

恢复呼吸

如果有人停止呼吸，你需要立刻拨打急救电话，然后对他进行CPR心肺复苏术。

（1）确保对方下颌抬起，头往后仰。

（2）把两手叠在一起，用手掌底部按住对方胸部，即胸骨下半部。用力按下4~5厘米，然后松开。

（3）对胸部施压30次后，做两次人工呼吸。

（4）做人工呼吸时，用手指捏住对方的鼻子。让嘴完全覆盖住对方的嘴，平稳吹气两秒钟，共做两次。

（5）反复对胸部施压30次和两次人工呼吸，直到对方恢复呼吸或救援人员到达。持续做心肺复苏术十分重要，极有可能在救援人员到达之前维持伤者的生命。

儿童心肺复苏术

先做5次人工呼吸，然后重复进行对胸部施压30次和两次人工呼吸的步骤。

溺水者心肺复苏术

先做5次人工呼吸，然后重复进行对胸部施压30次和两次人工呼吸的步骤。如果你身边没有他人，那么在呼救之前先要做一分钟心肺复苏术。

安全检查：不得在呼吸正常的人身上练习心肺复苏术，最好向一名受过培训的急救教官学习心肺复苏术。

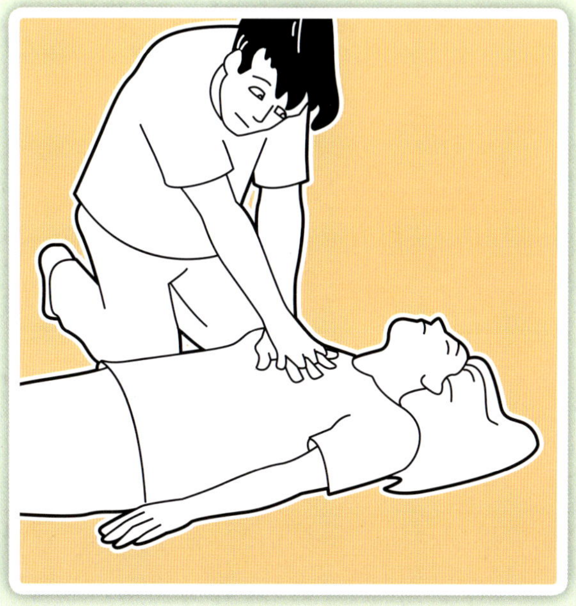

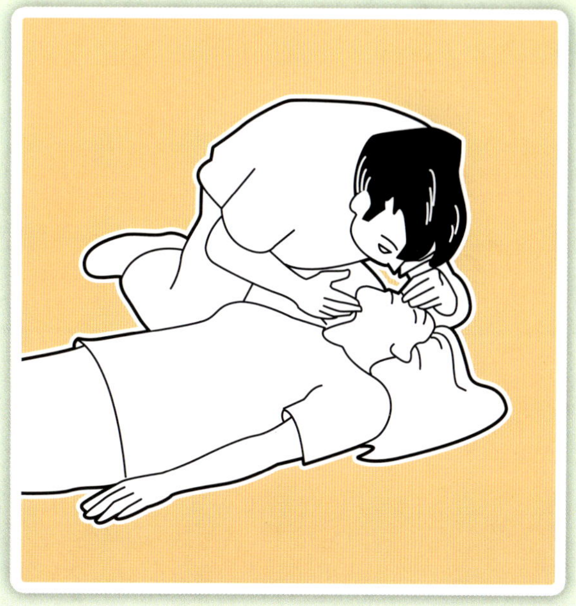

更多关于帮助溺水者的信息请见第八章。

恢复姿势

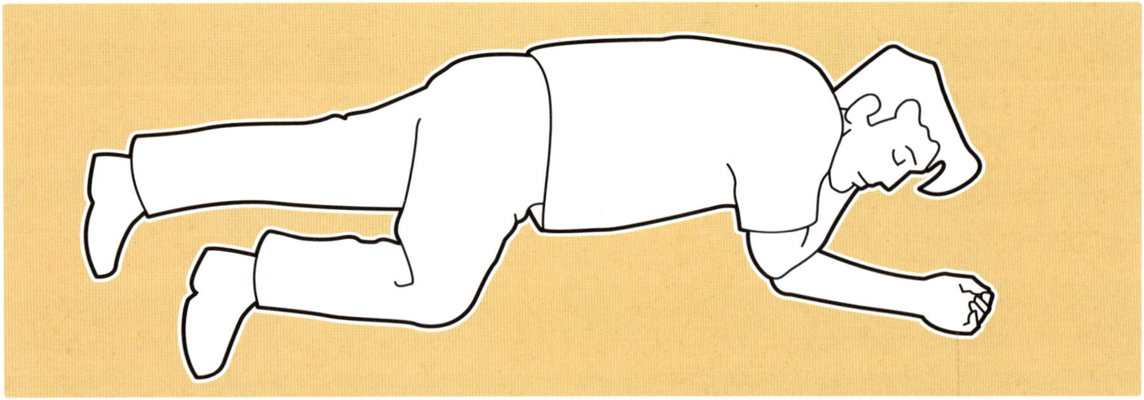

如果有人失去意识但呼吸正常，你可以帮他用恢复姿势躺好。注意：如果你认为伤者脊柱受了伤，那么千万不要移动他，除非他可能会呕吐或噎住。

（1）让伤者胳膊（靠近你一侧的）和身体形成90度角——弯曲肘部并让手心朝上。

（2）把伤者的另一只手垫在伤者的脸部（靠你一侧的）之下。

（3）把伤者靠近你的那条腿拉直，把另一条腿的膝盖抬起，直到脚贴紧地面。

（4）一只手固定住伤者脸下的那只手，另一只手把弯曲的腿向你所在的方向拉，直到对方转过身来。

（5）在此过程中，让弯曲的腿和身体始终保持90度角，避免翻转幅度过了头。

（6）让伤者头部仰起，其颏部和地面形成90度角。这能够保持伤者呼吸道通畅。确定伤者呼吸正常后，陪在他的身边。

（7）立刻拨打急救电话或寻求帮助。

安全检查

- 坠落、头部受伤或任何撞击伤（比如车祸）都可能令脊柱受伤，进而伤及脊柱内的神经，导致瘫痪。脊柱受伤的症状包括身体或头部不自然的姿势、身体麻木、四肢或身体无法移动、头痛或颈部疼痛。
- 如果你认为有人脊柱受伤，那么你应该让其停止移动。除非对方可能遭遇更大的危险，不然不要移动他们，否则可能会加重伤势。在呼救后，蹲在伤者身后，用手扶住他们的头部保持不动。不要托起、移动或调整伤者的头部，如果对方戴了头盔，不要试图摘下来。检查对方呼吸是否正常，如有必要，对其进行心肺复苏术，但这个时候不要仰起对方的头。为对方盖上大衣或毯子以保暖。

腹泻或呕吐

腹泻、呕吐或肠胃炎可能是由细菌传染、食物中毒或饮用了被污染的水造成的。当然，也可能是别的原因造成的，比如服药的副作用、焦虑或其他更为严重的疾病。人在腹泻或呕吐的同时可能会发热或腹痛。肠胃炎一般不会持续很久，如果连续几天症状不退，那么你需要去做医疗检查。

治疗方法:

(1) 你需要喝很多水以避免脱水。如果喝水加重了你的呕吐，你可以分多次少量地喝水。

(2) 如果你携带了补液盐袋，按照说明书将其溶入水中服用。

(3) 尽可能多休息。

(4) 尽可能多吃淀粉含量高的食物（如面包、土豆、意大利面等）。

安全检查：肠胃炎是可以传染的。要想避免被传染或将传染给别人，你必须用肥皂、洗涤剂或除菌剂彻底清洗自己的双手、厨具、脏衣服或杯子。另外，病人最好不要去做饭。

日光灼伤

如果有人被日光灼伤或起水泡，应该把他转移到阴凉处，让他饮用冷水并用温水为皮肤降温。起泡的地方应该用干燥的纱布轻轻包扎。不要挑破水泡。把裸露的皮肤遮盖起来，或在伤口好转前始终待在阴凉处。

安全检查：涂足够的防晒霜，并用遮阳帽和墨镜来保护面部与眼睛。

鼻子流血

(1) 坐下，身体前倾，收下颌。

(2) 夹住鼻子（鼻节下缘），用嘴呼吸，直到流血停止。这可能需要10~15分钟。

(4) 在接下来的数小时内不要擤鼻涕或挖鼻孔。

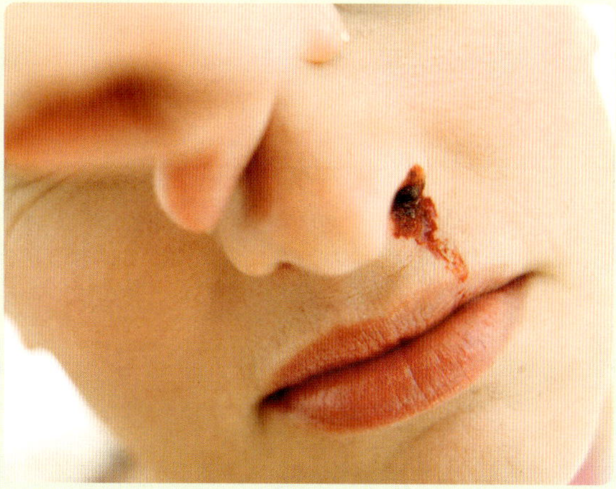

体温过低

在寒冷的环境中待的时间太久，人的体温就会比正常的37℃低1℃~2℃，从而导致体温过低。此时，如果体温再降低1℃~2℃，就可能导致死亡。

体温过低的迹象包括：

- 颤抖、苍白的皮肤；
- 漠然、头脑迷糊、举止异常、无法分清方向；
- 身体乏力或异常活跃；
- 呼吸浅而缓慢；
- 脉搏缓慢或无规律。

治疗方法：

(1) 如果在户外，寻找庇护所。

(2) 体温过低者需要穿上温暖、干燥的衣物，如可能，戴上帽子和手套。

(3) 为他们盖上多余的衣服、毯子、睡袋或安全毯，确保身体和地面之间有保暖的东西。

(4) 如果体温过低者意识清醒，让他们喝加热的甜饮料或吃甜食，如蜂蜜、巧克力等。

(5) 陪着体温过低者，在体温恢复正常前不要让他们入睡。

安全检查

- ✔ 如果热量在快速丧失，想办法迅速增加热量。
- ✔ 如果热量缓慢丧失，就缓慢地增加热量。

脱水

身体的四分之三是由水组成的，但身体无法留住水分，在呼吸、流汗和小便的过程中，我们会不断损失水分。如果不补充那些丢失的水分，身体会出现脱水的现象，甚至可能导致死亡。如果无法补充失去的水分，无论在何种环境中，都会导致脱水。

脱水的迹象包括：

- 感到口渴；
- 干燥的口腔、眼睛和嘴唇；
- 缺乏食欲；
- 缺乏耐心；
- 缺乏活力和恶心；
- 头痛；
- 疲惫；
- 头晕眼眩；
- 无法行走；
- 出现幻觉。

治疗方法：

(1) 找到阴凉的地方休息。

(2) 缓慢补充水分。

(3) 让身体保持凉爽并避免流汗。

轻度中暑

如果温度过高、湿度过大，人可能因为流汗太多而失去太多水分和盐分，从而导致轻度中暑。轻度中暑通常出现在不适应湿热天气的人身上，身体本就不适的人，比如已经呕吐或腹泻，也容易出现轻度中暑。

轻度中暑的迹象包括：

- 肌肉痉挛，特别是双臂、双腿和腹部肌肉痉挛；
- 头痛、头晕、头脑不清醒；
- 出冷汗，皮肤湿黏；
- 恶心、没有食欲；
- 呼吸急促、浅；
- 精神错乱或失去知觉。

治疗方法：

(1) 在阴凉处休息，把双脚抬起。

(2) 大量喝冰冷的液体，最好是水。

(3) 解开衣服，用湿衣服或水让皮肤降温。

(4) 在身体恢复后依然需要医生进行检查。

中暑

轻度中暑如果得不到治疗，会导致中暑。中暑是因为身体被太阳晒得太热或在炎热的环境下工作太过辛苦，导致身体无法调节体温造成的。中暑的人必须立刻得到治疗，降低体温。

中暑的迹象包括：

- 炎热、干燥的皮肤；
- 发红但没有汗水的脸庞；
- 体温过高、脉搏很快（见12页）；
- 严重头痛和呕吐；
- 失去意识。

治疗方法：

(1) 将中暑者放在阴凉的地方。

(2) 脱掉外层的衣物，让身体降温。

(3) 用温水而不是冰水擦头部、颈部和胸部。

(4) 用扇子帮助身体降温。

(5) 如果中暑者意识清醒，让其喝微凉而不是冰凉的水。

安全检查

✔ 脱水：
身体缺乏水分。

✔ 轻度中暑：
因为炎热和大量流汗而丧失水分和盐分所引起。

✔ 中暑：
身体过热并且无法降温。

警告

- 不要直接把中暑者放在冰水中，否则可能让其休克、停止呼吸。
- 不要用湿毛巾或毯子盖住他们。否则可能会影响身体散热，甚至升高体温。

被蚊虫叮咬

蜜蜂、马蜂和多数昆虫的叮咬都可以用冰袋或冷敷法处理。如果蜜蜂把刺留在了伤口中，用刀尖或干净的指甲将其去除。不要去挤伤口，这会让毒液渗入得更深。

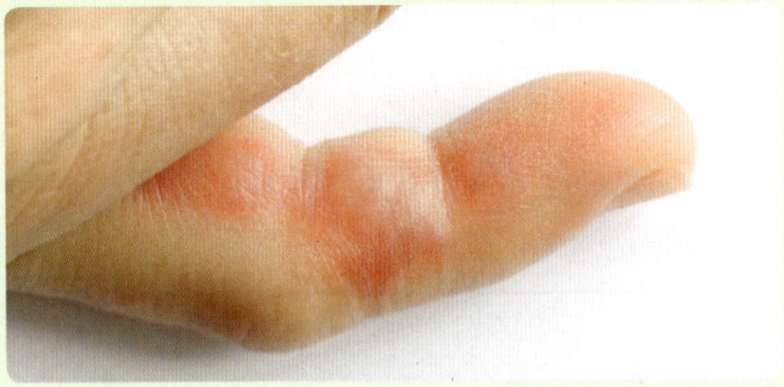

蜱虫：蜱虫会深深地咬住皮肤，即是它们的身子被扯下，口器也会留在皮肤上，可能会引起感染。想要把蜱虫从皮肤上拿下去，你需要把手指或镊子尽可能贴近皮肤，然后轻轻地、稳稳地将蜱虫一下子拉起。在拉的过程中，不要转动它的身体或捏死它，不然毒液可能会进入血液中。如果蜱虫的口器还留在皮肤上，你要用镊子将其夹出或寻求医护人员的帮助。在去除蜱虫后，用肥皂和水清理伤口，并用冰袋消肿，然后为伤口除菌。

过敏

在身体对某种东西反应强烈时，你的身体会出现过敏性反应，甚至出现过敏性休克。食物、蜜蜂或马蜂的蜇伤、药品或者某种特定的东西都可能造成过敏。

过敏反应可能是轻微的痒、红斑或红肿，也可能是无法呼吸、心脏衰竭。你可能在接触到过敏原后立刻出现反应，也可能在数小时后出现。无论如何，立刻得到治疗都是至关重要的。

过敏的迹象包括：

- **红肿或痒，特别是在和过敏原接触的地方。比如，如果你对某种食物过敏，那么你的嘴或喉咙可能会红肿。**
- **部分皮肤或整个身体出现红斑。**
- **眼睛红肿、发痒。**
- **喉咙发肿、呼吸困难、发出嘶嘶的声音。**
- **头晕、焦虑和恐惧。**
- **肚痛、呕吐或腹泻。**
- **血压突然下降导致昏迷不醒。**

治疗方法：

（1）立刻找到医护人员进行治疗。

（2）让过敏者尽可能远离过敏原。

（3）如果能够找到肾上腺素注射液，立刻为过敏者进行注射（备注：如果你随身携带肾上腺素注射液，那么你应该教会身边的人如何进行注射，以便你无法为自己注射时有人能够助你一臂之力）。

（4）如果过敏者呼吸困难，帮助其坐起。如果过敏者头晕，让其躺倒并抬起双腿。

（5）如果过敏者失去意识，检查并清理其呼吸道，确保呼吸正常。之后，让其以恢复姿势躺好（见207页）。

窒息

如果有人喉咙噎住但仍能呼吸和咳嗽，那他们可能会咳出喉咙里的东西。你可以问下他们是否需要帮助，在得到肯定的答复后，为他们拍拍后背。

如果喉咙噎住的人无法说话或咳嗽，那么他们多半无法呼吸并需要立刻得到帮助。你可以采取以下动作，但记得不要对没有窒息的人这样做。

（1）用掌根连续击打肩胛骨中间部位5次，每次击打后都快速检查喉咙中的东西是否吐了出来。警告：不要把你的手指伸到对方嘴中抠取或者试图让对方呕吐。

（2）如果这种方法无效，快速按压他们的腹部，每次按压后检查他们是否已经吐出了喉咙里的东西：

- 站在他们身后，胳膊围住他们的腰（如果是儿童，那么你需要跪下）。
- 一只手握拳，让大拇指处于肚脐和胸骨的中间位置。
- 用另一只手握住拳头，然后向里向上使劲压下去。

（3）在按压5次后，拍打背部5次，然后再次按压，以此类推。

（4）如果重复3遍后对方还在窒息，那么你需要先拨打急救电话，然后继续重复刚才的动作。

（5）如有必要，对其做心肺复苏（见206页）。

拍打后背

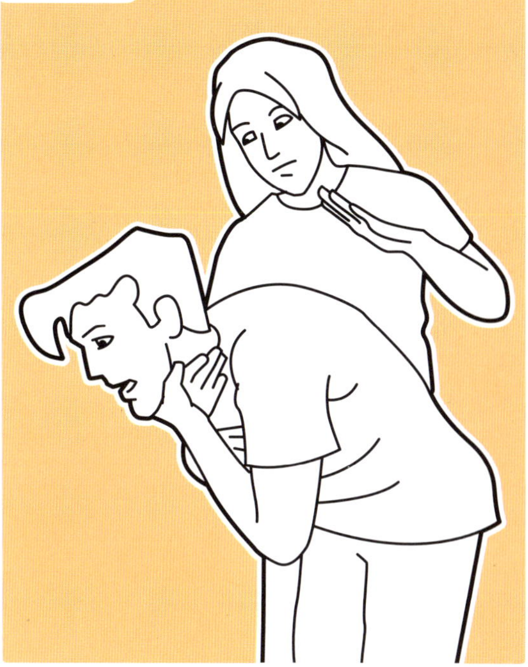

按压腹部

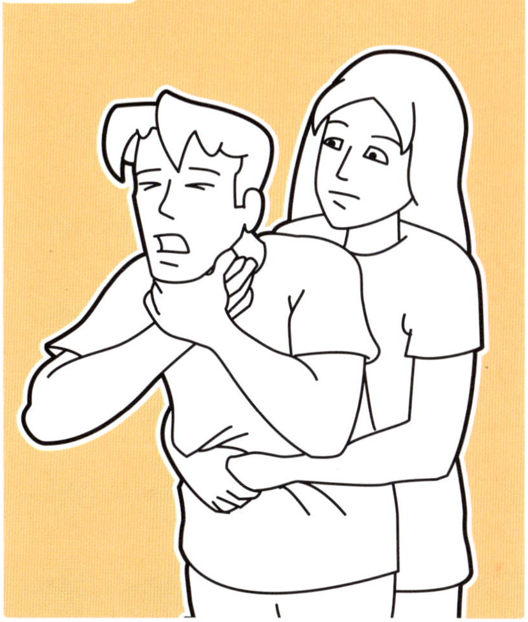

烧伤和烫伤

碰到太烫的东西、化学制品或电流会造成烧伤。太烫的液体则会造成烫伤。你需要尽快把烧伤和烫伤的地方冷却。

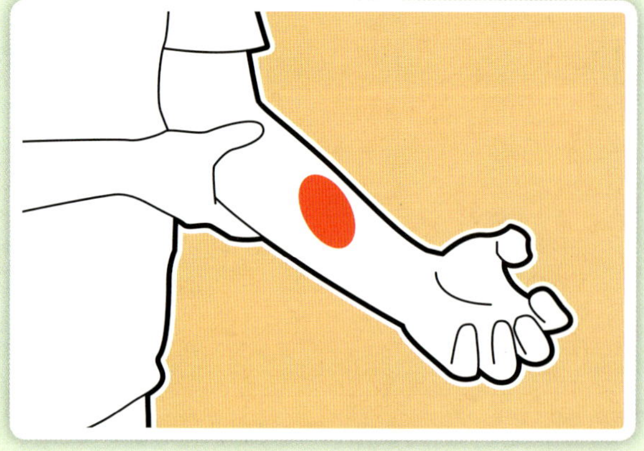

治疗方法:

(1) 不要让伤口再次被烧伤或烫伤。你可以用水或毯子将火熄灭。如果有人因触电而被烧伤，先关上电源，再使用木棍等绝缘的物体将伤者拉开。

(2) 移除伤口附近的衣物或珠宝，除非它们黏在了皮肤上。

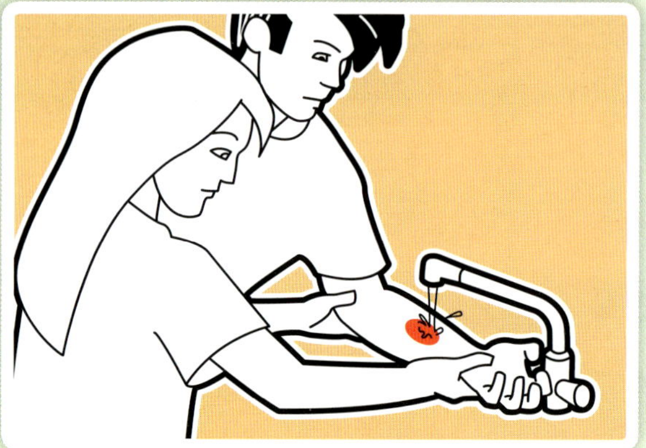

警告: 小心不要被烫到。

(3) 尽快用水清洗伤口至少10分钟。你最好用自来水、溪水等活水，或把伤口泡在水中。确保水温是凉的或温的。不要使用冰水或冰。

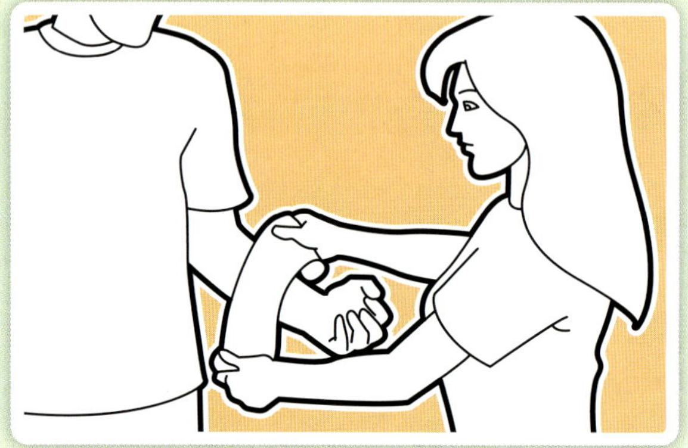

(4) 用多余的衣物或毯子为伤者保暖，但不要盖住伤口。

(5) 在伤口冷却后，用消毒的布料、保鲜膜或塑料袋将伤口包扎。

(6) 如果伤口很大，皮肤起泡，伤口在脸上、手上、脚上，或烧伤是电流或化学制品引起的，那么伤者应该尽快得到治疗。不要刺破水泡。

安全检查: 不要在烫伤的地方涂膏或油脂(比如奶油)。

严重失血

如果有人伤势严重或大量失血，你需要尽快止血。失血太多可能让人头晕，导致心跳和呼吸加速，无法站起，甚至死亡。和其他任何问题一样，你需要保持冷静，并安慰伤者。在处理伤口前，如可能，先戴上一次性手套。

治疗方法：

（1）把伤口附近的衣物移除，查看伤口里是否有东西嵌入。

（2）如果伤口里面没有东西，用纱布、药签或其他东西（最好是干净的）按住伤口。如果你找不到别的东西，那么只用手也可以。固定好不要动，不要抬起来检查伤口。如果纱布上全是血，在那上面再加一块纱布。在流血减缓或停止后，用绑带把纱布固定好。

（3）如果伤口里有东西，避免挤压到它。固定住它的两侧后，用纱布绕着它围好，再用绷带把纱布固定好，但不要让绷带挤压到它。不要试图去除它，而是应该寻求医疗救助。

（4）如果伤口在胳膊或腿上，把胳膊和腿抬到心脏以上的位置。做好处理休克的准备。

（5）尽量让伤者保持温暖和舒适，立刻求救。

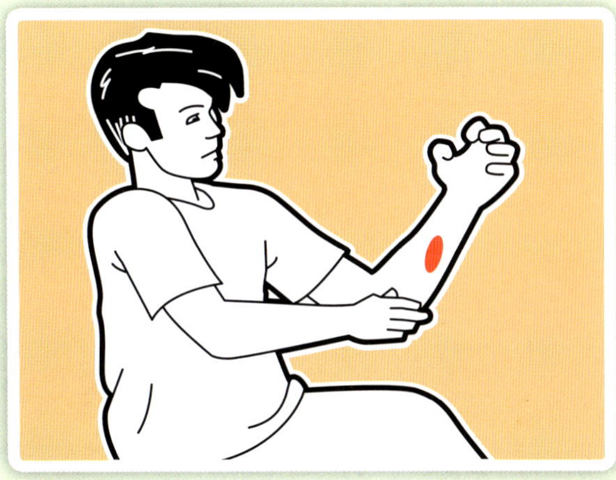

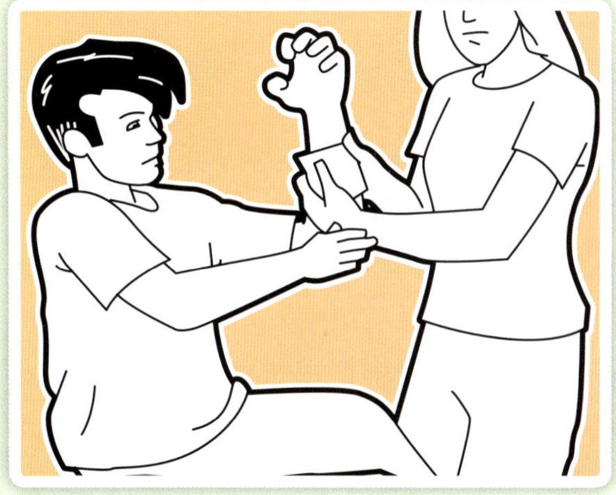

轻微创伤

小伤口应该尽快得到处理以避免感染。处理伤口之前和之后都要洗手。尽可能戴一次性手套，特别是伤口在流血的时候。

治疗方法：

（1）如果伤口上有土，先用清水将伤口清洗干净。

（2）把伤口附近的皮肤清理干净。

（3）用干净的棉签或纱布拭子把伤口擦干净。

（4）用消毒过的纱布把伤口覆盖起来，用膏药或胶带将其固定。不要用药棉或其他蓬松的东西。

扭伤和拉伤

在韧带过度拉伸或断裂时，扭伤就会发生。韧带的作用是将骨头与关节连接在一起。同理，肌肉过度拉伸或断裂时，拉伤就会发生。在急救中，扭伤和拉伤可以用同样的治疗方法。但是，如果你不确定自己是扭伤还是骨折时，按骨折来处理。

扭伤和拉伤的迹象包括：

- 关节或肌肉附近疼痛。
- 擦伤、压痛和红肿。
- 关节无法承重。

治疗方法——牢记RICE法则：

（1）休息（Rest）：立刻停止一切活动。

（2）冰敷（Ice）：用冰袋或冷垫为伤处冰敷。

（3）舒适（Comfortable）：把伤处包扎起来，为其提供舒适的支撑，但不要包扎得太紧。

（4）抬高（Elevate）：把伤处举起。

安全检查

- 不要对伤处进行热敷。
- 不要按摩伤处。
- 不要让伤处承重或承压。

骨裂或骨折

骨伤分为骨裂和骨折。如果骨头刺穿了皮肤或者你能从伤口处看到骨头，这就是有创骨折。如果皮肤未破，这是无创骨折。

骨裂或骨折的迹象包括：

- 剧痛，特别是移动伤处的时候。
- 伤处红肿、瘀伤。
- 伤处看起来形状奇怪，扭曲，或者比正常情况下短。
- 断骨刺出皮肤。

治疗方法：

（1）不要触碰伤者，立刻寻求医疗救助。

（2）有创骨折。

- 如果是有创骨折，伤口在流血，你需要先止血，避免伤口被感染。围绕着伤骨，把伤处用敷垫或其他干净布料覆盖起来，注意不要直接挤压到伤骨。
- 用绷带包扎起来，注意不要挤压到骨头。伤者可能需要接受手术，因此不要让其进食或喝水。完成包扎后，按照无创骨折继续进行处理。

（3）无创骨折。

如果是无创骨折，尽可能用敷垫、毯子、衣物为伤处提供支撑，比如：

- 把T恤或毛巾缠绕在受伤的脚踝上，然后用绷带包扎。不要包扎得太紧，那会阻碍血流循环（见后文）。用垫起的毯子或背包将腿抬高以避免瘀血。
- 把受伤的手腕或手指用敷垫或其他柔软的物品裹住，然后用绷带包扎固定。用三角形绷带或长袖针织套衫或运动衫把前臂挂在胸前，确保手的位置高于心脏。不要把三角形绷带打结在脖子后面，以避免增加颈部压力。另外，不要把绷带包扎得太紧。

血液循环安全检查：在包扎手脚、胳膊、腿部时，确保绷带不会太紧，以免影响血液流通。按一下手指或脚趾，看看血色是否会在3秒内回来。如果没有的话，又或者手指或脚趾发蓝、冰冷、麻木，那么你需要将绷带解开。

为伤臂制作吊带

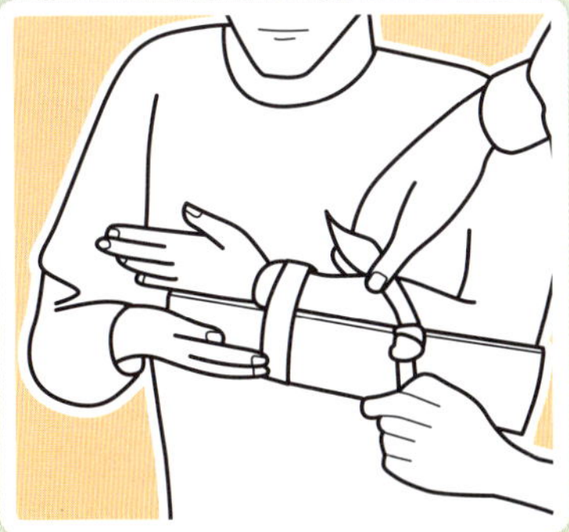

1 用硬板、木头或卷起来的纸为伤臂提供支撑。

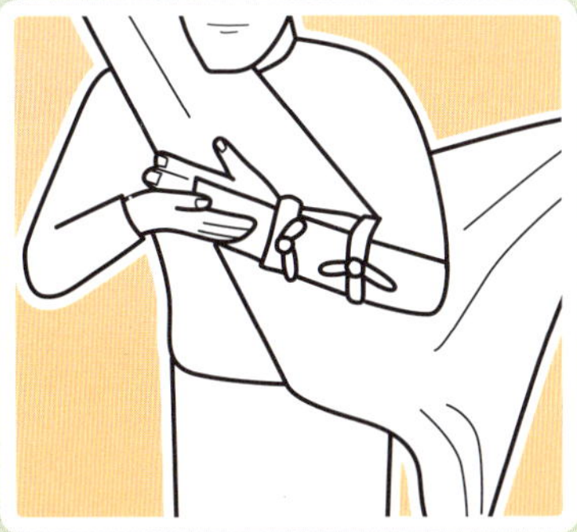

2 轻柔地把三角形绷带放在伤臂下，让绷带两端都敞开。

3 把绷带下方的一角缠过脖子并打结。把另一角绕在肘部上。

如果你没有足够大的绷带，可以用长袖针织套衫，把两个袖子打结。

如果脚踝骨裂或骨折，你需要用多余的衣物、桌布或毛巾将脚踝裹住。用绷带、皮带或绳子包扎固定，让脚始终离开地面。

搜救

如果你在比较偏远荒凉的地方遭遇意外，那么你需要帮助救援人员找到你所在的位置。

增加能见性

如果你无法打电话或派人去寻求帮助（见204页），也无法继续前进，那么最好的选择就是留在原地等待，直至你的家庭联系人发现情况不对，并替你联系了救援人员赶来。

在这种情况下，首先要让伤者尽可能保持舒适，并为每个人找到庇护所，比如袋子、毯子、帐篷或睡袋，或搭建临时性的帐篷（见225~228页）。

接下来，尽可能增加自己的能见性。为了让救援人员能更容易发现你，你要用颜色鲜艳、闪亮或有金属配饰的衣服或其他东西，让你所在的位置从天空上清晰可见。如果周围有高点或开阔的土地，在那里设置自己的标记。

烽火

烽火信号是寻求帮助的有效方法。白天，烟雾清晰可见，夜里则可以看见火光。除用于烹饪和取暖的营火之外，单独准备柴火用于烽火。但如果你的燃料有限，无法同时点燃火堆和烽火的话，你应该首先将燃料用于取暖。

如果你有足够的燃料准备烽火的话，要把木柴堆好并盖起来，这样可以保持木柴干燥，并能在听到或看到急救飞机时迅速点燃。你还要准备一堆绿叶、绿草和新鲜树枝，用于制造浓烟。你应该在远离树木和灌木的地方生火，以避免野火蔓延。把森林点燃有害无益，也无助于你的求救。

更多关于生火的信息请见第六章。

声与光

发声和发光也是吸引注意力的好办法。国际通用的登山求救信号如下：

- **6声急促的口哨声，然后安静等待1分钟，然后再次发出6声急促的口哨声。不断重复。**

你也可以用这一信号在其他环境中求救。如果你没有口哨，也可以敲击岩石或金属厨具，或直接大喊。

你也可以用光来发求救信号。在夜晚，你可以使用手电。在白天，你可以用镜子或金属来折射阳光。

摩斯电码中的SOS求救信号是全球通用的求救信号，它也可以通过声音或光亮来发送。SOS求救信号如下：

- **3次短促的声音或闪光，3次较长的声音或闪光，3次短暂的声音或闪光。**
- **安静等待1分钟，然后重复。**

如果有人收到了你的求救信号，你会收到一个“收到”的回复。

收到的回复如下：

- **3次短促的声音或闪光，静默1分钟，再次重复。**

或者你可能会看到白色闪光。

安全检查：不要在不必要的情况下发出求救信号，因为他人会信以为真。在不必要的情况下求救，可能会导致真正需要帮助的人无法获得帮助。

摩斯电码

发明于19世纪40年代的摩斯电码本用于发送电报。摩斯电码是由一组组长短不一的圆点、短线、声音或光亮组成。每一组摩斯电码代表一个字母，通过不同的组合就可以发送字句。目前，摩斯电码依然在世界各地广泛应用，特别是在求救时。

你不需要背下摩斯电码，但最好随身携带一张摩斯电码表。

发送摩斯电码的关键是圆点和短线的时间长短：

- **短线应该是圆点时间的3倍长。**
- **每个圆点和短线之间的停顿，相当于一个圆点的时间长度。**
- **字母与字母之间的停顿，相当于3个圆点（即一条短线）的时间长度。**
- **单词与单词之间的停顿，相当于6个（即两条短线）圆点的时间长度。**

A	● —	N	— ●	1	● — — — —
B	— ● ● ●	O	— — —	2	● ● — — —
C	— ● — ●	P	● — — ●	3	● ● ● — —
D	— ● ●	Q	— — ● —	4	● ● ● —
E	●	R	● — ●	5	● ● ● ● ●
F	● ● — ●	S	● ● ●	6	— ● ● ● ●
G	— — ●	T	—	7	— — ● ● ●
H	● ● ● ●	U	● ● —	8	— — — ● ●
I	● ●	V	● ● ● —	9	— — — — ●
J	● — — —	W	● — —	0	— — — — —
K	— ● —	X	— ● ● —		
L	● — ● ●	Y	— ● — —		
M	— —	Z	— — ● ●		

发送信息

AAAAA……	不断重复这个信号表示“我有信息想要发送”。
AAA	句子结束（后面还有信息）。
EEEEE……	不断重复这个信号表示“错误”（从上一个正确的单词再次开始）。
AR	信息结束 。

接收信息

TTTTT……	不断重复这个信号表示“正在接收信息”。
K	我已准备好（请发送信息）。
T	收到单词。
IMI	请重复（我不理解刚才发送的信息）。
R	收到信息。

一些常用的信号

SOS求救	● ● ● — — — ● ● ●
发送	● ● ● / ● / — ● / — ● ●
帮助	● ● ● ● / ● / ● — ● ● / ● — — ●
受伤	● ● / — ● / ● — — — / ● ● — / ● — ● / — ● — —
迷路	● — ● ● / — — — / ● ● ● / —

从地面向空中发送信息

在开阔地，你可以在地上摆出图案引起路过的飞机的注意。你需要仔细思考自己究竟应该发送什么样的信息，因为得到信息的飞行员往往会为了救人而承担巨大的风险。

下面，我们将介绍一些飞行员之间通用的信号（你也可以直接在地面上摆出SOS求救信号）。

你应该让图案尽可能的大。一般来说，图案至少有3米宽、10米长，每个字母之间的距离至少有3米。

你可以用石头或木头摆出求救信号，或者在地上挖沟。颜色鲜艳的背包、被单、衣物等会与地面颜色形成对比，让图案的效果更好。

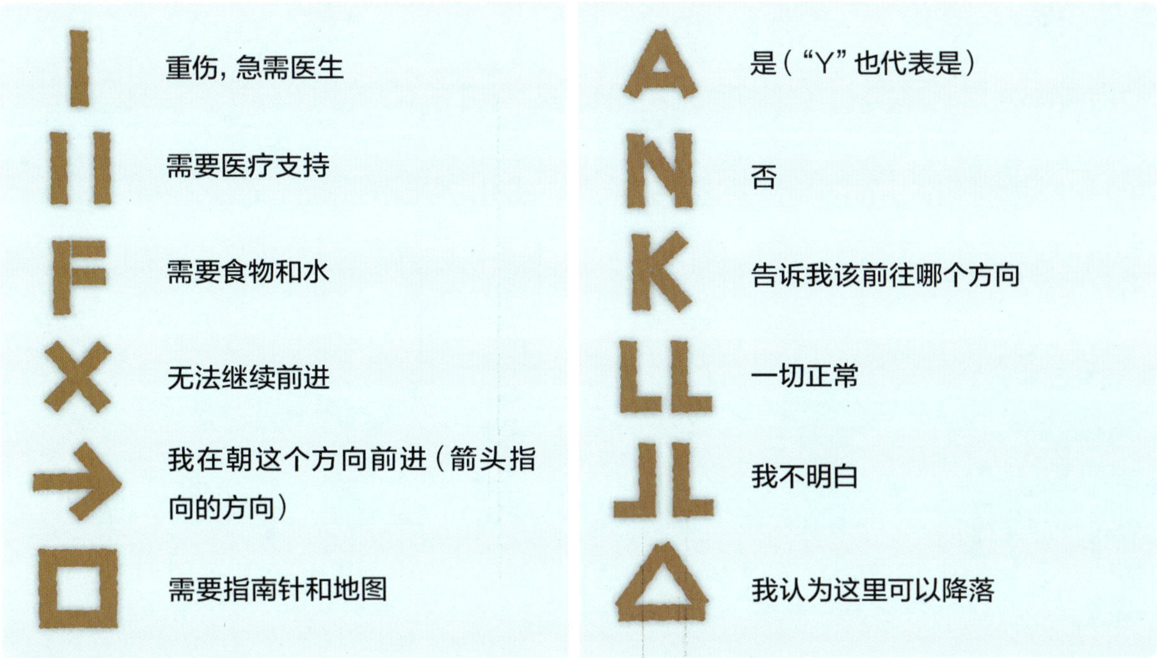

飞机的回复

如果有飞行员看到你的信息，他们的答复方式：

1. 收到，明白
   - 在白天，飞行员会摇一摇机翼。
   - 在夜晚，飞机会闪绿灯。
2. 收到，但不明白
   - 在白天，飞行员会朝右边转圈。
   - 在夜晚，飞机会闪红灯。

安全检查：在救援人员来到你身边后，你要在离开之前去除所有的求救标记。

用身体发出信息

如果你看到了飞机，却没有时间在地面上做出标记，那么可以用身体动作发出信息。你要尽量用夸张的动作让你发出的信息清晰可见。你需要准确控制自己的四肢，确定自己什么时候要面向飞机，什么时候要侧对飞机。在做出“是”和“否”的动作时，右手可以拿着衣物来强化动作的含义。

如果你们继续前进

如果团队所有成员可以继续前进，并且你认为这样做是明智的，你应该在地面上留下标记，让看到标记的人知道你们曾到达这里并已离开。比如，可以在地面留下巨大的箭头，指示你们前往的方向。

在前进的时候，要一边走一边留下标记，以便救援人员可以跟随你们的路线。而且，如果你们迷路或需要原路返回的话，标记也能够帮上你们的忙。

在每次停下来休整时，要写一张“信息条”，写下之前发生了什么和你们接下来的计划，以及当前的日期，然后将“信息条”装到什么东西中，挂在树上或用树枝固定在地面上。你们可以用跟踪标志来标明“信息条”的位置。

跟踪标志

你们可以用各种东西来制作跟踪标志，比如木棍、石头、捆起来的草、在木头上刻的字，前提是它们不会被雨水冲走或被风刮走。将标志放在显眼的位置上，便于被人发现和易于理解。

1. 有很多种方法来制作方向箭头，比如：

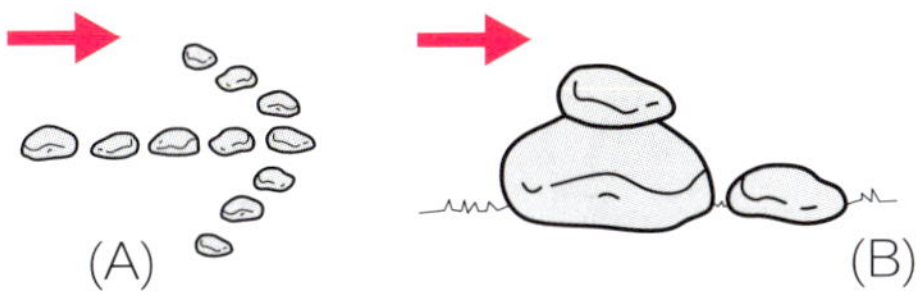

(A) (B)

你可以直接用小石头摆成箭头（见A图），或把小石头放在大石头上，把另一块小石头放在大石头旁边以指示前进的方向（见B图）。

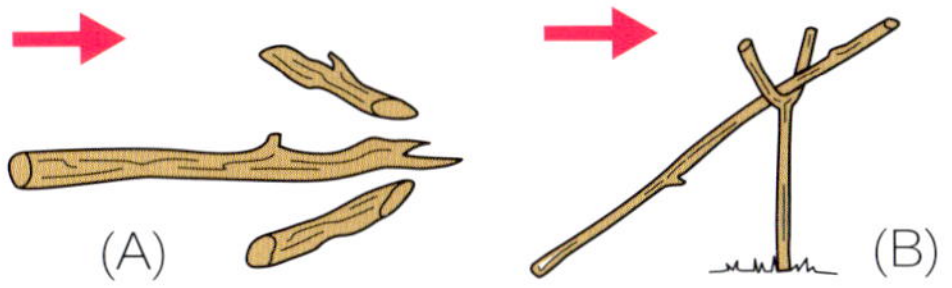

(A) (B)

你也可以用三根树枝制作箭头（见A图），或把一根树枝放在木杈上来指明方向（见B图）。

你也可以用反手结把很多草捆在一起，然后让其指向你前进的方向。

2. 左转或右转

你可以用带转折的箭头（见A图和B图）或在木板上刻出的箭头（见C图）来指明该左转还是右转。

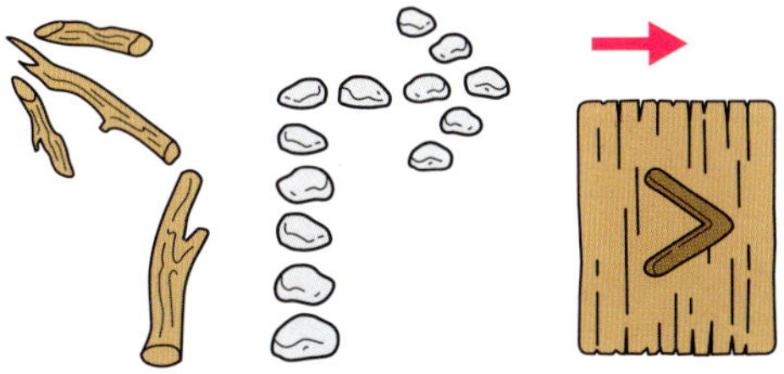

(A) 左转 (B) 右转 (C) 右转

3. 不要向这个方向前进

在出现岔路时，用木头或石头堆出叉号，指出哪条路不能走。

4. 团队分开

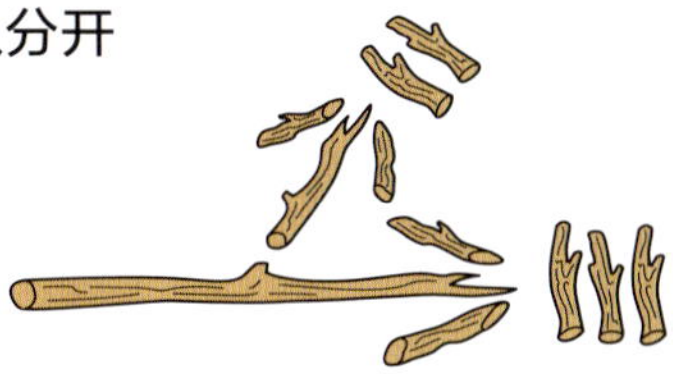

用连接在一起的箭头表示不同的方向，在箭头前面用木棍表示前往该方向的人数。在图中，两个人向左边的方向走，三个人朝右边的方向走。

5. 此处留有信息

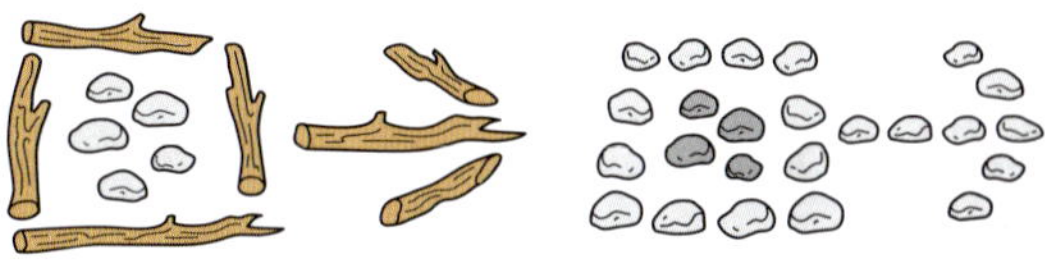

一个有箭头的方形表明此处留有信息。方形中的石头数量意味着信息离箭头有多少步的距离。

6. 前方有障碍物

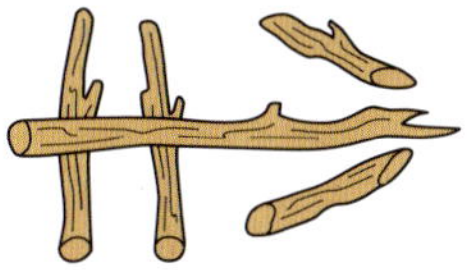

箭头后面或底下有两根直线意味着前方有障碍物。

7. 前方有水

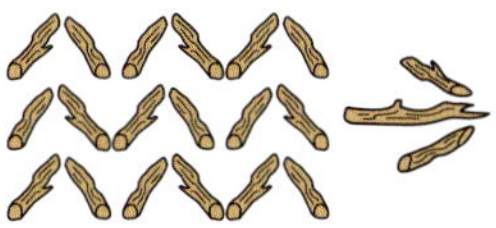

箭头前至少有三根波浪纹意味着前方有水。

荒野求生

在野外，发生事故只是各种紧急情况之一。除此之外，天气可能会突然恶化，你可能无法继续前进、迷路或丢失了全部装备。本书中的信息会帮助你尽可能避免这些情况的发生，但有时你是无法控制一切因素的。因此，你要做好最坏的打算，做最好的准备。

处理意外情况

不论你准备多么充分，也无法预料所有可能发生的情况。但是，你可以充分利用你的装备、利用你身边的任何东西和你的知识、经验，来应对前方可能发生的各种状况。

在野外求生是一项严峻的挑战。你可能会感到焦虑或恐惧，身心都倍感压力。但野外求生的成功者的经验告诉我们，野外求生最关键的技能就是让自己保持正确的心态。不论遇到什么样的情况，相信自己的能力能够应对一切，往往能够逆转困境，转危为安。

野外求生的知识

自信来自知识储备和对你自己的认识——你有多少在该环境下的生存技能，自己的极限在哪里，以及能够坚持多长时间。你需要知道什么时候不可莽撞，什么时候必须休息，这和知道什么情况下必须坚持下去同样重要。

接下来，我们将介绍一些野外求生的实用技能——如找到庇护所、食物和水等。和本书中的其他内容一样，这些都是最基本的指南和入门。每一种野外环境都有所不同，所以，多经历，多积累，才能让自己越来越强。

个人野外求生装备包

野外求生装备包必须体积很小，这样才能随身携带。随着你经验的丰富，你会知道自己需要多大的装备包，以及里面都需要放些什么。下面是一些最基本的装备。

- 容器：最好是传统的、能够盖紧的烟草盒或糖果盒。在空无一物时，盒子可以当杯子或小锅，盖子擦亮后可以用来反射光线，发出信号。如果你选择使用塑料盒，那么你要多放一面小镜子在里面。
- 绝缘胶带或普通胶带：你可以用胶带来封容器。胶带有很多用处。
- 引火物：蜡烛，一次性打火器和15~20根火柴，木火柴要永远裹在锡箔纸里。可以把火柴头放在融化的蜡里，让其变得防水，但在使用前要把蜡去掉。
- 较大的针和结实的线。
- 安全别针。
- 皮筋。
- 手术刀片。
- 线状锯。
- 指南针。
- 净水片。
- 盐。
- 葡萄糖。
- 鱼线、鱼钩、漂浮座（鱼线也可用作扎捆）。
- 防水药膏、无菌伤口缝合线、消毒巾。
- 用来盛水或取水的结实塑料袋。

为了更安全、更方便地收拾装备，你可以把小的物件归纳到几个有拉链或可循环密封的塑料袋中。

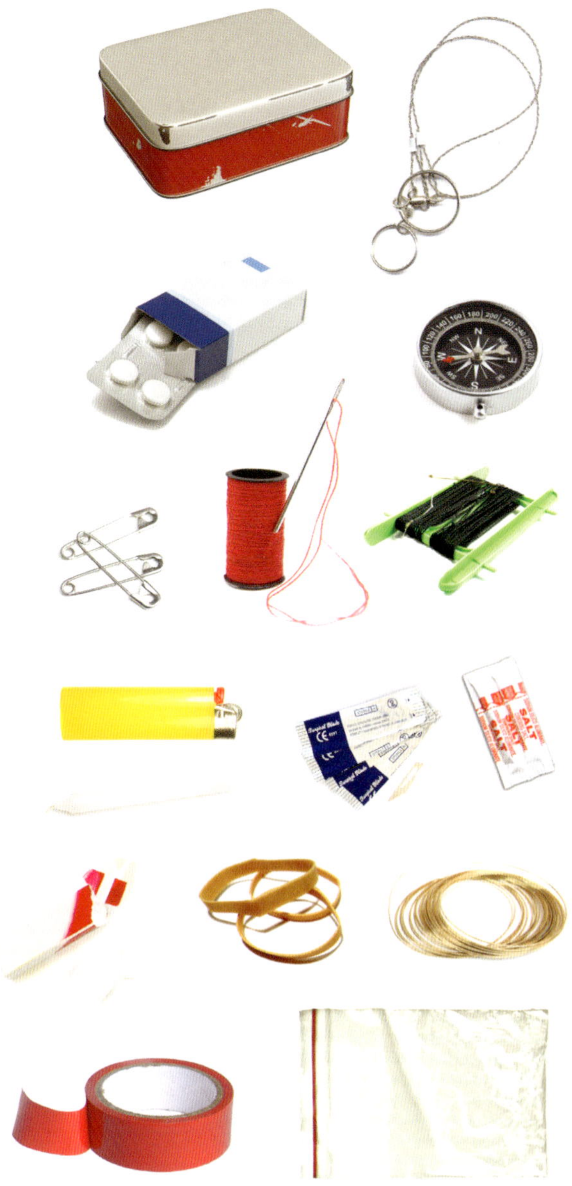

安全检查： 除了上述装备之外，你需要携带口哨、手电筒和小刀。同时，笔和纸也是很实用的。

更多关于继续装备的信息请见第三章。

求生的优先顺序

和之前提及的风险评估一样（见199~202页），在野外求生时，你必须决定先做什么，后做什么。具体的顺序要根据你面临的状况和所处的环境而定。

如果团队中有人受伤，伤者要先得到治疗，以防止伤情恶化。接下来，需要决定是留在原地还是继续前进。一般来说，留在原地等待救援是上策。但如果你周围很危险——比如有洪水、落石或没有庇护所——那么你可能需要前往一个更安全的地点。

寻找庇护所

找到能庇护自己的地方很重要。风雨、寒冷甚至极度炎热，会让你体力很快消耗殆尽，导致体温过低或中暑（见209~210页）。因此，很明显，首先要找到一个合适的庇护所。

如果你有帐篷，那么你应该尽快把帐篷搭好。搭建帐篷需要不少时间，所以最好在太阳落山前就完成，越早越好。

你需要选择一个最好的地点。你可以尽量选择在山丘、巨石或树木旁边搭建庇护所，这些地方能够帮助挡风遮雨，但要确保附近不会出现洪水、落石，也没有昆虫的巢穴或其他凶猛动物。

如果你需要在一个地方待很长时间，那么必须把庇护所打造得尽可能坚固。一个有安全感的住所能够让你更好地处理其他问题。但如果你还在不断前进或者需要紧急庇护所，那么先快速地找一个可以提供临时温暖和保护的地方，然后再去寻找更好的庇护所。

你可以用绳子、油布、木杆和树枝搭建帐篷（见89~90页）。你也可以参考以下几种选择：

更多关于搭建帐篷和野营的信息请见第五章。
更多关于生火的信息请见第六章。

洞穴

洞穴或凸出的山壁也可以提供临时庇护所。但你需要确定那里从上到下、从入口到洞里都没有落石或土地松动的迹象，并且检查有没有蝙蝠、蛇或其他野生动物。如果洞穴很浅，你可以用木棍或树叶茂盛的树干在洞口搭建一个倾斜的挡风墙。

洞穴一般潮湿寒冷，不适合做长期庇护所。不过，如果洞穴足够大，你可以在里面生起一堆火来取暖。但不要在洞口生火，否则烟会飘到洞穴里来。要在洞穴深处生火，那样上升的烟会顺着洞顶飘出去（前提是洞口没有被挡住）。

较浅的洞穴

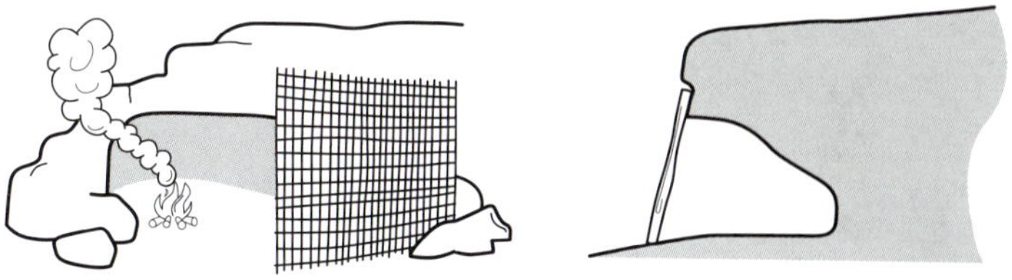

较深的洞穴

最佳窍门

- 不要选择没有屏障的高地。最好选择坡下、避风的地点。
- 尽量避免谷底或地底，因为那些地方晚上会潮湿阴冷。
- 不要直接躺在地面上。如果你没有睡袋的话，可以在地面上铺上草、树叶、树枝、木头或其他你能找到的东西。
- 你可以在火堆后搭建反射墙来增加周围的温度（见162页）。

树木

在森林里，你能找到倒在地上的树或折断的大树干。如果你找到一根完全折断的树枝，可以将其绑在一个树杈的底部，做一个类似三脚架的结构。将一些树枝和树叶堆在三脚架上，然后用一些土把边缘压住，以提供额外的保暖和保护效果。

有时候树木在倒下时会连根拔起，在地上形成一个大洞，并在一侧有垂下的“树根墙”提供保护。你可以把洞壁加强一下，让它变得更安全。

生火时，尽量选择远离树木的地点。

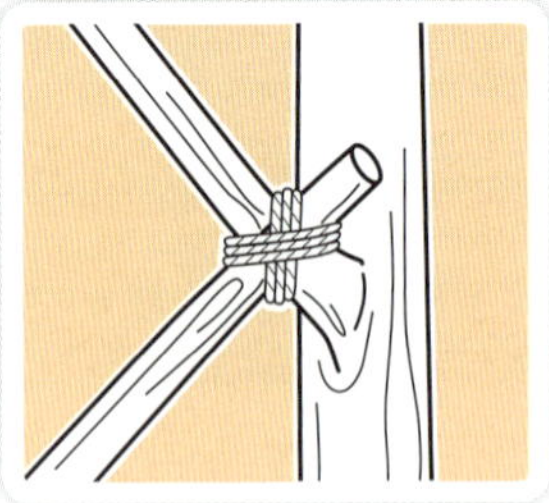

把折断的树枝一端放在树杈处并绑起来。

地洞

地里的洞也可以做庇护所，特别是在一侧有树干或巨石的时候。用一根较为结实的树枝把洞挖得更深。然后，你可以在上面搭上一堆树枝或木棍做“屋顶”，上面再铺上油布、树叶、苔藓或草皮。“屋顶”应该是倾斜的，这样雨水可以从上面流下来。

最好在洞的两边挖出排水沟，特别是你在山坡的时候。不然的话，洞可能会被雨水淹没。

如果你是在平地上，可以挖一根洞，在洞的四周用土或石头堆一道矮墙。之后，在上面用树枝、树叶或草皮做一个“屋顶”。

(A) 搭在树干上（或巨石上）。

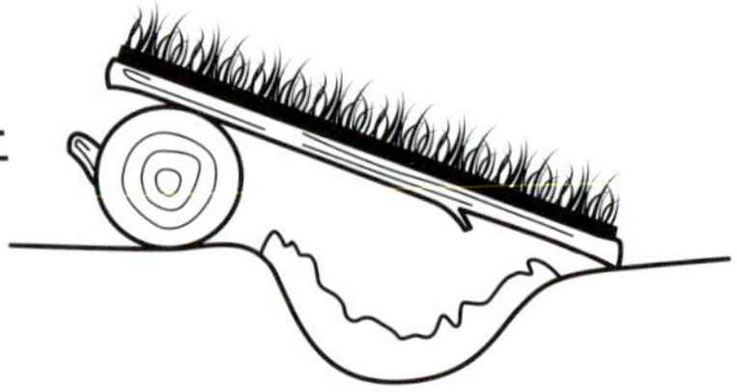

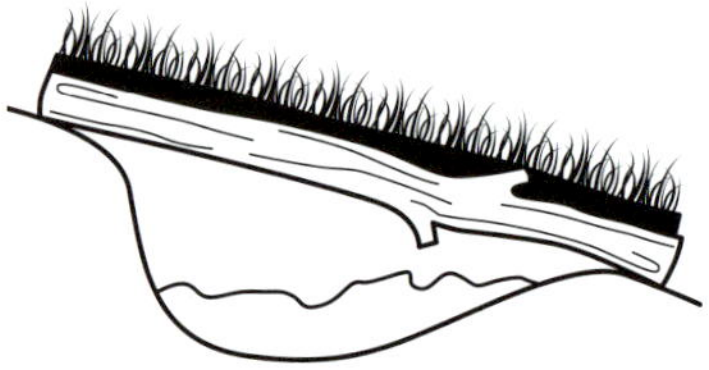

(B) 在没有树干或巨石的山坡。

(C) 在平地可以用土或石头堆起矮墙。

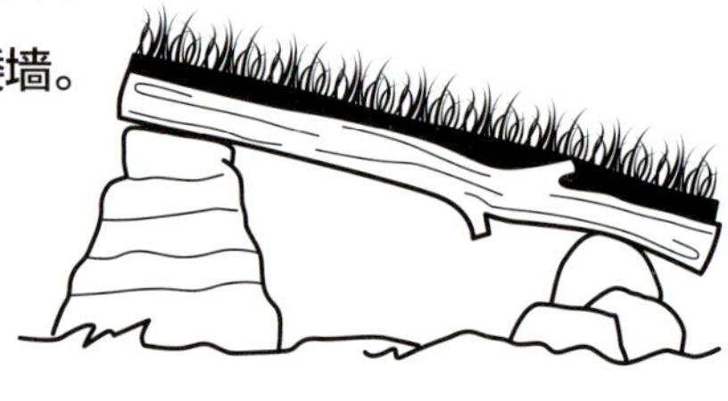

冰雪

雪坑：厚厚的积雪可以成为你的帮手，会在树下形成最简易的庇护所。如果树枝不是很高而且很结实，四周围绕着和树枝差不多高的积雪，那么在树枝下面可能会形成一个雪坑。小心地从背风处开始挖掘，注意不要触碰树枝上的雪。

雪洞：如果积雪有所松动，那么你可以挖出一个雪洞。首先，挖出一个足够自己藏身的空间。如果雪足够结实，那么你可以挖一个足够放下你自己和所有装备并能生火的空间。要在雪洞往里比较高的位置生火。雪洞地面的四周要挖一条小沟，用于引流墙壁上化掉的雪水。

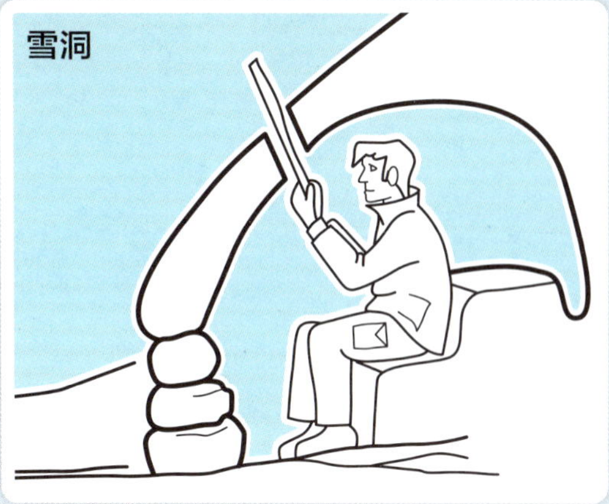

记住，热空气会上升而冷空气会下降，所以，需要挖出一个高于地面的休息平台，以避开最冷的冷空气。你需要在洞壁上挖出通风口（见图）。出口要用东西挡住，但不要堆得太紧，以防止在夜里冻成一块。

雪沟：你还可以选择在雪地里挖一条雪沟，把油布或木棍做的框架铺在上面做“屋顶”，然后在上面铺上松针，再在上面铺上一层雪（见图）。记住留出通风口。在沟底铺上树枝、木棍或其他任何你能找到的东西，以避免直接躺在冰冷的地面上。

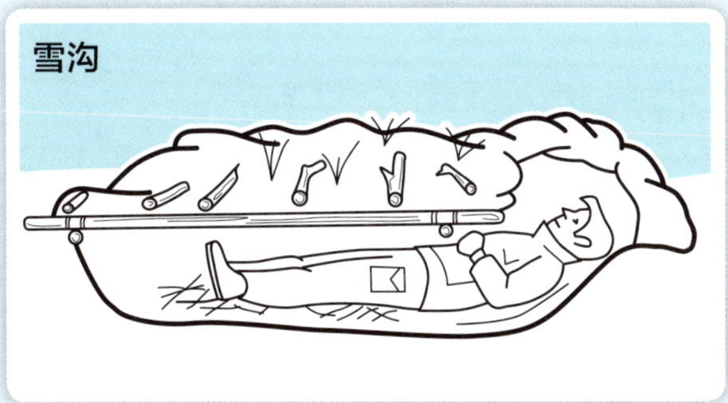

警告：如果你的庇护所通风状况不佳，你可能会因为一氧化碳聚集太多而中毒。庇护所里至少要有两个通风口，一个在屋顶上，一个在下面，以确保空气的流通。在雪中的庇护所中，你要经常用木棍捅捅通风口，确保其畅通无阻。

安全检查：在雪地庇护所外面留一个旗帜或标记，以便救援人员能够看到你。

水

寻找水源和寻找庇护所几乎同等重要。人体每天需要消耗两三升的水。如果我们无法补充同量的饮水，就会导致脱水（见前文209页），并在3~5天内死去。相比之下，人可以在没有食物的情况下坚持3周。

寻找水源

谷底、沟底和岩沟是最有可能找到水的地方。如果地表没有水的痕迹，但土地是绿色的或有很多碎石，那么你可以尝试往下挖半米深左右。在山区的话，找找缝隙里是否有留下的雨水。树木或其他植物的出现通常意味着周围有水源。动物也同样需要水，因此你可以顺着动物的足迹寻找水源。

安全检查： 野外的水可能会不卫生，特别是死水潭中的水或有些黏绿的水。如果你找到了小溪，至少要往上游走0.5千米，确保水里没有动物尸体。在袜子或其他东西里放些苔藓或沙子，将取到的水进行过滤，然后再将水烧开5分钟（见前文131页）。

最佳窍门

- 如果水很少，那么你应该每隔一段时间喝一小口水，而不是一次把水喝光。
- 尽可能不要让身体损失水分。为避免流汗，尽量减少不必要的活动。
- 尽可能在阴凉处待着，用鼻子而不是嘴进行呼吸。
- 尽可能少吃东西。你的身体需要水分来消化食物，特别是脂肪。如果你不能在进食后补充水分，那么身体就会使用体内已有的水分。

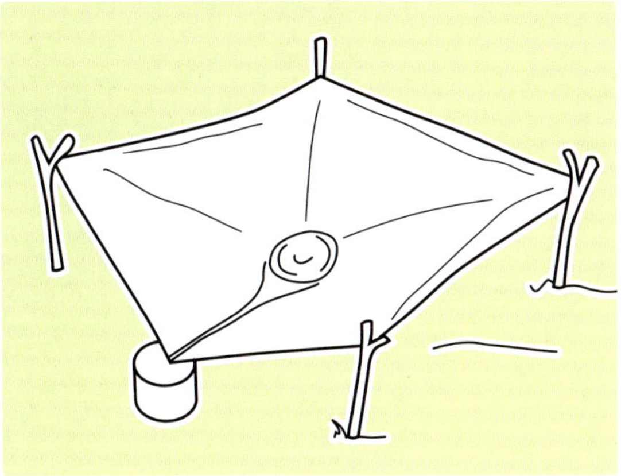

雨水

即使附近有水源，你也最好在下雨时收集雨水。即使在有空气污染的地方，雨水通常也可以直接饮用。你可以用任何容器收集雨水。如果你有塑料或防水的袋子或被单，较大的金属或箔，甚至只有一些树皮，你都可以用它们接雨水。

把你能找到的材料尽可能舒展地铺在地面上，然后四角吊起或用其他东西将其固定在木棍上，让容器离开地面并略微倾斜。把一块干净的石头或东西放在中心，形成一个聚水洼地，把另外一个容器放在较低的一端以接住流下的雨水。水满了之后就换另一个容器。容器满了之后就盖好。

露水

即使没有雨水，你也可以收集露水。如果你周围有植被，可以把干净的衣物在草地或其他植物上拖来拖去以收集露水，然后把露水拧到容器中。你需要在清晨收集露水，因为太阳出现后露水会蒸发。

冷凝

植物会从土壤中吸取水分然后输送到叶子中。如果你有塑料袋，并且有太阳照射，可以把塑料袋系在有叶子的树枝或植物上。要将口袋口系紧，以防止湿气流失，并且不要让叶子直接触碰到塑料袋。在阳光下，叶子蒸发出的湿气会逐渐在塑料袋上凝固，最后流到塑料袋的底部。

你也可以把新鲜的树枝树叶放在塑料袋里，然后把塑料袋放在一层石头上，等待水分逐渐在塑料袋底部出现。确保塑料袋没有直接触碰到叶子，另外让塑料袋的一角朝下，以便所有的水分都会流到同一个地方。当袋子中不再产生水分时，就更换新的树枝树叶。

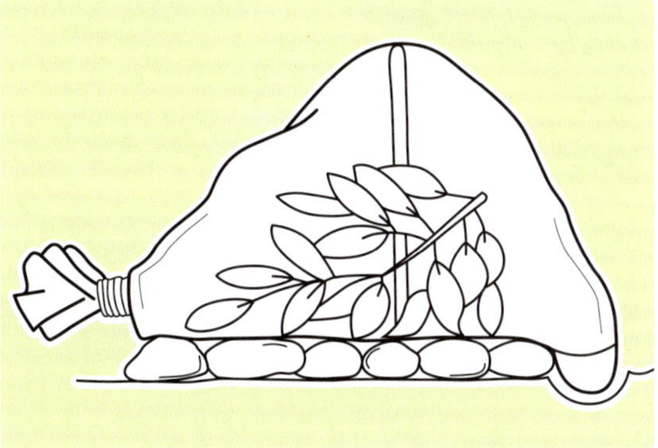

食物

我们需要食物提供营养，而且我们需要各种不同的食物——仅靠一种食物是活不下去的（见第9页）。在野外，这是一个优势，因为我们可以消化各种各样的食物（只要它们没有毒），但这也意味着我们必须花更多的精力收集不同的食物。

野外多多少少会有些你能够吃的食物。对于你来说，真正的挑战是识别不同的食物。很多网站和书籍都有关于如何在野外收集食物的信息。接下来，我们将介绍一些最基本的知识。

这能吃吗？

野外有数以千计的植物都是可食的，可食的部分可能是它们的叶子、茎部、根部、果实或种子。但有少数植物会让你生病，甚至死亡。有时，同一种植物的某些部分是可食的，其他部分是不可食的或在煮熟后才可食用。

要想知道哪些植物的哪些部分是可食的，你需要积累大量的知识，或学会测试它们的安全性（见后文）。在野外进食的黄金法则是：如果你觉得有所犹豫，那就不要吃。

更多关于野生菌类的信息请见第二章，26页。

蒲公英是一种很常见的可食植物。嫩叶可以生吃，老叶煮熟后可食用。蒲公英的根部烤熟或煮熟后也可食用。

食物测试

你需要在确保植物安全后再食用它。每一步都要小心测试，完成一步，再进行下一步。只允许一个人进行食物测试。如果有不良反应，立刻喝大量的水（最好是热水），在身体恢复前不要吃任何东西。如可能，把之前吃的东西吐出来。

（1）闻一闻：把植物碾碎或打开，闻闻里面的气味。如果气味难闻，或闻起来是桃子或苦杏仁的味道，这种植物是不可食用的（见安全检查）。

（2）接触皮肤：把植物的汁液略微放一点在自己胳膊内侧。20分钟后，看胳膊是否会出现红肿、发痒或红疹的迹象。

（3）尝一点：放一点点在嘴唇上，5秒钟后拿开。20分钟后，观察是否有灼热、刺痛、麻木或其他不良反应。如果没有的话，继续用同样的方式：

- 放到嘴角；
- 放在舌尖；
- 放在舌下；
- 咀嚼。

（4）吞咽：吞咽一点点，然后等上5个小时。在此期间不要吃或喝任何东西。如果你没有出现腹痛、头晕、胃痛、腹泻、喉咙痛或发麻等不良反应，那么这种植物多半是安全的——但一开始也只能吃一点点。

安全检查

- 不要吃流乳白色汁液的植物，除非你十分确定是安全的（比如蒲公英）。
- 不要吃红色植物，除非你十分确定是安全的。比如毒芹类植物，茎部有红色或紫色的条纹或斑点，却因为有着羽状叶和白色花朵而经常被当作野生萝卜或西芹。
- 不要吃任何闻起来像桃子或苦杏仁的植物。这两种味道意味着剧毒的氢氰酸的存在。
- 不要吃你觉得认识的植物，除非你十分确定。很多有毒植物与可食用的植物长得很像。比如，毒芹看起来和西芹就很像。

荨麻是一种常见的富有营养的植物。荨麻的嫩叶可以煮茶或像菠菜一样食用。荨麻的老叶子可以在煮过后去掉纤维，然后加在汤里。

捕鱼

通过大量食用各种不同的植物，比如坚果、谷物和豆子，你就能够获得身体需要的足够营养。但如果你靠近江河湖海，并且有制作渔网、鱼线、鱼钩的材料，那么捕鱼也是个不错的主意（海草和贝类动物也是不错的食物，详见前文35~36页）。

大多数鱼都是可食的，且有些鱼尤为美味。很多淡水鱼或咸水鱼都有锋利的牙齿和鱼刺，有些种类的鱼刺是有毒的，你必须特别小心。有一些鱼还会从皮肤上分泌出有毒的液体，因此如果你捉到一条陌生的鱼，最好剥皮去骨后再食用。有些热带鱼的肉也是有毒的。

鲤鱼、狗鱼、斜齿鳊都是常见的淡水鱼。

更多关于钓鱼的信息请见第八章197~198页。

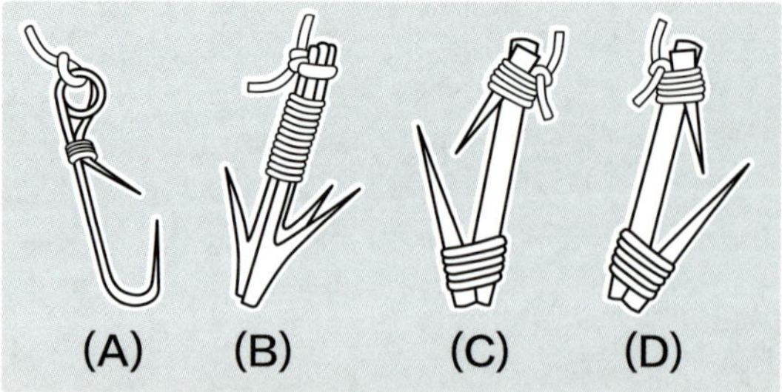

你可以用弯曲的别针（A图）、植物刺（B图）、尖锐的木刺（C图）或动物骨头（D图）制作鱼钩。

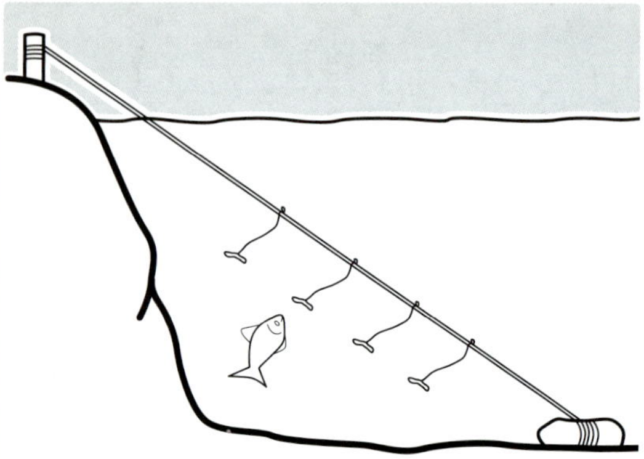

一个很实用的捕鱼方法是设置一条或多条鱼线，然后在上面挂很多鱼钩。把鱼线的一端绑在岸边的树干或木头上，用短线把鱼钩系在鱼线上，挂上诱饵（蠕虫、蛆或昆虫），然后把另一头捆上石头小心地放入水中，防止鱼线缠到一起。

警告：如果你捡到死鱼，不管看起来多新鲜，都不要吃它。除非晒干或烟熏，不然死鱼会很快腐烂，食用很危险。

肉

捕猎需要丰富的经验和知识，如果你是新手，那么捕猎的体力消耗会远远超出你可能从猎物身上得到的。如果你实在很饿，更实际的选择其实是吃昆虫和虫子。

蚱蜢、蚂蚁、蠕虫、蛞蝓、蜗牛、毛虫、蛴螬等都是获取蛋白质、脂肪、碳水化合物的好来源，世界各地都有很多人都把它们当作食物。在吃较大的昆虫前，你最好把翅膀和腿拔掉，吃毛虫时，把内脏挤出来吃掉就好了，不要吃它的皮。

无脊椎动物可以煮熟或烤熟了吃。如果你无法接受直接吃昆虫，那么你可以把它们打成糊糊，然后用火或阳光把它们烤干成粉。这些粉可以拌到其他食物里，这样你避免了直接吃虫子，又能获得它们的营养。

警告： 不要吃颜色鲜艳的蜗牛、毛虫或其他昆虫，它们多半是有毒的。另外，最好不要吃蜘蛛。

最佳窍门

- 先吃那些你认识的植物，比如荨麻、蒲公英、野蒜。
- 如果你找到了大量可食的植物，不要把它们全都拔光。留下足够的植物，让它们继续生长。
- 一次只测试一种新植物。
- 不要一次吃太多的新食物——让你的身体先熟悉它。
- 不要认为动物能吃的食物你也可以吃。
- 不要吃任何看起来陈旧、不健康或发臭的东西。

更多关于在没有厨具的情况下进行烹饪的信息请见第五章139~142页。

更多信息

使用互联网

▶互联网上的信息不全是真实、精确的，也不一定是最新的。你需要先确认网站提供的信息是可信赖的。专业网站一般都会有“关于我们”或“我们是谁”的信息，而且还会提供联系方式和地址。

▶如果你打开一个网页，上面有让你不舒服或感到恐惧的图像或信息，退出这个网页或直接关上电脑。

▶下载免费电影、音乐或其他内容可能对你吸引力很大，但记得这些内容很有可能受版权保护，因此下载它们和偷窃一样是违法的。

▶从没有认证或违法的网站下载东西，可能导致你的电脑中毒。

互联网安全

互联网上有关于各种话题的信息。但和其他事物一样，互联网上也有危险。上网时，你要足够聪明，懂得如何保护自己。如果你还不到18岁，那么不要在未获得父母或监护人许可的情况下在网上输入你的个人信息。

举报他们！

在英国，如果你收到了恐吓或令你不舒服的信息、图像或其他内容，要把这件事告知你信任的成年人或相关机构。

你也可以通过图书或在老师与家长的帮助下，了解更多关于互联网安全的信息。

童子军：一生的探险

英国童子军协会为英国超过40万名年轻人提供挑战和探险的机会。在这里，男孩和女孩都将进行团队协作、学习担当责任，并学会在实践中学习知识，来激发自己的潜力。

英国童子军的活动向所有6岁到25岁的人开放，不论他们拥有什么背景、信奉什么宗教、是什么种族。童子军的成年志愿者是这家机构能够坚持至今的关键。

我们的年轻人……

▶交新朋友和尝试新体验。

▶赢得徽章和大奖，包括爱丁堡公爵奖。

▶参与超过200种不同的探险活动。

▶参与野营、海外旅游，与世界各地的童子军见面。

▶学会童子军的必要技能，并传承下去。

▶带领小团队，学会领导才能，丰富自己的简历。

我们的志愿者……

▶将成为10万成人团队中的一员，协助英国全境内童子军的活动。

▶为社区累计提供超过3.64亿小时的志愿者服务。

▶为218个国家的2800万名童子军提供支持。

▶根据职位和个人发展接受不同的培训（比如，童子军每5年都会为超过7万名成年人提供基本急救技能的培训）。

▶成为世界上最大的和平组织中的一员。

我们的挑战……

▶虽然有超过10万名成年志愿者，我们的童子军在英国各地还有3万人在等待参与各项活动的机会。因此，如果你愿意作为成年志愿者参与我们的话，我们可以为更多的年轻人提供在当地组织参与探险的机会……而成年人自己也可以参与探险！

为什么我要成为志愿者？

▶如果没有成年志愿者的话，我们就无法维持童子军运动，也无法实现为年轻人组织更多户外探险的目标。实际上，如果没有数以万计的成年志愿者的经验和热情，童子军本身都将不复存在。

▶不论你每周只有几小时还是有一年的空闲时间，或者是只愿意参加一个项目，你都可以参与到童子军志愿服务之中。我们在每个地区都有大量的需求，我们需要童子军领袖、财务、互联网设计、经理等各个职位的志愿者，而我们可以根据你的时间、技能和兴趣为你量身打造适合你的位置。

我能获得什么？

▶我们希望你能够通过童子军活动获得欢乐以及认识新的朋友。我们也可以帮助你拓展个人各方面的能力，比如获得认证的培训和证书。我们的培训计划让你能够锻炼自己的领导力、管理能力、和年轻人协作的能力以及其他实用技能。如上所述，我们可以根据你的时间、技能和兴趣为你量身打造适合你的个人发展计划。

- 志愿者为本地社区的贡献将受到整个社会的认可。我们的合作伙伴领导力和管理学院、开放学院网、培训和职业学院等机构都会为我们的志愿者提供受认证的标准培训。

下一步该做什么？

- 在相关的图书或网站找到更多关于各地童子军的信息，并了解年轻人和成年人能从中获得什么。
- 如想了解如何利用弹性的时间参与童子军成为志愿者，你可以求助于父母、老师或朋友。
- 登录志愿者相关网站了解更多关于志愿者服务和当地志愿者机会的信息。

你知道吗？

- 年轻人作为童子军参加的探险活动比其他机构都要多。
- 参与童子军的成年志愿者人数比英国广播公司的员工（2.7万人）和英国麦当劳的员工（6.7万人）加起来都要多。
- 童子军协会的主席贝尔·格里尔斯是成功攀登珠穆朗玛峰中的人当中最年轻的。
- 没有其他机构能够像童子军一样提供这么多富有挑战和激动人心的活动。
- 在登陆南极的人当中，最年轻的人也是一名童子军成员（安德鲁·库尼）。
- 每一年，参与“女王童子军奖”的童子军所走的距离累计起来相当于绕地球一周。
- 每一年童子军累积在户外度过200万个夜晚。
- 在12名登陆月球的人当中，有11名是童子军成员。
- 每10千米之内就有一个童子军的聚会场所。
- 童子军是全球最大的组织。
- 在全球，只有6个国家没有童子军的活动。
- 自1907年以来，英国参加童子军的人数总和（1000万人）足以坐满111个温布利球场，并相当于整个英国人口的六分之一。
- 每一年，超过1万名英国童子军会前往世界各地参加各种社区活动。
- 在过去15年，英国童子军筹集了超过50万英镑以支援女王禧年基金、皇家聋人协会、Sherpa 88、水援助、Unite等开发项目和慈善机构。

求生便利贴

我们对众多的童子军领队和童子军队员表示感谢——是他们把自己的宝贵实地经验贡献出来，才汇集成此书的内容。

他们的经验和技能大多已经在本书中有所呈现——我们把其中最精练的部分在下面进行了汇总！

准备背包

把所有的东西都分开装在不同的塑料袋里，这样你就一目了然，并可以避免丢失。

一天的衣物

把一天所需要的衣物全部卷在一起，这样你就不需要每天都到处找衣物了。

湿纸巾

在远足时，要用湿纸巾擦手后再吃饭。

野外的垃圾

在山区徒步或野营时，你可以带一个大的空塑料瓶。它几乎不会增加什么重量，可以用来盛放垃圾。

保温杯里的虫子

你可以把保温杯当作容器……比如把钓鱼用的虫子放在里面。这样它们就跑不掉了！

避免生锈

你可以在锯齿或斧刃上打蜡以避免生锈。

沾上树脂的手

从针叶树上收集木柴时，你的手上会沾上树脂。树脂很黏，也很难洗掉，你需要使用食用油清洗才行。

修补帐篷

在搭建帐篷时，把一卷胶带放在帐篷杆附近，这样想修补东西时可以随手就用。

拒绝蜘蛛！

把装满板栗的锅盖放在帐篷门口，蜘蛛就不会进来。

野营窍门

（1）从旧帐篷上剪下一块防潮布缝成口袋，然后把一块便宜的野营垫剪下三分之一塞到口袋里，这样就做好了一个有很多用途的垫子，可以垫在潮湿的地上，也可以垫在独木舟里。

（2）不用帐篷在野外睡一个晚上。至少要尝试一次，在星空下入睡的经历是终生难忘的！

睡袋太冷？

在金属水壶/水瓶里装上热水，塞在厚袜子里做成一个“小暖气”（这样就不会被烫到）。

饮水系统

如果你使用的是鸭嘴兽/驼峰饮水系统或其他有水管和吸口的饮水系统，那么在不需要饮水时，要把吸口盖上，免得脱下背包时沾上泥土。

水果味热饮

把黑醋栗或橘子捏碎，倒上热水，果味茶就做好了！

寻找木柴

在松林中寻找木柴时，抬头找而不是低头找。地上的木头多半是湿漉漉的，而在较低的树枝上，往往挂着从上面落下来的树枝，而且已经被“风干”了，它们是非常好的引火物。

生火窍门

（1）白桦树的树皮可以做火绒，即使是湿的也能点燃。

（2）把饮料瓶的底部擦成玻璃一样亮。将其对准太阳，把半焦的引火物放在焦点处（离底部约5厘米的距离）。几秒钟后，引火物就会冒烟了。如果你想要炫技的话，你甚至可以用水来点火，但这需要丰富的经验和足够的耐心。把保鲜膜铺在一个杯子里，往里倒半杯水，小心地提出保鲜膜，让它包住水，形成“水球”。在强烈阳光下，把水球对准半焦的引火物，不断调整位置，直到焦点落到引火物上，等待点燃。

（3）在生火时，可以把木柴斜搭在一根大木头上。大木头会产生折射热量的效果。

火堆吹气管

把一小段金属管（约15厘米长）套到一根长塑料管的一端。把金属管对准火堆，然后吹气。这样可以直接向火堆提供氧气。

涨潮安全标记

小心涨潮。在探索沙滩、潮间坑或海湾时，在水迹上方1米处做一个标记。你需要经常查看标记，如果水面开始向标记移动，说明马上就要涨潮了！

炸面圈加果酱

把果酱涂在一片面包上（不要加黄油），然后将面包分成4份，分别裹上面酱，放到平底锅里油煎，直至其变成金黄色，翻过来煎另一面，撒上糖。记住，出锅时一定要小心——果酱会非常烫！

速食米饭

速食米饭是野营时最佳的食物选择之一。你不需要开灶，也不需要洗碗。一份速食米饭够两个人吃。

野营时的食物

圣诞节饼干罐头的圆盖子可以成为特别好用的比萨炉。在使用之前，先在盖子上刺几个洞，然后把它放在余烬上加热5~10分钟。你可以用钩子勾住那些洞把盖子拿起来。

巧克力麦片粥

在登山时，这是一种很好的早餐。烧开一锅水，把巧克力放进去融化。然后，用热巧克力水冲速食麦片粥。

鸣谢

童子军协会和出版社希望感谢：

为此书提供宝贵经验的童子军队员和童子军领队

核实了本书中提供的基本急救信息的红十字会

童子军的尼古拉·阿什比、格雷格·斯因亚特、保尔·维金林、杰斯·凯莉、巴纳比·普尔顿、克里斯·詹姆斯、曼边·霍华德、麦克、莫里斯、罗斯玛莉·里姆斯